职业教育新形态教材·财经商贸类

现代职业礼仪与沟通技巧

（微课版）

主　编　张岩松
副主编　姜笑楠　郑添天　何慧鑫

清华大学出版社
北京交通大学出版社
·北京·

内 容 简 介

本书是职业院校应用型特色教材，是微课+电子活页式教材。它将现代职业礼仪与沟通技巧两方面内容有机整合，形成独特的内容体系。全书包括绪论和塑造职业形象、运用职业礼仪、掌握沟通技巧三大学习领域，每个学习领域下设电子活页和学习情境若干，全书共有仪容修饰、服饰选配、仪态设计；见面应酬、宴请赴宴、差旅出行、求职应聘、组织会议、举行仪式；有效倾听、交谈艺术、电话沟通、书面沟通、网络沟通、工作沟通等15个学习情境。每个学习情境由情境导入、任务分析、实训项目、知识链接、延伸阅读、思考练习等栏目构成，突出应用性、实践性和职业性，并在知识链接中穿插30余个"微课"以及200余个"小案例""小贴士""课堂互动"等，以适应碎片化阅读习惯，增强趣味性和可读性。电子活页系统介绍了形体训练、行业服务礼仪和跨文化沟通，拓展了教材内容领域，增大了教材容量。绪论对礼仪、职业礼仪、沟通的基本问题进行了探讨。全书将在推进理实一体化教学，强化学训结合，不断提升学生现代职业礼仪素养和人际沟通能力上发挥重要作用。

本书是针对职业院校各专业学生进行职业礼仪与沟通技巧方面的基本素质教育的创新型教材，尤其可作为高职本科、专科财经商贸大类、公共管理与服务大类专业的专业基础课程教材，也可作为开放大学等各类成人高等院校相关专业的教材，还是企事业单位各级管理人员的培训用书和参考用书。

本书封面贴有清华大学出版社防伪标签，无标签者不得销售。
版权所有，侵权必究。侵权举报电话：010-62782989　13501256678　13801310933

图书在版编目(CIP)数据

现代职业礼仪与沟通技巧：微课版 / 张岩松主编. -- 北京：北京交通大学出版社：清华大学出版社，2024.11. -- ISBN 978-7-5121-5364-6
Ⅰ．K891.26；C912.11
中国国家版本馆 CIP 数据核字第 2024DM5464 号

现代职业礼仪与沟通技巧(微课版)
XIANDAI ZHIYE LIYI YU GOUTONG JIQIAO(WEIKEBAN)

责任编辑：	郭东青
出版发行：	清华大学出版社　邮编：100084　电话：010-62776969　http://www.tup.com.cn
	北京交通大学出版社　邮编：100044　电话：010-51686414　http://www.bjtup.com.cn
印　刷　者：	北京时代华都印刷有限公司
经　　　销：	全国新华书店
开　　　本：	185 mm×260 mm　印张：15.75　字数：406千字
版 印　次：	2024年11月第1版　2024年11月第1次印刷
印　　　数：	1—1500册　定价：49.00元

本书如有质量问题，请向北京交通大学出版社质监组反映。对您的意见和批评，我们表示欢迎和感谢。
投诉电话：010-51686043，51686008；传真：010-62225406；E-mail：press@bjtu.edu.cn。

前 言
FOREWORD

习近平总书记在党的二十大报告中指出:"教育、科技、人才是全面建设社会主义现代化国家的基础性、战略性支撑。必须坚持科技是第一生产力、人才是第一资源、创新是第一动力,深入实施科教兴国战略、人才强国战略、创新驱动发展战略"。这三大战略共同服务于创新型国家的建设。新时代要求广大教师承担起教育工作者的神圣职责,在教学全过程中一定要深入贯彻党的二十大精神,落实党的二十大报告的各项要求,不断强化课程思政建设,对学生进行社会主义核心价值观教育,强化学生顾全大局意识、责任担当意识、团队合作意识和诚信守法意识,切实提高学生的道德水准和职业素养,促进学生的全面发展。

当今社会,拥有现代职业礼仪与沟通技巧已经成为一个人心理正常发展、个性保持健康、生活具有幸福感和取得事业成功的重要条件之一。对于即将步入社会的大学生,尤其是财经商贸类、公共管理与服务类专业的大学生来说,他们需要经常与各类人员(包括交往对象、服务对象等)打交道,掌握职业礼仪规范和人际沟通技巧,有利于打造和谐的人际关系和团队关系,赢得交往对象、服务对象的认可和接纳,提高职场竞争力,展现良好的职业素养,塑造良好的职业形象。目前,许多职业院校、应用型本科院校、高职高专院校以及开放大学等成人院校开始把"职业礼仪与沟通技巧"作为各专业学生尤其是财经商贸大类、公共管理与服务大类相关专业学生的一门重要课程予以设立和建设。本教材正是顺应此需求而尝试编写的。

本书是职业院校应用型特色教材(公共基础课系列),也是微课+电子活页式教材。本书的编写着力突出五大特色。

一是突出职业教育特色。坚持以提高学生综合职业素质为目标,着力培养学生的现代职业礼仪与沟通技巧的主要知识和技能,可教可学,可用可练。

二是体现课程思政特色。本书系大连职业技术学院课程思政教材培育项目的最新成果,服务"课程思政"建设,注重从我国传统礼仪文化、民间礼俗、古今名人礼仪故事中深入挖掘贴近教材的课程思政元素,切实将思政教育潜移默化地融入现代职业礼仪与沟通技巧课程教学始终,以构建"价值引领、知识传授和能力培养"三位一体的育人体系,发挥协同效应,促进学生思想道德水平的提升。使用本教材,每位教师必须落实课程思政的六项基本要求,努力做到:①遵循育人规律,推进教学理念的同向性和同行力;②加强自身建设,提高教学的专业性和引导力;③完善课程体系,增强教学内容的系统性和说服力;④改进教学方法，提升思想教育的针对性和亲和力；⑤丰富教学载体，打造学习方式的多样性和吸引力；⑥关注学生的学法，重视学生的主体性和成长力。

三是按照"先进""精简""实用"的原则编写教材。"先进"就是采用现代职业礼仪与沟通技巧的新知识、新标准、新技术、新方法、新经验、新成果和新材料。"精简"就是体现职业教育"必需""够用"的原则，重点提出现代职业礼仪"是什么""怎么做""怎么做好"；沟通技巧"沟通什么""怎么沟通""怎么沟通好"。"实用"就是教材应用型特色鲜明，编写体例丰富，突出可操作性，强调现代职业礼仪与沟通技巧的基本要求和基本做法，并配以针对性强的实训项目和各类训练题。

四是坚持校企"双元"合作开发。本教材以实践育人为核心，通过学校教师与企业管理专家通力合作，校企深度融合，共同研讨、共同开发课程标准，形成全书独到的内容体系和编写体例，使现代职业礼仪与沟通技巧的知识和技能在一线管理实践中融会贯通，使教材内容与职场实际无缝衔接，从而不断提升学生的职业能力，使其快速适应未来工作岗位，迈出职业生涯稳健步伐。

五是实现纸质教材与数字资源的完美融合。坚持教材建设与时俱进，不断创新的原则，以"互联网+"思维打造出微课+电子活页式立体化教材，以二维码链接微课、小故事、小案例、小贴士等精彩内容，大大丰富了教材容量。同时，提供与本教材配套的PPT课件、电子教案、课程教学大纲、模拟试卷等丰富的教学资源，助力教与学。

本书由张岩松担任主编，姜笑楠、郑添天、何慧鑫担任副主编。具体分工如下：绪论由张岩松、姜笑楠编写；学习情境1~4由郑添天编写并完成教学大纲、PPT课件、电子教案、模拟试卷等教学资源建设；学习情境5~10由姜笑楠编写；学习情境11~15由何慧鑫编写并完成全书微课小视频的制作；电子活页由郑添天编写。全书由张岩松统稿。

本书在编写过程中参阅了大量文献，有些材料是参考互联网上发布的或转发的信息，在此向各位作者深表谢忱。

因编者受时间等所限，书中不足之处在所难免，敬请读者批评、指正。

编 者
2024年6月

目 录
CONTENTS

绪　论 ·· 001
　　0.1　礼仪 ·· 001
　　0.2　职业礼仪 ·· 004
　　0.3　沟通 ·· 013
　思考练习 ··· 016

◆ 学习领域1　塑造职业形象 ·· 023

学习情境1　仪容修饰 ··· 025
　　情境导入 ·· 025
　　任务分析 ·· 025
　　实训项目 ·· 025
　　知识链接 ·· 026
　　　1.1　仪容整洁 ·· 026
　　　1.2　化妆适度 ·· 030
　　延伸阅读 ·· 035
　　思考练习 ·· 035

学习情境2　服饰选配 ··· 036
　　情境导入 ·· 036
　　任务分析 ·· 036
　　实训项目 ·· 037
　　知识链接 ·· 037
　　　2.1　着装的一般原则 ··· 037

2.2 男士西装的穿着 ··· 041
  2.3 女士套裙的穿着 ··· 044
  2.4 服装饰物的佩戴 ··· 045
 延伸阅读 ·· 047
 思考练习 ·· 047

学习情境 3　仪态设计 ··· 048
 情境导入 ·· 048
 任务分析 ·· 048
 实训项目 ·· 049
 知识链接 ·· 049
  3.1 站姿 ·· 049
  3.2 坐姿 ·· 051
  3.3 走姿 ·· 052
  3.4 蹲姿 ·· 054
  3.5 表情 ·· 055
  3.6 手势 ·· 057
  3.7 举止 ·· 063
 延伸阅读 ·· 064
 思考练习 ·· 064
 电子活页：形体训练 ·· 067

◆ **学习领域 2　运用职业礼仪** ·· 069

学习情境 4　见面应酬 ··· 071
 情境导入 ·· 071
 任务分析 ·· 072
 实训项目 ·· 072
 知识链接 ·· 072
  4.1 称呼礼仪 ··· 072
  4.2 介绍礼仪 ··· 075
  4.3 握手礼仪 ··· 079
  4.4 名片礼仪 ··· 081
  4.5 馈赠礼仪 ··· 082
  4.6 接待礼仪 ··· 083

4.7 拜访礼仪 ··· 087
　延伸阅读 ··· 091
　思考练习 ··· 091

学习情境 5　宴请赴宴 ··· 095
　情境导入 ··· 095
　任务分析 ··· 095
　实训项目 ··· 095
　知识链接 ··· 096
　　5.1 宴会的种类 ··· 096
　　5.2 宴会的组织 ··· 097
　　5.3 赴宴的礼仪 ··· 100
　　5.4 吃西餐的礼仪 ··· 101
　　5.5 冷餐会礼仪 ··· 103
　　5.6 鸡尾酒会礼仪 ··· 103
　　5.7 喝咖啡的礼仪 ··· 104
　　5.8 喝茶的礼仪 ··· 105
　延伸阅读 ··· 105
　思考练习 ··· 105

学习情境 6　差旅出行 ··· 107
　情境导入 ··· 107
　任务分析 ··· 107
　实训项目 ··· 107
　知识链接 ··· 108
　　6.1 差旅出行的准备 ··· 108
　　6.2 出行礼仪 ··· 109
　　6.3 入住礼仪 ··· 115
　延伸阅读 ··· 117
　思考练习 ··· 117

学习情境 7　求职应聘 ··· 120
　情境导入 ··· 120
　任务分析 ··· 120
　实训项目 ··· 120

知识链接 ·· 121
    7.1 求职前的准备 ··· 121
    7.2 面试的仪表礼仪 ··· 125
    7.3 面试过程中的礼仪 ·· 126
延伸阅读 ·· 130
思考练习 ·· 130

学习情境 8 组织会议·· 133

情境导入 ·· 133
任务分析 ·· 133
实训项目 ·· 133
知识链接 ·· 134
    8.1 商务会议的礼仪 ··· 134
    8.2 其他常见会议礼仪 ·· 137
延伸阅读 ·· 144
思考练习 ·· 144

学习情境 9 举行仪式·· 146

情境导入 ·· 146
任务分析 ·· 146
实训项目 ·· 147
知识链接 ·· 147
    9.1 签字仪式 ·· 147
    9.2 开业仪式 ·· 149
    9.3 剪彩仪式 ·· 151
延伸阅读 ·· 153
思考练习 ·· 153

电子活页：行业服务 ·· 155

◆ 学习领域 3 掌握沟通技巧 ··· 157

学习情境 10 有效倾听··· 159

情境导入 ·· 159
任务分析 ·· 159
实训项目 ·· 160

知识链接	160
10.1　何为倾听	160
10.2　倾听的障碍	161
10.3　有效倾听的策略	162
延伸阅读	165
思考练习	165

学习情境11　交谈艺术　　169

情境导入	169
任务分析	169
实训项目	170
知识链接	170
11.1　交谈的基本要求	170
11.2　使用礼貌用语	172
11.3　有效选控话题	173
11.4　掌握闲谈技巧	175
11.5　弥补言行失误	176
11.6　避免冷场发生	177
延伸阅读	178
思考练习	178

学习情境12　电话沟通　　180

情境导入	180
任务分析	180
实训项目	181
知识链接	181
12.1　电话沟通的基本要求	181
12.2　接打电话的技巧	182
12.3　使用手机的技巧	184
延伸阅读	186
思考练习	186

学习情境13　书面沟通　　188

情境导入	188
任务分析	188

实训项目 ……………………………………………………………… 188
　　知识链接 ……………………………………………………………… 189
　　　13.1　书面沟通概述 ……………………………………………… 189
　　　13.2　常见的书面沟通方式 ……………………………………… 191
　　延伸阅读 ……………………………………………………………… 198
　　思考练习 ……………………………………………………………… 198

学习情境 14　网络沟通 …………………………………………… 200
　　情境导入 ……………………………………………………………… 200
　　任务分析 ……………………………………………………………… 201
　　实训项目 ……………………………………………………………… 201
　　知识链接 ……………………………………………………………… 201
　　　14.1　网络沟通概述 ……………………………………………… 201
　　　14.2　网络沟通的策略 …………………………………………… 206
　　延伸阅读 ……………………………………………………………… 208
　　思考练习 ……………………………………………………………… 208

学习情境 15　工作沟通 …………………………………………… 210
　　情境导入 ……………………………………………………………… 210
　　任务分析 ……………………………………………………………… 211
　　实训项目 ……………………………………………………………… 212
　　知识链接 ……………………………………………………………… 212
　　　15.1　与领导的沟通 ……………………………………………… 212
　　　15.2　与同事的沟通 ……………………………………………… 220
　　　15.3　与下属的沟通 ……………………………………………… 226
　　　15.4　与异性的沟通 ……………………………………………… 231
　　延伸阅读 ……………………………………………………………… 232
　　思考练习 ……………………………………………………………… 233

电子活页：跨文化沟通 …………………………………………………… 235

参考文献 …………………………………………………………………… 237

绪 论

> 不学礼，无以立。
> ——孔子
>
> 沟通是把一个组织中的成员联系在一起，以实现共同目标的手段。
> ——〔美〕巴纳德

0.1 礼仪

今天，随着社会生产力的不断发展、物质生活条件的逐步改善、社会文明程度的日益提高，人们对礼仪倍加推崇。讲文明、懂礼貌，尊重他人、服务社会已成为人们的共识。无论是人际的、社会的以至国与国之间的交往，或是旅游、商业、服务业等行业的接待服务工作，都离不开对礼仪规范的遵守。现代人都开始注重文明修养，讲究礼仪，几乎每个人都成为礼仪的载体、文明的化身。礼仪是人们在社会交往过程中形成的并得到共同认可的各种行为规范，它是人们以一定的程序、方式来表现的律己、敬人的完整行为。它体现了一个国家、一个民族、一个地区的道德风尚和人们的精神面貌，所以，礼仪是人类精神文明的产物。

0.1.1 礼仪的内涵

礼仪是人际交往过程中人们所共同认可并应当共同遵守的行为规范和准则。它作为在人类历史发展中逐渐形成并积淀下来的一种文化，始终以其某种精神的约束力支配着每一个人的行为。礼仪是人类文明进步的重要标志，是适应时代发展、促进个人进步和成功的重要途径。礼仪、法律与道德，被称为人生幸福的三位守护神。而礼仪却不像法律那样威严、不像道德那样肃然。礼仪始终是一个会心的微笑、一种温和的声音、一种怡情悦性的需要。

微课
礼仪的
内涵

小贴士
"礼"字
的由来

礼仪的内涵包括如下四个方面：①礼仪是一种行为准则或规范。它是一种程序，有一定的套路，表现为一定的章法，只有遵守这些习俗和规范，才能适应社会发展；②礼仪是一定社会关系中人们约定俗成、共同认可的行为规范。它表现为一些零散的规矩、习惯，然后才逐渐上升为大家认可的、可以用语言、文字、动作进行准确描述和规定的行为准则，并成为人们有章可循、可以自觉学习和遵守的行为规范；③礼仪是一种情感互动的过程。在礼仪的实施过程中，既有施礼者的控制行为，也有受礼者的反馈行为。即礼仪是施礼者与受礼者之间尊重互换、情感互动的过程；④礼仪的目的是实现社会交往各方面的互相尊重，从而达到人与人之间关系的和谐。在现代社会，礼仪体现着一个人对他人和社会的认知水平、尊重程度，是一个人学识、修养和价值的外在表现。遵守礼仪是人获得自由的重要手段和途径之一。

小贴士
西方"礼仪"的词源

随着时代的变迁、社会的进步和人们文明程度的提高，现代礼仪在继承发展我国古代优秀传统礼仪的基础上，不断推陈出新，内容更完善、更合理、更丰富多彩。具体来说，礼仪包括以下五个方面的内容。

（1）礼节。礼节是指人们在交际过程中逐渐形成的约定俗成的和惯用的各种行为规范之总和。礼节是社会外在文明的组成部分，具有严格的礼仪性质。它反映着一定的道德原则的内容，反映着对人对己的尊重，是人们心灵美的外化。在阶级社会，由于不同阶级的人在利益上的根本冲突，礼节多流于形式。在现代社会中，由于人与人地位平等，其礼节从形式到内容都体现出人与人相互平等、相互尊重和相互关心。现代礼节主要包括：介绍的礼节、握手的礼节、打招呼的礼节、鞠躬的礼节、拥抱的礼节、亲吻的礼节、举手的礼节、脱帽的礼节、致意的礼节、作揖的礼节、使用名片的礼节、使用电话的礼节、约会的礼节、聚会的礼节、舞会的礼节、宴会的礼节等。当今世界是多元化的，不同国家、不同民族、不同地区的人们在各自生存环境中形成了各自不同的价值观、世界观和风俗习惯，其礼节从形式到内容都不尽相同。

（2）礼貌。礼貌是指人们在社会交往过程中良好的言谈和行为。它主要包括口头语言的礼貌、书面语言的礼貌、态度和行为举止的礼貌。礼貌是人的道德品质修养最简单、最直接的体现，也是人类文明行为最基本的要求。在现代社会，使用礼貌用语，对他人态度和蔼，举止适度，彬彬有礼，尊重他人已成为日常的行为规范。

小案例
"我不愿意在礼貌上不如任何人"

（3）仪表。仪表是指人的外表，包括仪容、服饰、体态等。仪表属于美的外在因素，反映人的精神状态。仪表美是一个人心灵美与外在美的和谐统一，美好纯正的仪表来自高尚的道德品质，它和人的精神境界融为一体。端庄的仪表既是对他人的一种尊重，也是自尊、自重、自爱的一种表现。

小案例
酒店老板与无赖

（4）仪式。仪式是指行礼的具体过程或程序。它是礼仪的具体表现形式。仪式是一种比较正规、隆重的礼仪形式。人们在社会交往过程中或是组织开展各项专题活动过程中，常常要举办各种仪式，以体现对某人或某事的重视，或是为了纪念等。常见的仪式包括成人仪式、结婚仪式、安葬仪式、凭吊仪式、告别仪式、开业或开幕仪式、闭幕仪式、欢迎仪式、升旗仪式、入场仪式、签字仪式、剪彩仪式、揭匾挂牌仪式、颁奖授勋仪式、宣誓就职仪式、交接仪式、奠基仪式、洗礼仪式、捐赠仪式等。仪式往往具有程序化的特点，这种程序有些是人为的、约定俗成的。在现代礼仪中，仪式中有些程序是必要的，有些则可以简化。因此，仪式也大有越来越简化的趋势。但是，有些仪式的程序是不可省略的，否则就是失礼。

小贴士
参加升国旗仪式时的礼仪

（5）礼俗。礼俗即民俗礼仪，它是指各种风俗习惯，是礼仪的一种特殊形式。礼俗是由历史形成的，普及于社会和群体之中并根植于人们心理之中，在一定的环境中经常重复出现的行为方式。不同国家、不同民族、不同地区在长期的社会实践中形成了各具特色的风俗习惯。"千里不同风，百里不同俗"，不但每一个民族、地区，甚至一个小小的村落都可能形成自己的风俗习惯。

小贴士
"男左女右"的由来

0.1.2 礼仪的特性

礼仪是人们在漫长的社会实践中逐步地形成、演变和发展的。现代礼仪是在一番脱胎换骨之后形成的，它具有文明性、共通性、多样性、变化性、规范性和传承性等特性。

（1）文明性。礼仪是人类文明的结晶，是现代文明的重要组成部分。人类从降世那天起就开始了对文明的追求，亚当、夏娃用树叶遮身便是文明之举。人类从茹毛饮血到共享狩猎成果，从盲目迷信、敬畏鬼神到崇尚科学、论证无神，从战争到和平，尤其是文字的发明，人类运用语言文字来表达文明、宣传文明、建设文明。文明体现的宗旨是尊重，既是对人也是对己的尊重，这种尊重总是同人们的生活方式有机地、自然地、和谐地、毫不勉强地融合在一起，成为人们日常生活、工作中的行为规范。这种行为规范包含着个人的文明素养，比如待人接物热情周到、彬彬有礼；人们彼此间互帮互助、彼此尊重、和睦相处，体现出人们日常生活中的文明、友好；注重个人卫生，穿着适时得体，见人总是微笑着问候致意，礼貌交谈，文明用语，这也体现出人们的品行修养。总之，礼仪是人们内心文明与外在文明的综合体现。

（2）共通性。无论是交际礼仪、商务礼仪还是公关礼仪，都是人们在社会交往过程中形成并得到共同认可的行为规范。我们今天生活的世界可谓千姿百态。人们尽管分散居住于五大洲、四大洋的不同角落，但是，许多礼仪都是世界通用的。例如，问候、打招呼、礼貌用语、各种庆典仪式、签字仪式等，大体上是世界通用的。虽然各个国家、各个地区、各个民族形成了许多特有的风俗习惯，但就礼仪本身的内涵和作用来说，仍具有共通性。正是由于礼仪拥有共通性，才形成了国际交往礼仪。

小案例
小节的象征

（3）多样性。世界是丰富多彩的，礼仪也是五花八门、绚烂多姿的。世界各地民俗礼仪千奇百怪，几乎没有人能说清楚世界上到底有多少种礼仪形式。从语言的表达礼仪到文字的使用礼仪，从举止礼仪到规范化礼仪，从服饰礼仪到仪表礼仪，从风俗礼仪到宗教礼仪等，在不同的国家、不同的场合，礼仪的表达方式也有所不同。比如在人们常见的国际交往礼仪中，仅见面礼节就有握手礼、点头礼、亲吻礼、鞠躬礼、合十礼、拱手礼、脱帽礼、问候礼等。礼仪可谓多种多样、纷繁复杂。

不仅如此，有些礼仪形式所表达的内容，在不同国家或地区有可能截然相反，甚至同一个国家的不同地区也可能有不同的含义。手势在不同国家所表达的含义见表 0-1。

表 0-1 手势在不同国家所表达的含义

手势	中国	美国	英国	法国	日本	印度	其他国家
	棒、厉害	顺利	搭车	搭车	男人、父亲	搭车	在孟加拉国意味着侮辱和挑衅
	最小的或倒数第一	打赌			女人、女孩、恋人	想去厕所	在缅甸表示想去厕所；在尼日利亚等国家表示打赌

续表

手势	中国	美国	英国	法国	日本	印度	其他国家
(OK手势)	数字0或3	征求对方意见或表示同意、赞扬、了不起	零、一钱不值		金钱	正确、不错	在韩国、缅甸表示金钱；在菲律宾表示想得到钱或没有钱；在印度尼西亚表示一无所有或一事无成；在突尼斯表示无用、傻瓜

（4）变化性。礼仪并不存在僵死不变的永恒模式。随着时间的推移，礼仪会发生巨大的变化。可以说，每一种礼仪都有其产生、形成、演变、发展的过程。礼仪在运用时也具有灵活性。一般来说，在非正式场合，有些礼仪可不必拘于约定俗成的规范，可增可减，随意性较大。在正式场合，讲究礼仪规范是十分必要的。但如果双方已非常熟悉，即使是较正式的场合，有时也不必过于讲究礼仪规范。

（5）规范性。礼仪，指的就是人们在交际场合待人接物时必须遵守的行为规范。这种规范性，不仅约束着人们在一切交际场合的言谈话语、行为举止，使之合乎礼仪；而且也是人们在一切交际场合必须采用的一种"通用语言"，是衡量他人、判断自己是否自律、敬人的一种尺度。礼仪是约定俗成的一种自尊、敬人的惯用形式，任何人要想在交际场合表现得合乎礼仪、彬彬有礼，都必须对礼仪无条件地加以遵守。另起炉灶，自搞一套，或是只遵守个人适应的部分，而不遵守自己不适应的部分，都难以为交往对象所接受、所理解。

（6）传承性。任何国家的礼仪都具有自己鲜明的民族特色，任何国家的当代礼仪都是在本国古代礼仪的基础上继承、发展起来的。离开了对本国、本民族既往礼仪成果的传承、扬弃，就不可能形成当代礼仪。这就是礼仪传承性的特定含义。作为一种人类的文明积累，礼仪将人们在交际应酬之中的习惯做法固定下来、流传下去，并逐渐形成自己的民族特色，这不是一种短暂的社会现象，而且不会因为社会制度的更替而消失。对于既往的礼仪遗产，正确的态度不应当是食古不化、全盘沿用，而应当是有扬弃、有继承，更有发展。

小案例
修理抽水马桶的小男孩

小贴士
中华传统礼仪的三重意蕴

0.2 职业礼仪

当今，企业与企业的竞争已经从局部的产品竞争、价格竞争、资源竞争、人才竞争，发展到企业整体性竞争——企业形象的竞争。企业形象是一个综合性的概念，它是由众多的个体形象组成的，而职业礼仪正是塑造个人形象、企业形象的一种重要手段和工具。

0.2.1 职业礼仪的含义

职业礼仪是指各行业的职业人员在现代社会从事各种工作的过程中，用以维护企业或个人形象，对交往对象表示尊重、善意、友好的一系列行为规范及惯用形式。职业礼仪是因工作需要，为完成某种公务而与其他集团或个人之间发生交往的礼仪。

职业礼仪是一般礼仪在职业活动中的运用和体现，它比一般的交际礼仪的内容更丰富，同一般的交际礼仪相比，职业礼仪有很强的规范性和操作性。在现代市场经济条件下，作为一名职业人员，要想在竞争激烈的行业领域取得成功，并保持良好的商业信誉和个人形象，就必须了解、熟悉和正确地使用职业礼仪。

一般来说，在职业活动中，语言合情合理、行为自然得体，按约定俗成的规矩办事，按大家都可以接受的礼节程序与他人或者客户交往，这些都是职业礼仪的基本内容。职业礼仪是企业以及企业工作人员与公众关系的"润滑剂"，正确地运用职业礼仪，对于树立良好的企业形象、个人形象，妥善处理各方面关系，有效地消除隔阂、误解，更好地实现企业目标，取得最佳的经济效益和社会效益都具有非常现实的意义。

一般地，职业礼仪包括如下四个基本要素。

（1）职业礼仪的主体。职业礼仪的主体即各种职业活动中礼仪行为和活动的操作者和实施者。它通常是个人，也可以是组织。当礼仪活动规模较小、较为简单时，其主体通常是个人。当礼仪活动规模较大、较为复杂时，其主体通常是组织。没有礼仪的主体，礼仪活动就不可能进行，礼仪也就无从谈起。

（2）职业礼仪的客体。职业礼仪的客体即各种礼仪行为和活动的指向者或接受者，又叫礼仪的对象。职业礼仪的客体包括有形的对象和无形的对象，可以是人，也可以是物。没有礼仪的客体，礼仪就失去了对象，就不称其为礼仪。

（3）职业礼仪的媒介。职业礼仪的媒介即职业礼仪行为或活动所依托的载体，包括言语交际符号和非言语交际符号两大类。在具体操作礼仪时，不同的礼仪媒体往往是交叉、配合使用的。

（4）职业礼仪的环境。职业礼仪的环境即职业礼仪行为和活动都是在一定的时空条件下进行的，受到环境的制约和影响，因此，在践行礼仪时，要从实际出发，因地制宜、因人而异。

0.2.2 职业礼仪的本质和特征

职业礼仪本质上是企业经营活动的一部分，是企业形象的一种宣传形式和传播手段，是建立在尊重、诚信、宽容基础上的现代礼仪方式。

职业礼仪的内容贯穿于企业经营活动的全过程，只是或明或暗地有所体现而已。职业礼仪在企业日常工作中体现得更加明显，包括企业和职业人员的礼仪观念、礼仪行为、礼仪程序以及企业对顾客公众（或服务对象）的反应和反馈礼仪。

职业礼仪的主体即企业或企业的员工，他们既有接受顾客公众礼仪的反馈和引导，培养顾客公众礼仪向善、向"美"的义务，又有不可因公众对自己的礼仪不周或缺失而产生不满或报复心理，进而影响企业和职业人员应有的礼仪态度和礼仪行为的义务。职业礼仪在具体实施过程中应当突出显示企业的价值观和经营理念与精神，致力于建立良好的企业形象，始终坚持把职业礼仪与企业的利益联系起来，把个人的礼仪融入企业的职业礼仪之中，自觉维护自身形象，为企业的发展尽职尽责。

一般地，职业礼仪具有以下特征。

（1）围绕企业经营目标。职业礼仪属于企业经营活动的组成部分，代表企业、反映企业形象，是围绕企业经营目标而运转的企业化个人行为。

（2）注重情理与利益和谐。职业礼仪既注重情感沟通，也注重信息交流，注意利用各类传播手段来沟通企业与顾客公众的关系，旨在实现理性和感情的结合，实现情理与利益的和谐统一。

(3) 旨在维护企业形象。职业礼仪的主要目的在于树立和维护企业的良好形象。一套能代表企业的职业礼仪会带上企业文化的色彩，除了具有一般社交礼仪的特征，还反映企业内部规范的独特之处。

(4) 注重礼仪的民族特性。企业人员应该在保证产品质量的前提下，针对不同的民族和不同信仰的顾客公众，采取适合当地风土人情的令人愉快的职业礼仪方式，从而使企业的产品、服务和企业形象为当地的顾客所接受。

(5) 注重遵守礼仪的一般原则。一般礼仪所强调的尊重、诚信、热情、宽容等，在职业礼仪中也得到了普遍的重视，职业礼仪中也更加强调诚信服务顾客、热情服务顾客、处处尊重顾客等。

0.2.3 职业礼仪的作用

职业礼仪是企业人员的社交金钥匙，是经营活动中的通行证，它甚至能够决定经营活动的成败。

这里有一个例子颇能说明问题：一天上午，有一家公司同时来了两位客人，他们分别是两家知名化妆品公司的销售人员。第一位销售人员无论是自我介绍还是递名片，都显得彬彬有礼，而且穿着打扮和言谈举止都显得很有涵养。第二位销售人员在接公司主管的名片时，只是扫了一眼，就顺手把名片放进了上衣口袋里，而且这位销售人员穿着随便，言谈举止比较粗俗。最终，这家公司和第一位销售人员签订了销售合同。这家公司主管后来解释说："第二位销售人员缺乏礼仪修养，给人一种不可信的感觉，由此我对其产品和售后服务产生了怀疑。第一位销售人员则给我留下了很好的印象，我对其产品和售后服务有信心。尽管我知道，第一位销售人员的产品并不比第二位销售人员的产品质量好，但我最终还是选择了第一位销售人员的产品，我想，这是因为他有良好的礼仪修养的缘故。"

不可否认，随着商业影响逐步全球化，人与人之间、公司与公司之间商业往来的日益频繁，尤其是我国融入世界经济循环之后，职业礼仪越来越受到人们的重视。

(1) 职业礼仪有利于塑造个人形象。个人形象是指一个人的相貌、身高、体形、服饰、语言、行为举止、气质风度以及文化素质等方面的综合。其中有先天构成要素，但更多要素是需要我们通过后天不断努力来加以改善提高的。作为职业人员，应该给自己的角色定位为：服务他人的职业人员。这一角色定位要求我们必须在仪表、表情、举止动作、服饰、谈吐、待人接物等方面达到一定的礼仪要求。可见，职业礼仪与个人形象的塑造密不可分，职业人员平时所付出的全部努力，可以被归纳为一句话：想方设法在人际交往中，自己塑造出完美的形象，并且尽心竭力地维护个人的形象。正如一位公关大师所说的那样："形象是金。在世人眼里，每一名职业人员的个人形象如同他所在单位生产的产品、提供的服务一样重要。它不仅真实地反映了每一名职业人员本人的修养、阅历以及是否训练有素，而且还准确地体现着他所在单位的管理水平与服务质量。"如果说个人形象就是职业人士进行自我宣传的广告，一点也不为过。只有学习并掌握好职业礼仪，才能更好地提升自己的个人形象。

首先，遵守职业礼仪可以给人留下良好的第一印象。众所周知，人际交往中存在着"首因效应"，即人们在日常生活中初次接触某人、某物、某事时所产生的即刻的印象，通常会在对该人、该物、该事的认知方面发挥明显的甚至是举足轻重的作用。对于人际交往而言，这种认知往往直接制约着交往双方的关系。美国推销学会有这样一个统计，在第一次接触时成功与否，形象占55%、声音占38%、内容占7%。可见，在交往过程中，可能30秒、10秒，甚至3秒都能决定你工作、交际的成败。充分认识到这一点，我们就不难理解职业礼仪对树立良好的第一印象所起的重要作用，从而在学习和工作当中更好地运用职业礼仪。

其次，遵守职业礼仪可以充分展示职业人员良好的教养与优雅的风度。个人形象说到底是由人的身材、长相、服饰打扮，以及姿态、风度构成的，是一个人精神面貌和内在素质的外在表现。身材、长相是天生的，而服饰打扮，以及姿态、风度却是可以通过后天培养的。一个人的外在美固然能引人注目，但只有将外在美与内在美结合起来，个人的魅力才能长久不衰。职业礼仪不仅要求职业人员注重仪容仪表，更强调职业人员要培养良好的语言行为习惯，遵守社会公德及法纪法规，符合社会规范。

再次，遵守职业礼仪有助于促进职业人员的社会交往，改善人们的人际关系。古人认为："世事洞明皆学问，人情练达即文章。"这句话，讲的其实就是交际的重要性。一个人只要同其他人打交道，就不能不讲礼仪。运用礼仪，除了可以使职业人员在交际活动中充满自信、胸有成竹、处变不惊之外，其最大的好处就在于，它能够帮助职业人员规范彼此的交际活动，更好地向交往对象表达自己的尊重、敬佩、友好与善意，增进大家彼此之间的了解与信任。假如人皆如此，长此以往，必将促进交往的进一步发展，帮助人们更好地取得交际成功，进而造就和谐、完美的人际关系，取得事业的成功。

小案例
小明的业绩为何上不去

最后，遵守职业礼仪可以更好地向交往对象表示尊敬、友好之意，赢得对方的好感。"礼仪"中"礼"字就是表示敬意、尊敬、崇敬之意，多用于对他人的尊重，体现着一个人对他人和社会的认知水平、尊重程度，是一个人的学识、修养和价值的外在表现。一个人只有在尊重他人的前提下，才会被他人尊重，人与人之间的和谐关系，也只有在这种互相尊重的过程中，才能逐步建立起来。这是礼仪的重点和核心，是对待他人的诸多做法中最重要的一条。要做到敬人之心常存，处处不可失敬于人，不可伤害他人的尊严，更不能侮辱对方的人格。掌握了这一点，就等于掌握了礼仪的灵魂。

因此，我们完全可以说礼仪即教养，而有道德才能高尚，有教养才能文明。这也就是说，通过一个人对礼仪运用的程度，可以察知其教养的高低、文明的程度和道德的水准。孔子曰：质胜文则野，文胜质则史，文质彬彬，然后君子。意即：内心品质超过礼仪修养即不注重礼仪修养，则是粗野；而只注重外表修饰而忽略内心修养，则显虚浮；只有既重视内心修养的提高，又重视礼仪修养，这样的人才是真正的君子。由此可见，职业人员学习礼仪，运用礼仪，有助于提高自身的修养，有助于"用高尚的精神塑造人"，真正提高职业人员的文明程度。

小案例
让人感动的东方饭店

（2）职业礼仪有利于塑造企业形象。企业形象是指社会公众心目中对一个企业组织的总体评价。包括企业的价值观念、企业的行为准则和规范、企业的传统习惯和道德修养、企业的礼仪文化。企业形象是企业最宝贵的无形资产，塑造和树立良好的企业形象是企业生存和发展的根本。因此，名牌企业对自己的组织形象格外重视。在一个成熟的买方市场中，消费者绝不会因为一两个耀眼的广告、一两句动听的广告语而进行购买。在一个成熟的卖方市场中，企业卖的或生产的是什么？是企业形象。礼仪是企业形象的核心内容之一，礼仪必须通过人来展现。所以，职业人员的个人形象与企业形象不可避免地紧密联系在一起。职业人员形象是企业形象的代表，职业人员

小案例
花3分钟感谢

是企业形象的主要塑造者，职业人员是企业连接消费者的"桥梁"。在职场上，职业礼仪不再仅仅是个人素质的外在表现，更是企业文化内涵的体现。但凡国际化的大企业，对礼仪都有着极高的要求，原因就在于企业希望通过形式规范的礼仪表现出企业的整体素质，从而获得良好的公众评价。

职业礼仪能展示企业的文明程度、管理风格和道德水准，是企业的规章制度、规范和道德具体化为一些固定的行为模式，从而对这些规章制度、规范和道德等起到强化作用，塑造出完美的企业形象。"世界一流的饭店组织"之一的白天鹅宾馆的成功经验之一就是：大胆引进外国管理酒店的先进经验，结合本国国情和当地具体环境，制定一整套严格的、切实可行的管理制度和服务规范，并始终不渝地执行。

让顾客满意，为顾客提供优质的商品和服务，是良好企业形象的基本要求。职业礼仪服务能够最大限度地满足顾客在服务中的精神需求，使顾客获得物质需求和精神需求满足的统一。以礼仪服务为主要内容的优质服务，是企业生存和发展的关键所在。它将通过职业人员的仪容仪表、服务用语、服务操作程序等，使服务质量具体化、系统化、标准化、制度化，使顾客得到一种信任、荣誉、感情、性格、爱好等方面的满足，给企业带来巨大的经济效益。

企业通过各种规范化的礼仪，还可以激发员工对企业的自豪感，增强企业的凝聚力和向心力。如日本松下公司创作了自己的"松下之歌""松下社训"，每天早晨八点钟，遍布各地的松下企业员工一起高唱松下歌曲，使每一名员工都以自己是松下的员工而感到光荣。目前，我国的许多企业通过统一企业标识、统一企业服装、统一色彩等，塑造企业统一的社会形象，也使企业的员工自觉地维护企业的形象，企业通过开业庆典、周年纪念、表彰大会等仪式，激发员工对本企业的了解、爱戴，加深感情，增强企业的凝聚力和向心力。可见，职业礼仪在塑造企业形象中的作用是巨大的。

（3）职业礼仪有利于塑造职业形象。职业形象是行业或组织的精神及文化理念与从业人员个体形象的有机融合，是个性化和规范化的统一。不同的行业和组织都有各自不同的文化和理念，这就要求其从业人员的个人形象必须服从于组织形象，其个性的凸显必须在符合企业要求的前提下。因此，职业形象必须是个体形象与组织形象的完美结合，不同行业的从业人员，其个体形象必须符合某类特定职业角色的要求。每一个职业人员，都应该树立起与之相适应的职业理想、职业道德、职业信念，都应该具备与行业要求相吻合的职业素质、职业气质和职业仪表。

小案例
硅谷的
天才们

著名的形象顾问法兰克曾经说过："你在职场中的威信，有五成来自别人如何看待你。"面对竞争激烈的现代商业社会，职业人员想要在职场中脱颖而出，必须与各种各样不同的人打交道，这就必须学会与人相处。职业礼仪的本质就是按照规范与人交往。你的服饰打扮不符合要求，别人拒绝与你为伍；你的举止谈吐粗俗，别人对你敬而远之；你不尊重他人的宗教习俗，会令你功败垂成。而良好的礼仪可以更好地向对方展示自己的长处和优势，它往往决定了机会是否降临。为他人服务不是件简单而容易的事情，要赢得社会的认同和尊重，就要不断地学习，提高自己的素质，树立良好的职业形象非常重要。

小案例
"这位员
工应该去
做服装
模特"

（4）职业礼仪有利于塑造国家形象。一个国家的实力由硬实力和软实力构

小案例
小赵被
录取了

成。硬实力是指国家的GDP、科技实力、军事实力等；软实力就是指文化、文明礼仪以及修养水平等精神要素。哈佛大学肯尼迪政府学院前院长约瑟夫·奈教授认为，可以将软实力表述为一国的文化、价值观念、社会制度、发展模式的国际影响力与感召力。如果软实力做得好，国家的文化就容易被别人吸收，文化辐射力就强，国家的政策也就容易被别人理解，对外交往遇到的障碍就相对少得多。随着改革开放的深入、中国国力的提高，世界对中国的关注也加大了，可以说整个世界都在分析和关注中国。所以，当我们的公民走出国门的时候，我们的公司走出国门的时候，就要严格遵循道德和文明礼仪规范，因为这涉及整个中国的形象问题。

一个国家的公民道德素质、文明礼仪涉及国家对外的信用，影响到整个民族、整个国家的对外形象。随着我国融入世界经济经贸大循环，对外开放进一步扩大，这就意味着我国与世界各国的交往日益增多，职业人员涉外服务、国际营销也随之增加。我们的一言一行、一举一动，无不代表了国家的形象。

当前，我国正在大力推进社会主义精神文明建设。其中的一项重要内容，就是要求全体社会成员讲文明、讲礼貌、讲卫生、讲秩序、讲道德，心灵美、语言美、行为美、环境美。这些内容与礼仪完全吻合。因此，完全可以说，提倡学习、运用礼仪，与推进社会主义精神文明建设是殊途同归、相互配合、相互促进的。这种社会主义的礼治，对于我国的现代化建设，是不可或缺的；也是我们弘扬中国"礼仪之邦"的礼仪文化，使我国更强、更好、更美地屹立于世界之林的必由之路。

小案例
外事无小事

0.2.4 职业礼仪的原则

在不同的交际场合，对不同的交往对象，我们采取的礼仪都有所不同。但是其中隐含的基本精神是一致的，主要包括以下一些基本原则。

（1）体现职业化。职业化就是一种工作状态的标准化、规范化、制度化，使自己在合适的时间、地点，用适合的方式，做适合的事。简单地说，就是做什么事情就有个做相应事情的状态。职业化是社会分工、经济发展的必然选择，是国际化的职场规则。职业化除了专业技能，还主要体现为积极的工作态度、健康的工作形象、专业的工作举止。

职业化就是用理性的态度对待工作，理智地表现自己的职业行为，在职业活动中保证自己工作的状态和质量不受个人情绪的影响，做到行为与职位和身份相称。职业化使员工把岗位职责专业地完成到最佳状态，能够出色地完成本职工作。职业化不仅赢得交往对象的满意和信任，而且还提升了职业人的形象，提高了工作效率，增强了企业的竞争力。所以体现职业化是职业礼仪的首要原则。

（2）学会尊重。心理学认为，人们对尊重的需要分两类，即自尊和来自他人的尊重。自尊包括对获得信心、能力、本领、成就、独立和自由的愿望。来自他人的尊重包括威望、承认、接受、关心、赏识等。人们往往容易做到自尊，但要获得来自他人的尊重，首先要学会尊重他人。尊重他人是礼仪的重要原则。与人交往，不论对方的地位高低、身份如何、相貌怎样，都要尊重他人的人格，使人感到他在你的心目中是受欢迎的，从而得到一种心理上的满足，进而产生愉悦。要注意三点：一是在交往中，要热情、真诚。热情的态度会使人产生受重视、受尊重的感觉。相反，对人冷若冰霜，会伤害别人。如果过分热情，会使人感到虚伪、缺乏诚意。二是要给人留面子。所谓面子，就是自尊心。每个人都有自尊心，失去自尊心对一个人来说，是件非常痛苦的事。伤害别人的自尊是严重的失礼行为。维护自尊，希望得到他人的尊重，是人的基本需要。三是允许他人表达思想，表现自己。当别人和自己的意见不同时，不要把自己的意见强加给对方。当你和与自己性格不同的人交往时，也应尊重对方的人格和自由。尊重他人才能赢得他人的尊重。

尊重原则要求职业人员忠诚并尊重自己的企业，尊重顾客公众，尊重对手，这样才能赢得敬业爱岗，真正为自己企业所接纳，为自己的顾客所喜爱。尊重是职业礼仪的第一原则和最根本的原则，是一切原则的前提和基础。

小案例 士光敏夫的做法

（3）遵时、守信。所谓遵时，就是要遵守规定或约定的时间，如按时赴约、交货、完成项目，准时参加会议等，不能违时或失约；所谓守信，就是讲信用，对自己的承诺认真负责。现代社会工作节奏快，时间就是生命，时间就是效益，这早已为世人所认同。违时既会给对方造成各方面的损失，也是对对方的不尊重。同时，在日常生活和工作中，一个人难免会对他人许下这样或那样的承诺，"言必信，行必果"，这是对自身的肯定，也是对自身人格的尊重和肯定。违时失约和不守信用，都是失礼的行为，是人际交往中的大忌。在职业活动中，如果已和宾客约定了时间或是作出了承诺，一般不能轻易变动，而应想方设法去做到。在不得已需要变更时，也需提前打招呼并做出令人信服的解释，尽量避免给对方造成麻烦或使对方产生误解。凡是需要承诺的事情，要量力而行，不能仅仅是为了顾及面子就随便答应，事后又不负责任地随意毁约。一旦言而无信，尤其是养成了习惯，就会造成对别人的不便，甚至会对企业、对自己的形象和声誉造成很大损害。

（4）宽容待人。一般来说，职业活动交往双方的心理总存在一定的距离，存在不相容的心理状态，这种差异会在交往者之间产生思想隔膜，甚至会使关系僵化。要想缩小这种心理上的差异，求得人与人之间能多一分和谐、多一分信赖，就必须抱着宽容之心。"宽则得众。"（孔子语）宽容就是要求人们既要严于律己，又要宽以待人，要多容忍他人、多体谅他人、多理解他人，而不能求全责备，斤斤计较，苛求，咄咄逼人。唯有宽容才能排除交往中的各种障碍，不能宽容他人的人，往往会得理不饶人，使人际关系恶化。共性是寓于个性之中的，人们应该维护和发展共性，以理解和宽容来增强人们之间的凝聚力。

小案例 八万两银子的破箩筐

小案例 六尺巷

（5）平等对待。平等原则是职业人员在工作过程中对任何工作对象都应一视同仁，给予同等程度的礼遇，不应因企业规模的大小，所有制的不同，人员彼此在年龄、性别、种族、文化、职业、身份、财富、衣着打扮等方面有所不同就厚此薄彼，区别对待，给予不同的礼遇。在职业活动中，平等对待是建立良好关系的首要前提和必要条件，只有平等才能造就和谐的人际关系和真正的道德。

（6）真诚交往。职业礼仪的运用基于交际主体对他人的态度，如果能抱着诚意与对方交往，那么交际主体的行为自然而然地便显示出对对方的关切与爱心。因为无论用何种语言表达，行为是最好的证明。在通常情况下人们可以用假话来掩饰自己的企图，但却无法用行为来掩饰自己的虚假，因为体态语言是无法掩饰虚假的。因此唯有真诚，才能使你的行为举止自然得体，与此相反，倘若仅把运用礼仪作为一种道具和伪装，在具体操作礼仪规范时口是心非，言行不一，弄虚作假，投机取巧；或是当面一个样、背后一个样；有求于人时一个样，被人所求时又一个样，将礼仪等同于"厚黑学"，是违背职业礼仪的基本原则的。

小案例 俄罗斯小姑娘

(7) 优质服务。曾经有一个单位要招聘营销部经理，出的唯一一道面试题是："谁给你发工资？"最后，只有一个人被录取了，他的回答是："顾客给我发工资，因为顾客给我们带来效益；公司给我发工资，因为公司给我提供了舞台；我自己给自己发工资，因为一切还要靠自己的主观努力。"这里不难看出，对于企业来说顾客永远是最重要的，它是企业财富的源泉，是企业的生命和衣食父母，没有了顾客也就没有了业绩，顾客不必依赖企业，但是企业必须依赖顾客。有专家指出：失去一个老顾客，要花费5倍于维护老顾客关系的精力和费用去开发一个新顾客；如果一家企业的顾客存续率只要增加5%，利润就会提高70%。如何赢得顾客呢？关键靠为顾客提供最优质的服务。只有给客户提供优质的服务，才能增强竞争的优势，把握制胜的主动权。

优质服务首先是态度，要求对客户表现出热情和关注，即使商品再好。但如果职业人员出言不逊、冷言冷语、爱理不理，恐怕结果也是客户的愤懑离开乃至投诉。为客户服务应想客户之所想，体察客户需求，当好客户的参谋，解决好客户的各种难题，提供高效快捷的服务，真正做到以客户为中心，设身处地站在顾客的立场考虑问题，通常是化解拒绝的一条有效途径。有这样一个故事：假期，小吴在商场销售服装，赚取学费。某日，一位小姐看中一条长裤，但试穿之后嫌长裤是素色，认为有格子的更加富有青春气息，但小吴轻声跟她说了几句话，她欣然付钱买下。原来，小吴跟她说："你个子不高，穿格子长裤，不是一下子就被人判断出你的身高了吗？"销售活动的最大课题，是就自己商品的特性，求得顾客的认同。职业人员应该将"商品的特征"转变为"顾客使用该商品的好处"。比如说："我的复印机每分钟可复印60张。"这还不够，应该加上一句："那么您的影印业务便可加倍增长了。"

(8) 施礼适度。俗话说："礼多人不怪。"人们讲究礼仪是基于对对方的尊重，这是无可厚非的，但是，凡事过犹不及，职业交往中要因人而异，要考虑时间、地点、环境等条件。如果施礼过度或不足，都是失礼的表现。比如见面时握手时间过长，或是见谁都主动伸手，不讲究主次、长幼、性别；告别时一次次地握手，或是不住地感谢，让人觉得厌烦。礼仪的施行只是内心情感的表露，只要把内心情感表达出来，就完成了礼仪的使命。如果反复重复，似乎有别人不理解、不领情之嫌，画蛇添足，实无必要。

0.2.5 职业礼仪的修养

礼仪修养是一个需要经过长期反复的陶冶、磨炼的过程。在这个过程中，除了加深对礼仪的认识之外，还包括激发礼仪情感、养成礼仪习惯等，在礼仪修养过程中，只有经过反复认识、反复感染、反复实践才能得其要领，真正符合礼仪的规范要求。职业礼仪的修养要从以下方面着手。

微课
职业礼仪
修养

(1) 提高职业礼仪认识。从事现代职业活动，就应了解与现代职业活动相适应的职业礼仪。一位职业人员只有在职业礼仪知识的指导下，才能在各种职业活动中如鱼得水、左右逢源。提高对职业礼仪的认识是进行礼仪修养的起点，也是实现职业礼仪修养其他环节的前提和基础。提高职业礼仪认识是将礼仪规范逐渐内化的过程。通过学习、评价、认同、模仿和实践过程，逐渐学习、构造、完善自己的社交礼仪规范体系，并以此来评价他人的行为，调整自己的交际行为和交往行为。人们可以通过学习，尽可能地开阔视野，丰富礼仪知识。一般可通过学习礼仪史、伦理学、心理学、公共关系学等方面的一般知识，还可以通过日常的观察、学习，了解社会习俗和风土人情，积累各方面的社会知识。这是开阔视野、增加礼仪知识的重要途径。

（2）明确角色定位。职业礼仪修养的目的之一是要通过修养，使个人的言行在职业交往活动中与自己的身份、地位、社交角色相适应，从而被人理解、被人接受。职业活动中的角色则是指在职业活动中处于某一职业关系状态的人，或者说它是指某一个个体在职业关系系统中所占的一定地位。社会对于不同的职业角色提出了不同的行为规范和行为模式。职业活动中的角色既包括社会、他人对具有一定社会地位的人在社交中的行为的期待，也包括对自己应有行为的认识。职业角色是人根据自己对社会期待的认识而实现的、外显的、可见的外部行为模式。具有不同社会经验的人，对于职业角色的评价可能有完全不同的意义。

在职业活动过程中，随着主客关系和社交对象的变化，角色也在发生相应的变化。一个人扮演的是一个职业角色，如庆典嘉宾、谈判者、拜访者。既然每一个人在职业活动中都扮演着不同的职业角色，那么重视职业角色定位、加强职业角色的礼仪修养，就有着十分重要的意义，同时，这也为我们加强职业角色的礼仪修养提供了客观的根据。

在职业活动中，每个人按其所处的身份地位为实现其存在价值而完成一系列行为。当经理就要有经理的样子，当推销员就要有推销员的样子。职业角色不仅给每个人确定自己的行为提供了规范，而且为人们相互识别、相互交流、相互评价、相互理解提供了标准。职业人员在职业活动中往往需要以不同的身份出现，这种身份的变化就是角色的变化，其行为必须符合社会对这一角色所认同的规范。

职业活动中角色不同，应遵循的礼仪要求也就不同。不同的角色，如上下级之间、男女之间、亲朋之间、主宾之间，其礼仪要求是有差别的。在人与人之间的交往活动中，社交成功的主要标志是个人使自己的行为与他人和社会的期待相符合。职业活动中角色的实现是建立在个人对自己的角色的认识基础之上的。例如，一位经理在公司里他是管理者，管理着几个部门，其礼仪要求主要体现在听取汇报、检查工作、指导员工、决策规划等方面，要求他平等待人、科学决策、说话和气等。对外当他面对客户时，则是一名"推销员"，要求他热忱真诚、彬彬有礼、大方得体，两种角色的礼仪要求是不同的。

在职业活动中，要把角色扮演得恰到好处、礼貌有加、事事得体，并不是一件容易的事情。正因为如此，每个职业人员一方面要重视职业活动中角色的定位，增强角色意识；另一方面要加强自己的礼仪修养，以适应多种角色的不同礼仪要求。

小案例
白居易
与禅师

（3）陶冶职业礼仪情感。在正确认识职业礼仪的基础上，还需要得到感情上的认可，才会自觉地去遵守礼仪规范。如果没有真挚的情感，即使凭理智去遵循礼仪规范，也会显得不自然。例如，营销现场每天要接待成千上万名不同的顾客，有些顾客非常挑剔，如果职业人员没有良好的职业礼仪情感，是难以做到始终如一、服务周到、以礼相待的。礼仪需要真诚，如果缺乏对他人的关心、重视、尊重，一切礼仪都将变成毫无意义的形式。

陶冶情感包括两个方面：一是形成与应有的礼仪认识相一致的礼仪情感；二是要改变与应有的礼仪认识相抵触的礼仪情感。

（4）锻炼职业礼仪意志。职业人员要想使遵循的职业礼仪规范变成自觉的行为，没有持之以恒的意志是办不到的。职业人员只有自觉地养成一些基本的行为规范，如站、坐、走、微笑，才能使这些规范形成自觉的行为。在现实世界中，礼仪规范实际遵循起来并不是畅通无阻的，"好心不得好报"的事则屡见不鲜，有时你积极主动地帮助别人，却有可能被别人说成是假惺惺；一个人对经理说话礼貌、客气却被视为拍马屁。凡此种种，不仅需要你能克服错误舆论的非难、亲戚朋友的责备和埋怨，而且更需要你有足够的勇气和毅力克服来自自身情绪的干扰，不为眼前的局面所困扰，继续保持良好的礼仪。这种礼仪行为持之以恒，就能取得良好的效果。因此，礼仪修养除了需要提高礼仪认识、陶冶礼仪情操之外，还要注意锻炼自己的礼仪意识。

小案例
礼仪小本子

（5）养成职业礼仪习惯。职业礼仪修养的最终目标就是人们养成按礼仪要求去做的行为习惯，如见面的礼仪、电话的礼仪，日积月累的修养就会成为一种习惯，又如养成控制自己声调、表情的习惯，时间长了也能收到意想不到的效果。总之，在职业礼仪修养过程中，通过一些看得见的礼仪训练，让职业人员通过模仿、学习提高自己的实际操作能力进而养成良好的礼仪习惯，对以后的职业礼仪实践将有所裨益。

小案例
女职员与倔强的老太太

0.3 沟通

作为一名大学生，要想在职场上有所作为，就必须有能力应对各种问题和挫折，还要学会与同事、客户等合作者及社会上的各种人打交道。因此，了解沟通知识，掌握沟通技巧，并对人际关系进行良好的运作，就成为进入职场、融入社会的重要保证。沟通技巧应当成为每位青年人的必修课。

0.3.1 沟通的内涵

沟通是各种技能中最富有人性化的一种技能。社会就是人与人之间互相沟通所形成的网络。沟通渗透于人们的一切活动之中，人们已经习惯于生活在沟通的汪洋大海中，很难想象，要是没有沟通，人们该如何生活。美国相关机构曾经对25名优秀的管理人员进行调查，发现他们76%的工作时间用于沟通。在现代信息社会，人们对信息的搜索、加工和处理能力已经成为决定其职场竞争力的关键因素。

所谓沟通，就是发送者与接收者之间为了特定目的而运用一定符号所进行的信息传递与交流的过程。沟通过程涉及沟通主体（发送者和接收者）和沟通客体（信息）的关系以及信息发送者为影响接收者而使用的语言或非语言的行为。在沟通过程中，信息以怎样的方式被传送，又如何传递给接收者，接收者如何解读信息，信息最终以怎样的方式被理解，这些都与沟通过程中主体的语言行为息息相关。具体来说，要正确理解沟通的含义，可以从下述几点来把握。

（1）有效的沟通既要传递事实，又要传递发送者的价值观及个人态度。
（2）有效的沟通意味着信息不仅被传递，而且还能被理解。
（3）有效的沟通在于双方能准确理解彼此的意图。
（4）沟通是一个双向动态的反馈过程。这种反馈并非一定要通过语言来表现，接收者也可以通过其表情或目光、身体姿势等形式将信息反馈给发送者，从而使发送者得知接收者是否接收与理解其所发出的信息，并了解接收者的感受。

小案例
土著人的最高礼节

0.3.2 沟通的种类

（1）按照组织系统划分，沟通可分为正式沟通和非正式沟通。

①正式沟通。正式沟通主要包括以下5种。

- 链式沟通。在链式沟通中,居于两端的人只能与邻近的一个成员联系,居中的人则可分别与其两侧的人沟通信息。
- 轮式沟通。轮式沟通网络在组织中代表一个主管直接管理部属的权威系统。
- 圆式沟通。圆式沟通可以看成链式形态的一个封闭式控制结构,表示5个人之间依次联络和沟通。其中,每个人都可同时与两侧的人沟通信息。
- 全通道式沟通。全通道式沟通是一个开放式的网络系统,其中每两个成员之间都有一定的联系,彼此可随时沟通情况。此沟通方式集中化程度很低。
- Y链式沟通。Y链式沟通,其中只有一个成员位于沟通的中心,成为沟通的媒介。在组织中,这一网络大体相当于组织领导、秘书班子再到下级主管人员或一般成员之间的纵向关系。

正式沟通方式如图0-1所示,各种正式沟通方式的比较如表0-2所示。

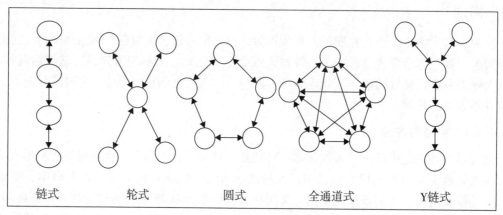

图0-1 正式沟通方式

表0-2 各种正式沟通方式的比较

沟通特点	链式	轮式	圆式	全通道式	Y链式
解决问题的速度	快	较快	慢	快	中
正确性	高	高	低	中	高
突出领导者	相当显著	非常显著	不显著	无	中
士气	低	非常低	高	高	中

②非正式沟通。非正式沟通主要包括以下4种方式。

- 单线式。单线式的传播方式是通过一连串的人,把信息传播给最终的接受者。
- 集中式。集中式的传播方式是把信息有选择地告诉自己的朋友或有关的人,这是一种藤式的沟通传递。
- 偶然式。偶然式的传播方式是按偶然的机会来传播信息,有些人未接收到信息,这与个人的交际面有关。
- 流言式。流言式的传播方式是一个人主动将信息传播给所有与他接触、交往的人。

非正式沟通方式如图 0-2 所示。

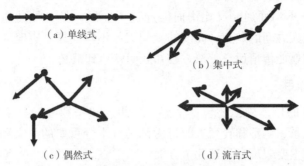

图 0-2　非正式沟通方式

（2）按照信息传递的方向划分，沟通可分为向上、向下、平行和斜向沟通。向上沟通是指居下者向居上者陈述实情、表达意见，即我们通常所说的下情上达，如臣对君、子对父、下属对上司的沟通等。向下沟通与向上沟通正好相反，是居上者向居下者传达意见、发号施令等，即我们通常所说的上情下达。平行沟通是指同阶层人员的横向联系，如公司内部同级部门之间都需要平行沟通，以促进彼此的了解、加强合作。平行沟通的目的是交换意见，以求心意相通。

这三种方向的沟通，对任何人而言都是常用的，而且流动的方向并非一成不变的，而是随着具体情况的不同而随时改变。

（3）按照是否进行反馈划分，沟通可分为单向沟通和双向沟通。单向沟通与双向沟通的比较如表 0-3 所示。

小案例
小孩子的"磨功"

小案例
课堂中的沟通

表 0-3　单向沟通与双向沟通的比较

方式	速度	准确性	传递者	接收者	干扰	条理性	反馈
单向沟通	快	低	压力小	无信心	小	有条理	无
双向沟通	慢	高	压力大	有信心	大	无条理	有

0.3.3　沟通的层次

沟通一般可划分为四个层次：第一是不沟不通；第二是沟而不通；第三是沟而能通，比较顺利；第四是不沟就通，这是比较高的层次。

（1）不沟不通。从本质上讲，不沟不通算不上沟通，甚至可以说是沟通的反面。不沟不通，是指人们没有沟通的欲望或沟通的必要，处于不相往来的状态。比如，两个人虽然彼此认识，但是工作、生活基本没有交集，不需要"通"，所以也没有"沟"的必要。

（2）沟而不通。其实，在现实生活中，很多沟通都停留在沟而不通的层次上，无法达成预期的沟通目标。沟而不通的原因很多：或者在沟通方，不主动，不善于沟通；或者在沟通的另一方无沟通意愿，比较固执听不进意见；或者沟通场合不对，条件尚不成熟等。沟而不通会产生巨大的障碍，使我们寸步难行。

小案例
秀才买柴

（3）沟而能通。沟而能通，比沟而不通进了一步。或者沟通双方都有沟通的意思，或者沟通双方都有沟通的善意，或者双方的语言表达得体，或者双方都兼顾说话的场合等，都为有效沟通创造了条件。

（4）不沟而通。不沟而通，又比沟而能通进了一层，是一种高超的沟通技术。中国人讲究人与人之间的默契，高度的默契就是不沟而通。有时人们不需要说话，只用眼神动作就能传情达意，双方心知肚明就达到默契。

小案例
父亲与女儿

小案例
董事长的疑虑

0.3.4 沟通的作用

沟通除包括信息的传递外，还包括情感、思想、知识和经验等多方面的交流。它对改善人际关系、调整和转变人的行为都具有十分重要的意义和作用。具体说来，沟通的作用主要表现在下述几个方面：

（1）开阔视野，丰富经验。人与人之间的沟通有助于增长知识，开阔视野，丰富经验。在沟通过程中，个体可从对方那里吸收对自己的工作、学习和生活有用的知识，以他人的长处弥补自己的短处，借鉴他人的优势来改变自己的劣势，总结他人的成功经验，吸取他人的失败教训，以此丰富自己的知识积累，提高对环境的适应能力。

（2）联络情感，改善关系。有效的沟通可以针对双方的思想、情感、信息进行充分的、全方位的交换，使双方达成共识、增进了解、联络感情，有效地改善人际关系。世界上最美的东西就是人与人之间的情感联结，而这种情感联结就是通过沟通来实现的。沟通的过程使积极的情感体验加深，使消极的情感体验减弱，从而使人际关系不断得以改善。

（3）认识他人，自我定位。唐太宗说："以铜为镜，可以正衣冠；以古为镜，可以知兴替；以人为镜，可以明得失。"这句话道出了沟通有认识自我并进行自我定位的作用。因为一个人在与他人沟通的过程中，理解了他人，也认识了他人眼中的自己。人们从他人对自己的反应、态度和评价中，会发现自己的长处和短处，找到自己恰当的社会位置，从而为自我的设计、发展、完善创造有利条件。离开了沟通，人就永远无法客观地认识他人，也无法真正地了解自己。

（4）心理健康，满足需求。沟通与交往是人类最基本的社会需要之一。根据美国社会心理学家马斯洛的需求层次理论，每个人都有归属和社交的需要，通过彼此间的相互沟通和交往，可以诉说个人的喜怒哀乐，这样就增进了彼此之间的情感。沟通有助于人的心理健康，正如一些人所说的那样："当我们快乐时，把我们的快乐告诉自己的朋友，会使快乐加倍；当我们痛苦时，把我们的痛苦告诉自己的朋友，会使我们的痛苦减半。"

（5）高效团队，实现目标。沟通是组织管理的基础，离开了沟通，组织是不可能发挥管理功能和实现管理目标的。良好的沟通能够把每个人的知识、专长和经验融合在一起，更好地与他人合作，从而组建一个高效的工作团队，取得事业上的成功。

课堂互动

请同学们自我检查一下，你在与同学、老师或朋友的沟通过程中，自身存在的沟通问题有哪些？与同桌交流，并互相商讨一下解决策略。

思考练习

1. 生活中的礼仪与职业礼仪有何区别？大学生，尤其是职业技术学院的学生掌握职业礼仪的重要意义何在？

2. 举出近一个月来发现的不符合礼仪礼节的 5 个例子，并分析其问题所在及其改进办法。

3. 上网搜索与职业礼仪相关的内容，分析哪些知识点自己比较熟悉，哪些知识点自己不太熟悉，那些不太熟悉的知识点就是自己今后学习的重点。

4. 请指出以下职业人员礼仪上存在的问题。

（1）小王邋里邋遢地站在总经理办公室门前，头发乱蓬蓬的，西装皱皱巴巴的，刚一进门就被秘书小姐赶出了办公室。

（2）小李坐在接待室等待顾客，不耐烦地走过来走过去，还不时地翻看接待室的物品。顾客一来他就迫不及待地开始推销产品，顾客没机会插上一句话。

（3）拥挤的公共汽车上，小张因一点小事和一个乘客争吵起来。他气呼呼地赶到客户那儿，发现客户是和自己刚才在车上争吵过的那个人。

（4）小刘是饭店前厅的接待小姐，客人登记住店时看了房价后无意中说了一句："这么高的房价？你们的房价为什么这么高呢？"小刘回答："本来还要高，看你不是经商的，这不已经给你打了折了。"客人听后极为不悦，大步离开了店堂。

（5）居民区苏小姐正在忙家务，门铃响了，她打开门，迎面而立的是一位戴墨镜的年轻男士。苏小姐问："您是……"男士没有摘下墨镜，而是从口袋里摸出一张名片："我是保险公司的。"苏小姐接过名片看了看，不错，他的确是保险公司的，但这位男士的形象让她反感，便说："对不起，我们不打算买保险。"说着就要关门，而这位男士动作非常敏捷，已将一只脚迈进门内，挤了进来，一副极不礼貌的样子，在屋内打量，"你们家的房子装修得这么漂亮，真令人羡慕。可天有不测风云，万一发生个火灾什么的，损失就大了，不如现在你就买份保险……"苏小姐越听越生气，光天化日之下，竟然有人闯进门来诅咒她的房子，于是，她把年轻男士轰了出去。

5. 根据你的理解，谈谈什么是沟通。

6. 请联系自身实际，谈谈沟通的作用。

7. 请回忆和分析一个自己人际沟通失败的例子，以书面的形式提交并复印十份，同学之间相互传看、借鉴、交流。要求：

（1）具体描绘那次人际沟通事件的情景；

（2）逐条分析导致人际沟通不成功的原因；

（3）指出学习本任务内容后，自己当初该怎样做才会取得好的人际沟通效果。

8. 请列举 5 位你认为具有良好沟通能力的人，并与同学们分享他们留给你的美好印象。完成分享后，大家发现沟通高手都有一些什么样的共同点呢？请大家列出来。

9. 请看下面的漫画（图 0-3），然后回答问题。

问题出在哪儿？

问题：

（1）该漫画说明了什么？

（2）如何避免以上问题的发生？

（3）你生活中有没有遇到过类似的情形？你是如何处理的？

图 0-3　问题出在哪儿？

10. 案例分析

互相尊重是最基本的礼仪

一位外国教授正在给一群留学生上礼仪课，由于学生来自不同的国家，所以大家听得都很认真。

"礼仪就是从细小的地方开始做起。比如说我刚才走进教室的时候，轻轻地敲了门。"教授说道。

教授告诉他的学生"敲门是有讲究的：敲一声，代表试探；敲二声，代表等待对方应答；敲三声，代表询问。而在现实生活中，有八成以上的人却不知道如何敲门。"

接着，教授在课堂上做了一次互动，一个学生扮演餐厅的服务员，送外卖到教授家。"服务员"咚咚地敲了三下门，进门后把外卖轻轻地放在桌子上。教授当场指出了"服务员"的问题：敲门声太重，没有表明自己的身份；也没自带一次性鞋套套住鞋子，弄脏了主人家的地板。于是，那名学生按照教授的指点又表演了一次。

可完成后，那名学生仍站在讲台上看着教授。教授提醒他可以下台了。这时，他认真地对教授说："老师，如果有人给我送外卖，我不会让他换鞋，我宁可自己再拖一次地板，因为那样会伤害那个人的自尊心。还有，对方离开的时候，我会真诚地对他说一声谢谢。"

教授愣了一会儿，继而真诚地说了一句："你说得对，谢谢你。"

这时讲台下响起了热烈的掌声。

思考讨论题：

(1) 为什么说："互相尊重是最基本的礼仪"？

(2) 本案例对你有何启示？

"你在家里对你的父母说过谢谢吗？"

李娟大学毕业后到一家日本独资企业应聘，面试经理问：

"你在家里对你的父母说过谢谢吗？"

李娟回答："没有。"

面试经理说："你今天回去跟你的父母说声'谢谢'，明天你就可以来上班了。否则，你就别再来了。"

李娟回到了家，父亲正在厨房做饭，她悄悄地走进了自己的房间，面对着镜子反复练习：

"爸爸，您辛苦了，谢谢您！"

其实，李娟早就想对父亲说这句话了，因为她看到了父亲是多么的不容易：自己两岁母亲去世，父亲为了不使她受委屈，没有再娶妻子，小心翼翼地呵护自己长大成人。心里一直想说"谢谢"，但就是张不开嘴。李娟暗下决心：今天是个机会，必须说出来！就在此时，父亲喊道：

"娟子，吃饭啦！"

李娟坐在饭桌前低着头，脸憋得通红，半天才轻声地说出：

"爸爸，您辛苦了，谢谢您。"

李娟说完之后，爸爸没有反应，屋内一片寂静。李娟纳闷，偷偷抬眼一看，她的父亲泪流满面！这是欣喜之泪，这是慰藉之泪，这是期盼了20年的话所带给他的感动之泪。此时，李娟才意识到：自己这句话说得太迟了。

第二天，李娟高高兴兴地上班去了。经理看到李娟轻松的神情，知道她已经得到该体会的东西，没有问就把李娟带到了工作岗位上。

思考讨论题：

（1）本案例对你有何启示？

（2）请模仿李娟，把"谢谢"二字说给您身边的同学、亲人、朋友、单位的同事和一切给您帮助的人。

孔子与颜回

孔子被各地所聘，携众弟子讲学，但是迟迟得不到报酬。当时，孔子生活拮据，当地村民给了他们一些米粮，孔子想，这个米饭让谁来煮我才放心呢，他想到了大弟子颜回，颜回平日忠厚老实，不贪图小便宜，于是他就把煮米饭的任务交给颜回，颜回欣然接受。过了一会，孔子忍受不了米饭香味的诱惑，便到厨房，刚到厨房门口，他看到了一幕，颜回正手抓着米饭，大口地在吃，孔子十分生气，自己最喜爱的好弟子，怎么会这样呢？孔子回到了书房，此时大弟子把米饭也端进了书房让师傅吃，孔子心想，我要考验他一下，看看颜回是否真的是不懂尊师重道呢。于是，孔子就和颜回说："我们难得吃一回米饭，先祭祖吧！"古时，祭手且必须是干净的食物，如果食物被沾染了肮脏的东西，那就是对祖先的大不敬。当时，颜回一听要祭祖，扑通一声给师傅跪了下来，说："师傅不能祭祖，因为这些米饭已经被我抓过了，也吃过了。"孔子当时心中暗喜，想孺子还算可教，接着颜回说了一句让孔子非常震惊的话："因为厨房年久失修，又没有清理过，当我打开锅盖时，热气使棚上的灰掉到了锅里，米饭脏了，我想扔掉太可惜，我把这些脏的吃掉，既可以让我吃饱，也可以让师傅您吃到干净的米饭，多好啊。"当时，孔子心中深深叹息，原来我亲眼看到的也不是真的。

思考讨论题：

（1）结合本案例，请谈谈沟通的重要意义。

（2）本案例对你有何启示？

焦急的李经理

星期一通常是公司最繁忙的日子，当李经理走进办公室的时候，秘书早将一沓文件放在他的办公桌上。每天都要花费大量的时间处理很多这样的文件，李经理很是头疼。

李经理开始埋头处理文件的时候，电话铃响了，是技术总监打来的，他告诉李经理他准备辞职。最近一直在公司内部流传着的小道消息"公司的竞争对手在挖技术总监"的事情被证实了，李经理心中一阵恼火。技术总监了解公司最新开发产品所有的第一手资料，而这些资料是竞争对手梦寐以求的，技术总监此时投奔到对手旗下对公司是很不利的事情。既恼怒又担心的李经理在电话中没想好如何跟技术总监谈这件事，而技术总监又很快挂断了电话。

放下电话，李经理一时也想不出什么好办法，他着急地在屋子里踱步。此时，秘书推门进来，说员工们对此次裁员计划有很多不满，特别是前两天裁掉老刘这件事。老刘已在公司工作多年并接近退休，这样裁员让员工觉得公司很无情，大家也没有安全感，需要经理给出一个解释，此时被裁减的员工代表也聚集在会议室里等待经理的说法。裁员本身已经影响了公司的士气，但一想到可能要面对盛怒的离职员工的代表，李经理不由得产生一丝担忧，这可不是一般的谈话，如果处理不好，带来的后果可能是不堪设想的。

可是眼下由于技术总监的辞职电话干扰了他的注意力，他甚至猜测竞争对手是否已经掌握了新产品的技术，接下来他该怎么办？需要与竞争对手人力资源部经理联系吗？还是直接汇报上司？还是找技术总监本人谈话呢？

目前最紧急的问题是，他该如何面对并说服离职员工代表。由于焦急，他竟然找不到合适的说辞来向大家解释公司目前的处境。与员工代表会谈的时间就要到了，可李经理还在自己的办公室焦急地走来走去……

思考讨论题：

（1）李经理的沟通能力如何？他应怎样解决目前面临的问题？

（2）作为一名经理应如何提高自身的沟通能力？

11. 礼仪实训：日常礼仪行为养成

实训目标：了解礼仪的基本知识和规范，遵循礼仪基本原则，并在日常生活、学习、工作中培养良好的礼仪习惯。

实训课时：从开学第一周到第十五周的课外时间，第十六周全班总结，2课时。

实训地点：教室、寝室、食堂、图书馆、社交生活等公共场所。

实训内容：

（1）学习礼仪修养基本知识；

（2）学习礼仪修养基本规范；

（3）从第一节课后起，每天在教室、寝室、食堂、图书馆、社交生活等公共场所，把课堂所学礼仪知识在实践中运用，进行待人接物，培养礼仪习惯。

实训要求：

（1）把礼仪修养知识与规范融入日常生活、学习、工作及社交实践中；

（2）记录你每实践其中一条原则和规范的心得体会，每人不得少于十条；

（3）第十六周每位同学上讲台向老师和同学们介绍一下你已掌握了哪些人际交往的礼貌修养基本原则和规范，哪些是你认为较困难做到的？有何感想？今后打算怎样应用这些礼貌基本原则和规范？

12. 沟通游戏：撕纸

游戏目标：了解沟通过程中的障碍，选择恰当的沟通方式。

参加人数：20人左右。

游戏时间：15分钟。

游戏工具：总人数两倍的A4纸（废纸亦可）。

要求：

（1）给每位学生发一张纸。

（2）老师发出以下单项指令：

①大家闭上眼睛；

②整个过程中不许问问题；

③把纸对折；

④再对折；

⑤再对折；

⑥把右上角撕下来，转180°，把左上角也撕下来；

⑦睁开眼睛，把纸打开。

（3）这时，老师可以请一位学生上来，重复上述指令，唯一不同的是这次学生可以提出问题。

讨论：

（1）为什么会有这么多不同的结果？

（2）沟通的障碍有哪些？

学习领域1

塑造职业形象

学习情境1　仪容修饰
学习情境2　服饰选配
学习情境3　仪态设计

学习情境1

仪容修饰

> 世界上没有难看的人,只有不懂如何让自己打扮得体的人。
>
> ——〔美〕靳羽西

情境导入

美中不足

一天,黄先生与两位好友小聚,来到某知名酒店。接待他们的是一位五官清秀的服务员,接待服务工作做得很好,可是她面无血色,显得无精打采。黄先生一看到她就觉得心情欠佳,仔细留意才发现,这位服务员没有化工作淡妆,在餐厅昏黄的灯光下显得病态十足。上菜时,黄先生又突然看到传菜员涂的指甲油缺了一块,他的第一个反应就是"不知是不是掉我的菜里了"。但为了不惊扰其他客人用餐,黄先生没有将他的怀疑说出来。用餐结束后,黄先生唤柜台内服务员结账,而服务员却一直对着反光玻璃墙面修饰自己的妆容,丝毫没注意到客人的需要。自此以后,黄先生再也没有去过这家酒店。

任务分析

仪容,不仅是指人的外貌,而且还是一个人的精神面貌和内在气质的外在体现。具体而言,仪容由一个人的面容、发式及身体所有未被服饰遮掩的肌肤所构成。在社会交往中要维护良好的自我形象,就必须讲究仪容仪表。良好的仪容仪表不仅能给人以端庄、大方、舒适的印象,还能体现个人的自尊、自爱及对他人的尊重和礼貌。而不注意自身仪容修饰的人,将引起交际对象极大反感,损害自己和所代表的组织的形象。

本"情境导入"中酒店服务员的不良的仪容表现,使黄先生再也没有光顾这家酒店,这是值得我们深思和反省的。

实训项目

项目名称:仪容形象设计展示会。
实训目标:运用仪容设计的相关要求与规范,设计出符合现代礼仪要求的仪容形象。
实训学时:2学时。

实训地点：实训室。

实训准备：准备化妆盒、棉球、粉底霜、胭脂、眼影、眉笔、唇彩、香水等化妆用品。

实训方法：将全班学生分组，两两一组，要求其根据所学仪容礼仪知识，扬长避短展现出最美丽的妆容。在课堂上分组进行形象展示，最好用数码相机进行拍摄，由学生互评，要求从面部化妆、发型设计方面进行重点评价。由教师进行总结评价，重点评价各组存在的共性问题。最后，全班评出"最佳表现"妆容。

知识链接

1.1 仪容整洁

1.1.1 面容的清洁

清洁感是仪容美的关键，也是一个基本要求。面部是一个人最突出的代表部位，面容是否洁净，是有生气、有光泽，还是灰暗、死气沉沉、憔悴疲倦，关系到每个人留给他人的印象。一个教养有素的人不会经常不修边幅、蓬头垢面。仪容整洁首先要求面容清洁。面容清洁不仅仅是面部没有看得见的污垢，而且不要存有附在皮肤上的老死的细胞角质层。彻底清洁皮肤有如下几种方法。

（1）清洗面容。保持面容洁净需要天天洗脸，这很容易。用清水、香皂、洗面奶都可以，但记住一定要用清水冲洗干净。仅仅保持天天洗脸不一定能保证仪容的清洁感，因为你无法及时洗去和老死的细胞屑混在一起的角质性污物。这是你面部容易起小疹子、疙瘩、发痒、起红斑、黄褐斑的重要原因。要知道皮肤也在新陈代谢，不停分泌皮脂及其他废物。皮肤分为皮下组织、真皮和表皮，细胞不断在真皮内生成并推向表皮，一般当细胞到达最外层时，就已经开始死亡了，没有生命力了。在显微镜下，这些老死的细胞屑像枯叶一样堆积成一层灰色的皮痂，只不过肉眼看不见罢了。皮痂不仅阻挡着新生细胞继续补充到皮肤表皮上去，而且使你的皮肤暗淡无光、干燥易皱。

（2）定期处理脱落表皮。实际上部分枯死细胞会在不知不觉中落在枕巾、毛巾和水中，但仍需要定期进行"大扫除"。定期使用磨砂膏、面膜，都能起到非常好的脱落皮屑的作用。经常注意处理脱落表皮，还有一个益处，它们可以防止、缓解某些皮肤病，如粉刺、痤疮，等等。

小贴士
正确的洗脸方法

面容清洁还包括保持脖颈、耳朵等部位的清洁。

1.1.2 肌肤的保养

护肤是仪容美的关键。皮肤尤其是面部皮肤的经常护理和保养，是实现仪容美的首要前提。正常健康的人皮肤具有光泽，且柔软、细腻、洁净、富有弹性；而当人处于病态或衰老的时候，其皮肤就会失去光泽、弹性，出现皱纹或色斑。对皮肤进行经常性的护理和保养有助于保持皮肤的青春活力。

微课
肌肤的保养

（1）皮肤的类型。皮肤一般分为干性皮肤、中性皮肤、油性皮肤、混合性皮肤、敏感性皮肤，对于不同类型的皮肤需用不同的方法加以护理和保养。

①干性皮肤红白细嫩，油脂分泌较少，经不起风吹日晒，对外界的刺激十分敏感，极易出现色素沉着和皱纹。有些干性皮肤的人苦于自己的皮肤少了一分"亮光"，使劲往脸上涂

抹"增亮"的油脂，殊不知此举减少了皮肤的透气性。其实对于这种皮肤，每天在洗脸的时候，可以在水中加入少许蜂蜜，湿润整个面部，用手拍干。坚持一段时间，就能改善面部肌肤，使其光滑细腻。保养的要点是补充油脂和保湿。

②中性皮肤比较润泽细嫩，对外界的刺激不太敏感。这种皮肤比较易于护理，可以在晚上用水洗脸后，再用热水捂脸片刻，然后轻轻抹干。保养要点是维持水油平衡。

③油性皮肤肤色较深，毛孔粗大，油光满面，易生痤疮等皮脂性皮肤病，但适应性强，不易显皱。洗脸时可在热水中加入少许白醋，以便有效地去除皮肤上过多的皮脂、皮屑和尘埃，使皮肤富有光泽和弹性。保养要点是控制油脂分泌和保湿。

④混合性皮肤看起来很健康光滑，但T形区（额头、鼻子、下巴的区域）有些油腻，而两颊及脸部的外缘有一些干燥的迹象。混合性皮肤在护肤时可考虑分区护肤的方法，对于干燥的部位除了更多地补水保养外，可以适当地选择一些营养成分较丰富的护肤品，而偏油部位可以使用清爽护肤品。保养要点是控制T形区的油脂分泌，消除两颊的干燥现象并保湿。

⑤敏感性皮肤表皮较薄，毛细血管明显，使用保养品时很容易过敏，出现发炎、泛红、斑疹、瘙痒等症状。保养要点是适度清洁、不过度去角质、不频繁更换保养品、不使用含有致敏成分的化妆品。

确定皮肤类型的简单方法是：在早晨起床前，准备三张干纸片，分别贴在额头、鼻子、面颊上，两分钟后揭下，放在亮处观察。如果满纸油迹即为油性皮肤，极少油迹即为干性皮肤；如果额头、鼻子有油迹，脸颊上几乎没有油迹，即为中型皮肤；如果额头、鼻子有较多油迹，脸颊上没有油迹，即为混合性皮肤。

（2）皮肤的保养。

①注意合理的饮食。合理的饮食是美容保健的根本。人体需要多种养分，有了养分，皮肤才有自然健康的美。因此，我们在日常生活中应该注意饮食上的多种多样，多吃富含维生素的食物，少吃刺激性食物，保持吸收、消化系统的畅通。一项研究表明：要保持美好容颜，内在营养占80%，外在护理占20%。

②保持乐观情绪。乐观的情绪是最好的"润肤剂"。俗话说："笑一笑，十年少"，笑是一种化学刺激的反应，它激发人体各器官，尤其是激发头脑、内分泌系统的活动，笑的时候，脸部肌肉舒展，使面部皮肤新陈代谢加快，促进血液循环，增强皮肤弹性，起到美容作用。经常笑能使面色红润，容光焕发，给人年轻健康的美感。放松是保持乐观情绪的一剂良药，每天平躺在床上，让脚比头高，什么也不想，可以听轻音乐，10分钟后，即可增加面部的供血量，收到护肤的功效。

③保证良好的睡眠。保持卧室的良好环境，卧室的温度、床垫和枕头的软硬，都要适合自己入睡的要求，如有可能，特别是北方的冬季，可在室内装置加湿器，防止皮肤干裂。良好的睡眠使皮肤可以获得更多的氧气，满足代谢的需要。

④保持皮肤适度的水分。皮肤的弹性和光泽是由含水量决定的。要使皮肤滋润，每天要保证喝水2 000毫升。每天晚上睡前饮一杯凉开水，睡眠时，水分会溶入细胞，为细胞所吸收。早晨起床后，也要饮一杯凉开水，使胃肠畅通，使水随血液循环分布全身，滋润皮肤。皮肤角质层水分也可以从体外吸收。要保持环境湿度，在化妆品中配合上保湿剂，是保持皮肤水分的好方法。坚持每天用冷水浸脸一次，约2分钟，坚持必有成效。

⑤正确洗脸。正确洗脸，保持皮肤清洁卫生是不可缺少的。正确的洗脸方法是：洗脸水温不要太高，一般应低于35℃；洗脸时应该从下往上，从里向外洗，这样有助于皮肤血液循环；要使用温和的洗面奶，少用或不用香皂；洗脸的动作要轻柔。

⑥避免不良刺激。紫外线对皮肤有破坏作用，过度暴晒会使皮肤变黑、粗糙并出现皱纹，因此，在阳光太强的天气，要注意防晒。应化淡妆，不要浓妆艳抹，减轻对皮肤的刺激。不要使用伪劣化妆品。

⑦按摩皮肤。具体方法是：两手掌相互摩擦发热，然后两手掌由前额顺着脸的两旁轻轻向下擦，擦至下巴时，再向上擦至前额，如此一上一下将脸的各处都擦到，上下共36次，每天早晚洗脸后进行。在按摩时手法要轻柔，不可过分用力。

只有自觉地、习惯地在日常生活和工作中保养皮肤，坚持皮肤"锻炼"，才能使皮肤细腻、光泽、柔嫩、红润，富有弹性，青春永驻。

课堂互动

你还有哪些护肤秘诀，请与同学分享。

小贴士
对付暗疮的方法

1.1.3 头发的整洁

头发通常不像面容那样受到人们的重视，但如果你在乎自己的形象，愿意改进自己的形象，就应该把头发作为重要的环节来考虑。优美的背影能使最普通的画面增加美感。保持头发的干净整洁，头发松软黑亮有光泽，加上整齐的梳理，才能呈现出光洁的面容，展现良好的素养、气质。头发不整洁，头皮屑及脱落的头发落在肩膀上、后背上，穿着再漂亮，面部再干净，仍会给人不洁的感觉。头发干净与否，是一个比服饰更重要的显示教养素质的环节。

①洗发。我们应该改变自己的洗发观念和洗发频率。过去长期形成的洗发习惯不知不觉误导了人们对于健康头发的认知概念，以至于今天许多人可以天天沐浴，而不能理解天天洗发这一做法。前不久，中国健康教育协会特别推出"头发天天清洁，把握成功瞬间"社会公益活动，建议人们遵循正确的洗护发方法，养成每周洗头4~7次的卫生习惯。

许多人误认为天天洗发会影响发质，会使头发变干枯、受损，会促使头发的掉落。事实上，头发上的毛囊每天都在不断地分泌油脂以润滑头发，正常人平均每平方厘米的头皮上，分布144~192个能分泌油脂的皮脂腺，所以，经常洗头，不但不会损伤头发，良好的循环还能刺激皮脂腺的正常分泌，使头发滋润光泽。清洁是保养头发的最基本的方法，只要根据自己的发质，选用优质的洗发露，并遵循正确的洗发方法，天天洗发不仅不会引起掉头发，反而会令头发更加健康茁壮。

此外，经常用发刷（或梳子）刷梳头发［应刷（梳）到头皮上］可以促进头皮血液循环，加强对头发的营养供给，并会刺激毛根均匀分泌油脂来滋润头发。古语说"梳理百会，养发健身"。

经常用指腹按摩头皮，或者用手轻拍头皮，对头发的保养也非常有益。

要注意选择好的洗发用品。洗发用品中有一类是药物性洗发剂，如去头屑洗发精、止痒洗发水、防脱发洗发液等。它们都是在洗发剂基剂中加入了一定的药物原料配制而成。你可以根据自己头发的情况"对号入座"，选择其中一种。

另一类洗发剂是营养性洗发剂，如蛋白洗发液、水果洗发液以及用何首乌、啤酒花配方的洗发剂，等等。它们是在洗发剂中添加一定的营养性物质配制而成。这一类洗发用品的选择要求不是太严格，可以多使用几种试试，看哪一种用后头发效果最好。

研究人员测量健康头发的 pH 值为 4~5，在这个数值范围内，头发呈最佳弱酸状态比较好。然而洗发剂中的某些成分会使头发的 pH 值偏向碱性，所以洗发后最好用护发品来中和头发的酸碱度。

②头发的营养。充足的血液及其良好的循环，决定着头发的质量。而要保证血液供给充分，促进血液循环，就必须保证营养摄入的充足。所以，除了已知的那些有益于皮肤健美的各种营养外，豆类、芝麻、核桃中的植物性蛋白质，海带、海菜、贝类中的钙质，对头发也都有着特殊功用。

有一些食物可以帮助改善头发的质量。

少白头与家庭遗传及与人体内分泌有关系。分泌系统中的脑下垂体会影响头发中皮质层的色素颗粒，内分泌功能失调，会引起发色的变化。头皮血液循环不畅通，也会使乌发变色。此外，从营养学分析，人体内缺乏铜元素和铁元素，缺乏泛酸，都会引起头发早白。还有，情绪上长时间的紧张、焦虑，也会使头发变白。

因此，有必要多吃黑芝麻、核桃、豆类及动物肝脏等食品；可服用些当归、红枣茶、何首乌等，再配合以头皮的按摩、梳刷，并安定自己的情绪。

体内如果摄取过多的糖分、盐分及动物性脂肪等有害于血液循环的食物，会使头发变硬变脆并容易脱落。应尽可能地少吃这类食物，这同时也是保养肌肤的要求。

容易脱发和秃顶的人，头皮往往硬化，多吃富含铁质的食品，如水果、瘦肉、鸡蛋蛋白、菠菜、卷心菜、芹菜等可以有效改善这种状况。这些食物有助于活血软化头皮，并促进其更新。及时补充各种氨基酸和多种微量元素，也会防止或减缓头发脱落。而富含这些营养的食物有：黑豆、蛋类、黑芝麻、乳类等。

1.1.4 手及指甲的卫生

有了光洁的面容，整洁的头发，如果一双手很脏，手指甲长而黑污，给人的美好的印象就会荡然无存。指甲应当整齐清洁。不论出于什么理由男士们都不应该留长指甲。女性在这个问题上有更多的自由选择，但重要的是要修剪整齐，保持干净。

要养成洗手的好习惯，坚持外出回来，饭前、便后勤洗手。

还应该注意双手的护养。最基本的保养方法是，在接触水以后，注意往手上擦一些护手霜。如果在户外工作或外出时，应该在手上涂一层防晒霜。在保养手的皮肤的同时，如果加做手操就更好了。一方面可以使手部血液循环加速，促进皮肤的新陈代谢。另一方面手操使各指关节得到锻炼。下面介绍的手操都非常简单，随时随地都可以做。

(1) 伸直左手，用伸直的右手背贴在左手背上，来回摩擦，然后相反运动。

(2) 双手伸直，左右摇动，摇动得越快越好。

(3) 用手握拳，然后放开，由慢到快持续两分钟。

(4) 给手做干浴。

(5) 做翻花鼓的动作，手指手腕都尽可能往外翻。

(6) 臃肿的手指，可在热水中做按摩，以促进血液循环。饮食方面需减少盐的摄入量，多吃生蔬菜和水果。

（7）用手指模仿弹钢琴的样子，手指移动换位，越快越好。

（8）用柠檬片擦手背，可以帮助消除粗糙。

1.1.5 口腔的卫生

口腔是表现清洁感的另一个重点。与人说话的时候露出的牙齿上嵌有、沾有的食物残渣，这是很让人厌恶的，它会让人产生窝囊、马虎的印象。所以应该注意口腔卫生。还应当特别注意口中的异味，也就是通常所说的口臭。与人交谈的时候，如果口中发散出难闻的气味，会使对方很不愉快，自己也很难堪。

口腔异味原因很多，口腔内本来就有多种细菌，能够分解食物残渣中的淀粉类物质和蛋白类物质，产生酸性或其他异味。坚持随时刷牙漱口的习惯，口腔中细菌没有作用的对象，口腔中异味就自然消除了。有时候人们吃了葱、韭菜、大蒜、萝卜等刺激性食物，也会产生强烈异味，所以，在与人交往或工作之前，如果碰巧吃了这一类食物，可以在口中嚼一点茶叶、红枣或花生，它们有助于清除异味。必要时可以使用口香糖减少口腔异味，但应该指出，参加比较正式的交际活动，在他人面前大嚼口香糖是不礼貌的。

造成口腔异味的另一个原因是口腔疾病，如龋齿、牙龈炎、牙槽脓肿、口腔溃疡等疾病。这种原因造成的口腔异味，单靠刷牙漱口的方法不可能消除，治疗好这些口腔疾病，异味会随之消失。

如果上述两种情况都已经排除，那么口腔异味就与体内疾病有关了，如消化不良、肺病、肝病、糖尿病、气管炎等，这就需要治疾病之本了。

1.1.6 身体、衣裳的整洁

保持身体干净，经常洗澡是必需的，尤其是参加正式活动之前一定要保持清爽干净。洗澡可以除去身上的尘土、油垢和汗味，并且使人容光焕发，至少也要坚持每星期洗一次澡。每天晚上睡前要坚持洗脚，用热水泡脚还可以解乏，帮助睡眠，十分有益健康。

身体不要带有异味。有些人会有身体异味，也就是通常俗称的"狐臭"，应当及时进行根除治疗或使用治疗药水，此外要紧的是加强个人卫生。体臭是顶泌汗腺分泌物和细菌作用后发生的酸败，经常保持皮肤的清洁干燥，就可以将体味减少到最低限度。喷涂治疗药物也是抑制细菌、杀菌的一个非常有效的方法。

保持衣裳整洁，勤换洗内衣、外衣，也要定期清洗、消毒。要勤换洗鞋袜，保持鞋袜舒适干净，不要在集会或看演出等公众场合脱鞋。

此外，要使用自己的毛巾、口杯、脸盆、牙刷和香皂，养成良好的卫生习惯。

1.2 化妆适度

爱美之心，人皆有之。在人际交往和参加某些仪式时，适当化妆，既能表现出个人对美的追求，同时也是对他人尊重的一种表现。做任何事情都贵在适度，化妆也不例外，一定要根据东方人的特点来装扮修饰，做到恰如其分。过分醉心于美容，妆化得浓艳不堪，不仅有损于皮肤的健康，而且还有损于别人的观瞻，因此，化妆适度是仪容美的基本要求。

1.2.1 妆前自我认识

一个人要让别人觉得美，全身的整体比例很重要，因为只有符合比例的才是和谐的，只有和谐的才是美的。

（1）"黄金分割"。美学上个人的形式比例关系，符合著名的"黄金分割"。黄金分割指事物各部分间一定的数学比例关系，即：将一条线段一分为二，其较短一段与较长一段之比等于较长一段与全线段之比。按照此种比例关系组织的任何对象，都表现出变化的统一，内部关系的和谐。因此，许多哲学家与美学家认为，无论是在艺术界还是在自然界中，"黄金分割"都是形式美中较为理想的关系。对于人类而言，通常人的脸型是接近黄金矩形的，女性的椭圆形脸之所以被较多数人视为理想的脸型，就是因为脸型的长宽之比近似黄金矩形。然而生活中的人们并不都是这样的脸型，于是可以根据美的比例，利用发型和化妆弥补脸型的比例不足，使整个头部形象形成一种新的比例关系。

（2）"三庭五眼"。除了脸型的长宽之比之外，"三庭五眼"也是对人的面部长宽比例进行测量的一种简单方法。五官端正就是指符合"三庭五眼"的比例要求。

"三庭"是指上庭、中庭和下庭。①上庭：从额头发际线到两眉头连线的距离。②中庭：从两眉头连线到鼻头底端的距离。③下庭：从鼻头底端到下颌（下巴尖）的距离。理想的比例是上庭:中庭:下庭 = 1:1:1，即三者长度相等。

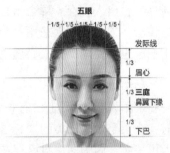

图1-1 三庭五眼

"五眼"是指：①左太阳穴处发际至左眼尾的长度；②左眼长度；③左眼内眼角至右眼内眼角的长度；④右眼长度；⑤右眼眼尾至右太阳穴处发际的长度。

"三庭五眼"如图1-1所示。

理想的比例是这五者长度相等，即从左太阳穴发际到右太阳穴发际的横向连线长度正好是五只眼睛的长度，并且均匀分布。

"三庭五眼"是人的脸长与脸及颜面器官布局的标准比例，如果不符合这个比例，就会与理想脸型产生距离，那么，在化妆时就要运用一定的技巧进行调整和弥补。

通过自我形象分析，便可以了解自己容貌上的优点与不足，虽然人的相貌在很大程度上依赖于遗传，但是后天的努力、科学的保养及恰到好处的修饰对形象的塑造却有举足轻重的作用。

1.2.2　化妆的原则

（1）美化原则。每一个化妆的人都希望化妆能使自己变得更美丽，这是无疑的，但事实上，这些人以为把各种色彩涂抹在脸的相应部位自然就美了，这是错误的。我们看到许多幼儿园的孩子被阿姨化妆化得脸上一团红、眼睛一团黑，显得又凶又老气，孩子的天真可爱荡然无存，这样的化妆不是美了，而是丑了。因此，美化原则是从效果来说的。要使化妆达到美的效果，必须了解自己的脸各部位的特点，孰优孰劣要心中有数；还要清楚怎样化妆和矫正才能扬长避短，使容貌更迷人。这些，要在把握脸部个性特征和正确的审美观的指导下进行。

微课
化妆的原则

（2）自然原则。自然是化妆的生命，它能使化妆后的脸看起来真实而生动，不是一张呆板生硬的面具。化妆失去了自然的效果，那就是假，假的东西就无生命力和美了。自然的化妆要依赖正确的化妆技巧、合适的化妆品；要一丝不苟，井井有条；

小案例
张娟，
你过得好吗？

要讲究过渡、体现层次；要点面到位、浓淡相宜。总之，要使化妆说其有，看似无，就像被化妆的人确确实实长了这样一张美丽的面容，像真的一样。化妆时不讲究艺术技法手段，胡来一气，敷衍了事，片面追求速度，都有可能使妆面失真。

（3）协调原则。这包括以下内容。①妆面协调。指化妆部位色彩搭配浓淡协调，所化的妆针对脸部个性特点，整体设计协调。②全身协调。指脸部化妆还必须注意与发型、服装、饰物协调，当穿大红色的衣服或佩戴大红色的饰物时，可以用大红色的口红，力求取得完美的整体效果。③身份协调。指化妆时要考虑到自己的职业特点和身份，采用不同的化妆手段和化妆品。作为职业人士，应注意化妆后体现端庄稳重的气质；作为专门从事各种关系建立和协调的从业人员出头露面的机会多，与有身份、有地位、有权力的人打交道频繁，要表现出一定的人际魅力，化妆就不能太艳俗或太单调，而应浓淡相宜，青春妩媚，适合人们共同的爱美之心。④场合协调。是指化妆要与所去的场合气氛要求一致。日常办公，妆可以化淡一些；出入宴会、舞会场合，妆可以化浓一些，尤其是舞会，妆可以化得亮丽一些；参加追悼会，素衣淡妆，忌用鲜艳的红色妆。不同的场合化不同的妆，不仅会使化妆者内心保持平衡，也会使周围的人心理融洽。

1.2.3　化妆的技巧

靳羽西说："世界上没有难看的女人，只有不懂如何把自己打扮得体的女人。"世界上没有一个人是十全十美的"标准"相貌。假如你时时都在懊悔自己的脸型或者五官不标准，那大可不必，因为即使自己存在不符合标准的部分，同样可以用化妆的技巧来改善，体现出自己的个性美。扬长避短，遮掩缺陷是非常重要的技巧。下面介绍几种常见脸型的化妆方法。

（1）圆脸型。这种脸扁平，化妆应加强面部立体塑造，在涂粉底时，可用偏深的粉底涂面部两侧，在额头、鼻梁、下巴处涂明亮色。鼻侧影略向眉头部位揉擦，以抬高鼻根，使鼻形挺拔。眉毛作上挑呈圆弧形。眼影不宜用浅亮色，深色眼影可以使面部凹凸感更强。

（2）方脸型。这种脸型棱角分明，化妆底色不宜太浅，色彩沉着的底色加上红褐色的面颊红，会使方脸有结实感，眉形可以是略粗的弧形，又细又弯的眉会与方脸的轮廓形成较明显的对比。眼影与唇彩的颜色可以鲜明一些，通过强调五官来减弱方脸轮廓。

（3）长脸型。这种脸型缺乏生气，化妆可以选择较浅的自然型粉底。胭脂用淡红色，从颧骨的中心往耳朵方向推抹呈扇形。在下巴、额头上也可略施暖色调阴影色。眉毛修饰成向脸部横向发展的平弧状缓和曲线。睫毛膏染外眼睫毛。总之，化妆上采用的线条与色彩，都应以横向引导来造成视觉错觉，以便使长脸型有所改观。

（4）小脸型。这种脸型给人感觉比较可爱，化妆用浅色粉底可使脸部面积显得宽阔。面红可选用浅桃红、淡红。眉毛、眼睛、嘴唇的颜色可适当明丽，线条的描画清晰，使修饰过的五官显得眉清目秀。

（5）大脸型。这种脸型缺乏灵气，显得呆板。化妆可选用比自己原来肤色偏深一些的粉底作为底色，因为深色比浅色有收缩感，面部的两侧可以涂一些能与底色衔接的阴影色。额头、鼻梁、下巴涂上明亮色，但也需要与底色自然衔接。这样，首先形成脸部大的起伏，再用鼻侧影使脸部更具立体感，鼻侧影的颜色比肤色略深，并应和眼影色融合。眼睛作重点刻画，加上眉毛与嘴唇的衬托，使五官明艳清晰，以此来减弱脸庞轮廓线给人的印象。

1.2.4 化妆的步骤

化妆时要认真掌握化妆的方法。化妆大体上应分为打粉底、画眼线、施眼影、描眉形、上腮红、涂唇彩、喷香水等步骤。每个步骤均有一定之法，必须认真遵守，讲究化妆的方法。

(1) 打粉底。打粉底，又叫敷底粉或打底。它是以调整面部皮肤颜色为目的的一种基础化妆。在打粉底时，有四点特别应予注意。一是事先要清洗好面部，并且拍上适量的化妆水、乳液。二是选择粉底霜时要选择好它的色彩。通常，不同的肤色应选用不同的粉底霜。选用的粉底霜最好与自己的肤色相接近，而不宜使两者反差过大，看起来失真。三是打粉底时一定要借助于海绵，而且要做到取用适量、涂抹细致、薄厚均匀。四是切勿忘记脖颈部位，在那里打上一点儿粉底，才不会使自己面部与颈部"泾渭分明"。

(2) 画眼线。这一步骤在化妆时最好不要省掉。它的最大好处，是可以让化妆者的一双眼睛生动而精神，并且更富有光泽。在画眼线时，一般应当把它画得紧贴眼睫毛。具体而言，画上眼线时，应当从内眼角朝外眼角方向画；画下眼线时，则应当从外眼角朝内眼角方向画，并且在距内眼角约 1/3 处收笔。应予重点强调的是，在画眼线时，特别要重视笔法。最好是先粗后细、由浓而淡，要注意避免眼线画得呆板、锐利、曲里拐弯。画完之后的上下眼线，一般在外眼角处不应当交合。上眼线看上去要稍长一些，这样才会使双眼显得大而充满活力。

(3) 施眼影。施眼影的主要目的是强化面部的立体感，以凹眼反衬隆鼻，并且使化妆者的双眼显得更为明亮传神。施眼影时，有两大问题应予注意：一是要选对眼影的具体颜色。过分鲜艳的眼影，一般仅适用于晚妆，而不适用于工作妆。对中国人来说，化工作妆时选用浅咖啡色的眼影，往往收效较好。二是要施出眼影的层次之感。施眼影时，最忌没有厚薄深浅之分。若注意使之由浅而深，层次分明，将有助于强化化妆者眼部的轮廓。

(4) 描眉形。一个人眉毛的浓淡与形状，对其容貌发挥着重要的烘托作用。任何有经验的化妆者，都会将描眉视为其化妆时的重中之重。在描眉时，有四点需要注意：①修眉。以专用的镊子拔除那些杂乱无序的眉毛；②描眉。描出的整个眉形，必须要兼顾本人的性别、年龄与脸型；③在具体描眉形时，要对逐根眉毛进行细描，而忌讳一画而过；④描眉之后应使眉形具有立体感，所以在描眉时通常都要在具体手法上注意两头淡，中间浓；上边浅，下边深。

课堂互动

某公司行政助理小洁，看到同事们很注重自己的仪容，她也开始留心起来。她有一双丹凤眼，很有古典美，但她想让自己的双眼看起来更大一些。如果你是小洁的同事，你将如何帮她画出一双水汪汪的明亮大眼呢？

(5) 上腮红。它是化妆时在面颊处涂上适量的胭脂。上腮红的好处，是可以使化妆者的面颊更加红润，面部轮廓更加优美，并且显示出其健康与活力。在化工作妆时上腮红，需要注意四条。①要选择优质的腮红，若其质地不佳，便难有良好的化妆效果。②要使腮红与唇膏或眼影属于同一色系，以体现妆面的和谐之美。③要使腮红与面部肤色过渡自然。正确的做法应是，以小刷蘸取腮红，先上在颧骨下方，即高不及眼睛、低不过嘴角、长不到眼长的1/2处，然后才略作延展晕染。④要扑粉进行定妆。在上好腮红后，即应以定妆粉定妆，以便吸收汗粉、皮脂，并避免脱妆。扑粉时不要用量过多，并且不要忘记在颈部也要扑上一些。

（6）涂唇彩。化妆时，唇部的地位仅次于眼部。涂唇彩，既可改变不理想的唇形，又可使双唇更加娇媚迷人。涂唇膏时的主要注意事项有三。①要先以唇线笔描好唇线，确定好理想的唇形。唇线笔的颜色要略深于唇膏的颜色。描唇形时，嘴应自然放松张开，先描上唇，后描下唇。在描唇形时，应从左右两侧分别沿着唇部的轮廓线向中间画。上唇嘴角要描细，下唇嘴角则要略去。②要涂好唇膏。以唇线笔描好唇形后，才能涂唇膏。选择唇膏时，既可以选彩色，也可以选无色。但要求其安全无害，并要避免选用鲜艳古怪之色。女性一般宜选棕色、橙色或紫色，男性则宜选无色唇膏。涂唇膏时，应从两侧涂向中间，并要使之均匀而又不超出早先以唇线笔画定的唇形。③要仔细检查。涂毕唇彩后，要用纸巾吸去多余的唇膏，并细心检查一下牙齿上有无唇膏的痕迹。

（7）喷香水。主要是为了掩饰不雅的体味，而不是为了使自己香气袭人，这一点很重要。喷香水要注意的问题有：一是不应使之影响本职工作，或是有碍于人。二是宜选气味淡雅清新的香水，并应使之与自己同时使用的其他化妆品香型大体上一致，而不是彼此"串味"。三是切勿使用过量，产生适得其反的效果。四是应当将其喷在或涂抹于适当之处，如腕部、耳后、颌下、膝后等，而千万不要将它直接喷在衣物上、头发上或身上其他易出汗之处。

1.2.5 化妆的注意事项

（1）吸烟女子注意掌握改变唇齿颜色的方法。长期吸烟的人会导致嘴唇和牙齿颜色的改变，嘴唇不仅干枯无光泽，而且呈紫褐色；牙齿焦黄，甚至变黑。这些都严重影响到容貌美。改变嘴唇和牙齿的颜色，除了戒烟或少吸烟，去医院口腔科进行专门洗牙治疗之外，有时为了应急，可以通过化妆来弥补。可以在嘴唇上涂防裂膏，保持嘴唇的油分和滋润感；用棕色唇膏轻涂在嘴唇上，可以遮盖紫褐色的嘴唇，况且由于深色唇膏与牙齿色泽反差小，能够造成视错觉，让人看上去觉得牙齿不是那么黄了。

（2）女士要注意颈部皮肤的护理。女士不要忽视颈部皮肤的护理，颈部皮肤与脸部的皮肤差不多，所以你不必去买专门的营养霜，可以使用用于脸上的护肤品，使用方法和程序跟面部护理一样，只不过在春天、秋天和冬天，脖子上因为有衣服和围巾等的遮掩，护肤用品使用次数不必太频繁，可以在每天早晨或晚上使用一次，夏天因为脖子皮肤裸露在外较多，出外晒太阳时，应与脸部皮肤一样，使用防晒霜，每天两次爽肤和使用营养霜。女士把自己的颈部护理得与自己的脸一样年轻，就会更加完美了。

（3）注意化妆的基本礼节。化妆不但要掌握一定的方法，还要掌握化妆的礼节：化妆的浓淡视时间而定，白天工作场合化淡妆，夜晚化浓妆、淡妆都适宜；不能在公共场所、在众目睽睽之下化妆，这是非常失礼的，要在卧室或化妆间里化妆。工作时间不能化妆，否则易被他人当作不务正业的人。不允许在同事面前化妆，否则会引起误会；不要非议他人的化妆。由于民族、肤色和文化修养的差异，每个人的妆容不可能都是一样的；不要借用他人的化妆品，这样做既不卫生又不礼貌。

值得注意的是，青年女性不宜过多使用化妆品，平时只使用一些适合自己皮肤的护肤霜就可以了。特别是正值发育期的女孩子,更不要多用化妆品,因为这个时期她们的机体新陈代谢旺盛,皮肤毛孔很容易被堵塞,从而有可能引发皮肤病。至于唇膏,旨在护肤,一般多在冬季使用,以防嘴唇开裂。

1.2.6 男士的"化妆"

请扫描二维码学习本部分内容。

男士的"化妆"

延伸阅读

请扫描二维码阅读以下内容。

一、职业女性的优雅妆容　　二、三大错误护肤法

思考练习

1. 仪容修饰对个人职业形象的塑造有何重要意义?
2. 请结合自身的体会,阐述良好的生活习惯与皮肤护理之间的关系。
3. 与同学交流一下自己对头发、面部、手、脚等进行清洁和保养的心得。
4. 假如你是一名即将毕业的大学生,准备去参加招聘面试,为了能更好地展示自己的良好形象,除了注意服装搭配外,在仪容修饰方面,你该如何准备?
5. 案例分析:

一道道奇特的风景线

阿美和阿娟是一所美容学校的学生,初学化妆非常兴奋,走在大街上,总爱观察别人的妆容,因此发现了一道道奇特的风景线。

一位中年妇女没有做其他化妆,只涂了嘴唇,而且是那种很红很艳的唇膏,只突出了一张嘴。一位女士的妆容看起来真的很漂亮,只可惜脸上精彩纷呈,脖子却黯然失色,在脸和脖子之间好像有明显的分界线,像戴了面具一样。再看,还有的女士用粗的黑色眼线将眼睛轮廓包围起来,像个"大括号",看上去显得生硬、不自然。一位很漂亮的女士,身穿蓝色调的时装,却涂着橘红色的唇彩……

思考讨论题:

(1) 请帮助阿美和阿娟分析一下,针对以上几种情形,自己化妆时应注意哪些问题?
(2) 本案例对你有何启示?

◀ 学习情境2 ▶

服饰选配

一个人的穿着打扮，就是他的教养、品位、地位的真实写照。

——〔英〕莎士比亚

情境导入

事与愿违

有一家海外知名企业的董事长要来本市访问，有寻求合作伙伴的意向。某商务信息公司的王总经理获悉这一情况后，请有关部门为双方牵线搭桥。让他喜出望外的是，对方也有合作意向，而且希望尽快见面。到了双方会面的那一天，王总特意在公司挑选了几个漂亮的部门女秘书来做接待工作，并特别指示她们穿紧身的上衣、黑色的皮裙。他认为这种时尚、性感的装束一定会让外商觉得自己对他们的到来格外重视，因此，一定会赢得他们的好感和信任。这时，正在准备工作的办公室秘书小李惊异地看到这几位漂亮姑娘，她皱着眉头，想要说什么又咽了回去。过了一会儿后她还是忍不住对王总说："王总，做接待工作是不适合穿这种服装的。"王总惊讶地问道："是吗？为什么？"

任务分析

人的长相、身材高矮难以改变，而服饰却是可以变化的。整洁美观的服饰是人们能用以改变自己或烘托自己的最好方法，也是使用最频繁的"武器"。

早在1972年，世界著名心理学家及讲演大师肯利教授发现，在高中女孩的交往中，穿衣最重要，占留给别人印象的67%之多，在多年之后，我们即便回忆不起当年的容貌，却对"当时穿什么"印象特深，其次才是个性，最后是共同的兴趣。因而他发现了着装是一个强烈、显著的信号，并告诉人们一个原则：服装只要运用得当，就是最有利的沟通工具之一，也是最便捷的人际交往"名片"。并且进一步通过实验证实，着装能让人们得到不同的待遇。假如穿戴像一个成功的人，就能在各种场合得到应有的尊敬和善待。肯利教授最后指出，任何行业，穿着得体都能够帮助人们取得更大成功。

本"情境导入"中的案例说明：着装是要分场合、讲礼仪的。在正式的商务接待中，接待人员不适宜穿紧身上衣和皮裙。女性穿紧身上衣只适合于休闲或一般的交际场合，而穿皮裙则更不合适，因为在西方传统的观念中，这种打扮是一些社会地位低微、行为举止轻浮的女性的所爱。

实训项目

项目名称：着装展示会。

实训目标：根据服饰选配的相关要求与规范，使自己的着装符合职业礼仪要求，展示良好的形象。

实训学时：2学时。

实训地点：实训室。

实训准备：各类服装和饰物等。

实训方法：将学生分成小组，每组5~6人，每组设计不同场合（可以是正式场合、休闲场合、运动场合、商务酒会场合等）的服饰穿戴与搭配。每组学生进行角色扮演，演示各岗位服饰的穿戴与搭配，用数码摄像机记录整个过程，然后投影回放，学生自我评价，找出不合规范之处。授课教师总结点评学生存在的个性问题和共性问题。最后，全班评选出"最佳表现组"。

知识链接

2.1 着装的一般原则

2.1.1 个性协调原则

所谓穿着的协调，是指一个人的穿着要与他的年龄、体型、职业和所处的场合等相适合，表现出一种和谐，这种和谐能给人以美感。具体地说，有以下几个方面内容。

（1）穿着要和年龄相协调。不管青年人还是老年人，都有权利打扮自己，但是在打扮时要注意，不同年龄的人有不同的穿着要求。年轻人应穿着鲜艳、活泼、随意一些，这样可以充分体现出青年人的朝气和蓬勃向上的青春之美。而中、老年人的着装则要注意庄重、雅致、整洁，体现出成熟和稳重，透出那种年轻人所没有的成熟美。因此，无论你是青年、中年、还是老年，只要你的穿着与年龄相协调，那么都会使你显出独特的美来。

小贴士
服装款式与年龄

（2）穿着要与体形相协调。关于人体美的标准，古今中外众说纷纭。有关专家综合我国人口的健美标准，提出两性不同的体形标准。女性的标准体形是：骨骼匀称、适度。具体表现为：站立时头颈、躯干和脚的纵轴在同一垂直线上。肩稍宽，四肢比例及头、颈、胸的比例，以肚脐为界，上下身的比例符合"黄金分割"的1.618:1，也可用近乎8:5来表示。若身高160厘米，则其较为理想的体重是50~55千克，肩宽是36~38厘米，胸围是84~86厘米，腰围是60~62厘米，臀围是86~88厘米；男性的标准体形应基本遵循两臂侧平举等于身高的原则，若身高167~170厘米，则其较为理想的体重是68~70千克，胸围是95~98厘米，腰围是75~78厘米，颈围是30~40厘米，上臂围是32~33厘米，大腿围是55~56厘米，小腿围是37~38厘米。

然而，在现实生活中，并非每个人的体型都十分理想，人们或多或少地存在着形体上的不完美或欠缺，或高或矮，或胖或瘦。若能根据自己的体型挑选合适的服装，扬长避短，则能实现服装美和人体美的和谐、统一。

一般来说,身材较高的人,上衣应适当加长,配以低圆领或宽大而蓬松的袖子,宽大的裙子、衬衣,这样能给人以"矮"的感觉,衣服颜色上最好选择深色、单色或柔和的颜色;身材较矮的人,不宜穿大花图案或宽格条纹的服装,最好选择浅色的套装,上衣应稍短一些,使腿比上身突出,服装款式以简单直线为宜,上下颜色应保持一致;体型较胖的人应选择小花纹、直条纹的衣料,最好是冷色调,以达到"瘦"的效果,在款式上,胖人要力求简洁,中腰略收,后背扎一中缝为好,不宜采用关门领,以 V 形领为最佳;体型较瘦的人应选择色彩鲜明、大花图案及方格、横格的衣料,给人以宽阔、健壮的视觉效果,在款式上,瘦人应当选择尺寸宽大、上下分割花纹、有变化的、较复杂的、质地不太软的衣服,切忌穿紧身衣裤,也不要穿深色的衣服。另外,肤色较深的人穿浅色服装,会获得健美的色彩效果,肤色较白的人穿深色服装,更能显出皮肤的细滑柔嫩。

(3) 穿着要和职业相协调。穿着除了要和身材、体型协调之外,还要与你的职业相协调。这一点非常重要,不同的职业有不同的穿着要求。例如,教师、干部一般要穿得庄重一些,不要打扮妖艳,衣着款式也不要过于怪异,这样可以给人留下一个良好的印象;医生穿着要力求显得稳重和富有经验,一般不宜穿得过于时髦给人以轻浮的感觉,这样不利于对病人进行治疗;青少年学生穿着要朴实、大方、整洁,不要过于成人化;而演员、艺术家则可以根据他们的职业特点,穿得时尚一些。

(4) 穿着要和环境相协调。穿着还要与你所处的环境相协调。上班的办公室是一个很严肃的地方,因此在穿着上就应整齐、庄重一些。外出旅游,穿着应以轻装为宜,力求宽松、舒适,方便运动。平日居家,可以穿着随便一些,但如有客人来访,应请客人稍坐,自己立即穿着整齐,如果只穿内衣内裤来接待客人,那就显得失礼了。除此之外,在一些较为特殊的场合,还有一些专门的穿着要求。例如,在喜庆场合不宜穿得太素雅、古板;庄重的场合不能穿得太宽松、随便;悲伤场合不能穿得太鲜艳;等等。对于这些穿着要求,在下面还要作具体的介绍。

2.1.2 色彩搭配原则

色彩,是服装留给人们记忆最深的印象之一,而且在很大程度上也是服装穿着成败的关键所在。色彩对他人的刺激最快速,最强烈,最深刻,所以被称为"服装之第一可视物"。

微课
色彩搭配原则

一般来讲,不同色彩的服饰在不同的场合所产生的效果是不同的,为此,需要对色彩的象征性有一定的了解。

黑色,象征神秘、悲哀、静寂、死亡,或者刚强、坚定、冷峻;

白色,象征纯洁、明亮、朴素、神圣、高雅、恬淡,或者空虚、无望;

黄色,象征炽热、光明、庄严、明丽、希望、高贵、权威;

大红,象征活力、热烈、激情、奔放、喜庆、福禄、爱情、革命;

粉红,象征柔和、温馨、温情;

紫色,象征谦和、平静、沉稳、亲切;

绿色,象征生命、新鲜、青春、新生、自然、朝气;

浅蓝色,象征纯洁、清爽、文静、梦幻;

深蓝色，象征自信、沉静、平静、深邃；

灰色，中间色，象征中立、和气、文雅。

人们在穿衣着装时，在色彩的选择上既要考虑个性、爱好、季节，又要兼顾他人的观感和所处的场合。所以明代卫泳在《缘饰》中说春服宜清，夏服宜爽，秋服宜雅，冬服宜艳；见客宜重装；远行宜淡服；花下宜素服；对雪宜丽服。古人对服饰的讲究的确值得我们借鉴。

对一般人而言，在服装的色彩上要想获得成功，最重要的是掌握色彩的特性、色彩的搭配及正装色彩的选择这三个方面：

（1）色彩的特性。色彩具有冷暖、轻重、缩扩等特性。

①色彩的冷暖。使人产生温暖、热烈、兴奋之感的色彩为暖色，如红色、黄色；使人有寒冷、抑制、平静之感的色彩为冷色，如蓝色、黑色、绿色。

②色彩的轻重。色彩明暗变化程度，被称为明度。不同明度的色彩往往给人以轻重不同的感觉。色彩越浅，明度越强，它使人有上升之感、轻感。色彩越深，明度越弱，它使人有下垂之感、重感。人们平日的着装，通常讲究上浅下深。

③色彩的缩扩。色彩的波长不同给人收缩或扩张的感觉有所不同。一般来讲，冷色、深色属收缩色，暖色、浅色则为扩张色。运用到服装上，前者使人苗条，后者使人丰满，二者皆可使人在形体方面避短扬长，运用不当则会在形体上出丑露怯。

（2）色彩的搭配。色彩的搭配主要有统一法、对比法、呼应法。

①统一法。即配色时尽量采用同一色系之中各种明度不同的色彩，按照深浅不同的程度搭配，以便创造出和谐感。例如，穿西服按照统一法可以选择这样搭配，如果采用灰色色系，可以由外向内逐渐变浅，深灰色西服——浅灰底花纹的领带——白色衬衫。这种方法适用于工作场合或庄重的社交场合的着装配色。

②对比法。即在配色时运用冷色、深色，明暗两种特性相反的色彩进行组合的方法。它可以使着装在色彩上反差强烈，静中求动，突出个性。但有一点要注意，运用对比法时忌讳上下1/2比例，否则给人以拦腰一刀的感觉，要找到黄金分割点即身高的1/3点上（即穿衬衣从上往下第四、第五个扣子之间），这样才有美感。

③呼应法。即在配色时，在某些相关部位刻意采用同一色彩，以便使其遥相呼应，产生美感。例如，在社交场合穿西服的男士讲究"三一律"。所谓"三一律"就是男士在正式场合时应使公文包、腰带、皮鞋的色彩相同，即为此法的运用。

小贴士
上装和下装色相的和谐搭配

（3）正装的色彩。非正式场合所穿的便装，色彩上要求不高，往往可以听任自便，而正式场合穿的服装，其色彩却要多加注意。总体上要求正装色彩应当以少为宜，最好将其控制在三种色彩之内。这样有助于保持正装保守的总体风格，显得简洁、和谐。正装若超过三种色彩则给人以繁杂、低俗之感。正装色彩，一般应为单色、深色并且无图案。最标准的正装色彩是蓝色、灰色、棕色、黑色。衬衣的色彩最佳为白色，皮鞋、袜子、公文包的色彩宜为深色（黑色最为常见）。

此外，肤色也关系到着装的色彩，浅黄色皮肤者，也就是我们所说的皮肤白净的人，对颜色的选择性不那么强，穿什么颜色的衣服都合适，尤其是穿上不加配色的黑色衣裤，会显得更加动人。暗黄或浅褐色皮肤，也就是皮肤较黑的人，要尽量避免穿深色服装，特别是深褐色、黑紫色的服装。一般来说，这类肤色的人选择红色、黄色的服装比较合适。肤色呈病黄或苍白的人，最好不要穿紫红色的服装，以免使其脸色呈现出黄绿色，加重病态感；皮肤黑中透红的人，则应避免穿红、浅绿等颜色的服装，而应穿浅黄、白等颜色的服装。

小贴士
着装搭配口诀

2.1.3 注意场合原则

所谓穿着要注意场合，是说要根据不同场合来进行着装。英国女王伊丽莎白二世访问中国时，走出机舱门第一个亮相，穿的是正黄色西服套裙，戴正黄色帽子。这位女王本人喜欢红色和天蓝色，很少穿黄色衣服。但在中国，历史上黄色是皇帝的专用色。女王来中国访问时穿正黄色服装，既表示尊重中国的传统习俗，又表明了她作为一国君主的高贵身份。

（1）正式场合。正式场合是指商务谈判、重要的商务会议、求职面试等正规、严肃的场合。男士在正式场合通常穿严肃的西服套装（上下装面料相同、颜色相同）。纯黑色西服在西方通常用于婚礼、葬礼及其他极为隆重的场合，而正式的商务场合最常使用的西服套装颜色为深蓝色和深灰色，深蓝色或深灰色西装搭配白衬衫是商务场合男士的必备服装。女士在正式的商务场合当中，与男士西装相对应的是女士西服套裙（上衣领子与男士西装领子相似）。

（2）半正式场合。半正式场合是指无重大活动、无重要严肃事务的商务场合（需要注意的是，有些着装要求非常严格的公司只在周末允许穿半职业装）。在半正式场合，男士不用系领带，可以选择不太正式的西服上衣，如亲切感更强的咖啡色西服及其他权威感较弱的明快的颜色。面料可以选择更随意更舒适的粗花呢等。上装和长裤采用不一样的面料和不一样的颜色，看上去更加轻松。

搭配的时候要注意颜色与面料的平衡感。男士半职业装可以搭配高品质的针织衫及时尚感、休闲感较强的衬衫，衬衫的领形可有较多的变化。长裤的面料和颜色可以更加自然随意。需要注意的是，长裤的款式还是以西裤款式为主，不可出现宽松裤、萝卜裤、牛仔裤等休闲时尚裤形。女士的半职业装款式变化与组合非常丰富，可以将正装的西服套裙与套裤分开来穿，搭配经典款式的连衣裙、针织衫、短裙、衬衫。各个款式的细节处理可以更加富有创意，颜色可以更加明亮丰富，但仍然要保持躯干线条的清晰干练。

（3）休闲场合。所谓"休闲"，是指"停止工作或学习，处于闲暇轻松状态"。在这种休闲状态下，服装应当舒适、轻松、愉快，因此在款式上，男士和女士都采用宽松的款式，如夹克衫、T恤衫、棉质休闲裤、牛仔装等。服装颜色可以选择鲜艳新奇的色彩。女士连衣裙、短裙或衬衫的款式细节、图案和色彩都可以更大胆、更丰富。

（4）商务酒会场合。西方男士在特殊场合的礼服分为晨礼服、晚礼服等，但近年来有逐渐简化的趋势。国内一般公司的小型商务酒会、聚会，男士穿深色西装即可，但是领带的图案和颜色都需要更加华丽一些。女士的服装尽量以小礼服风格的款式为主，但不宜过于暴露肌肤，领、袖、肩既不可过于裸露又不可过于严实，千万不要过于隆重、夸张，裙长在膝盖上下位置比较妥当。布料可以选用丝缎、纱等，也可用无领无袖单色连衣裙搭配亮丽的首饰、富有质感的毛皮围巾、丝巾等增强闪光点和华丽感。酒会穿的鞋可以选有丝缎面料、露趾的晚装鞋，提包换成小巧一些的晚装包。

（5）晚宴场合。国际商务场合隆重的晚宴需要晚礼服。晚礼服是晚上 8：00 以后穿用的正式礼服，是礼服中档次最高、最具特色、最能充分展示个性的礼服样式。女士的晚礼服常与披肩、外套、斗篷等相搭配，与华美的装饰手套等共同构成整体装束效果。西方传统晚礼服款式强调女性窈窕的腰肢，夸张臀部以下裙子的重量感，肩、胸、臂的充分展露，为华丽的首饰留下表现空间。面料通常选用闪光缎、丝光面料，充分展现华丽、高贵感。多配高跟细襻的凉鞋或修饰性强、与礼服相宜的高跟鞋。中国女性的身材和西方女性有所不同，因此可以选用面料华丽、制作精美的旗袍式晚礼服，同样能够产生惊艳的效果。男士参加晚宴的时候可以根据自身的喜好选择正式晚礼服或黑色西装，但一定注意细节处理要恰到好处。

（6）运动场合。商务人员会经常参加公司组织的体育比赛或观看体育比赛，参加此类活动应当穿运动装。运动装与休闲装都具有宽松、舒适的特点，但是运动装比休闲装更加适宜人体运动。不同的体育比赛有不同的运动装款式，参加活动之前应当准备好相应的服装。

（7）家居场合。下班回家之后通常应当换上家居服。家居服也有晨衣、睡衣等诸多款式，但其一致的特点是非常舒适、宽松、随意。因此，需要提醒商务人员注意的是，假如有客人来访，只要不是非常熟悉的人，就一定要换上休闲服或半职业装会见客人。即使是在家里，穿着睡衣之类的家居服见同事或客户也是非常不礼貌的。有些家居服的款式是会客时穿的，但也只适用于很熟的私人朋友或邻居等。最后要提醒大家的是，家居服绝不可以穿到自家大门以外，哪怕只是去楼下小卖店买瓶酱油，穿着睡衣也是非常失礼的。

课堂互动

请一位同学到讲台上来，让其他同学对其服饰进行点评。

2.2 男士西装的穿着

西装是男士最常见的办公服，也是现代交际中男子最得体的着装。国外很多机构，包括一些大企业，规定工作人员不能穿短裤、运动服上班，要求男士必须穿西服打领带。一些剧院也规定了观看者必须西装革履，为了塑造良好的个人形象，男士必须学会穿西装。

微课
男士西装的穿着

2.2.1 男士西装的选择

（1）选择合适的款式。西装的款式可分为英式、美式、意式三大流派。尽管西装在款式上有流派之分，但是各流派之间差异并不很大，只是在后开衩的部位、扣是单排还是双排、领子的宽窄等方面有所不同。不过，在胸围、腰围的胖瘦，肩的宽窄上还是有所变化的。因此，在选择西装时，要充分考虑到自己的身高、体型，如身材较胖的人最好不要选择瘦型短西装；身材较矮的人也最好不要穿上衣较长、肩较宽的双排扣西装。

（2）选择合适的面料和颜色。西装的面料要挺括一些。作正式礼服用的西装可采用深色，如黑色、深蓝、深灰等颜色的全毛面料制作。日常穿的西装颜色可以有所变化，面料也可以不必讲究，但必须熨烫挺括。如果穿着皱巴巴的西装，是会损坏自己的交际形象的。

（3）选择合适的衬衣。穿着西装时一定要穿带领的衬衣，衬衫领子应根据脖子的长短来选择，脖子较短的人不宜选用宽领衬衫；相反，脖子较长的人也不宜选用窄领衬衫。花衬衣配单色的西装效果比较好，单色的衬衣配条纹或带格的西装比较合适；方格衬衣不应配条纹西装，条纹衬衣也不要配方格西装。衬衫袖子的长度以长出西装袖口2厘米左右为标准。

（4）选择合适的领带。在交际场合穿西装必须要打领带，领带是西装的灵魂，在西装的穿着中起着画龙点睛的作用。领带的颜色、花纹和款式要与所穿的西装相协调。领带的面料以真丝为最优。在领带颜色的选择上，杂色西装应配单色领带，而单色西装则应配花纹领带，如驼色西装应配金茶色领带，褐色西装则需配黑色领带等。

小贴士
领带的来历

2.2.2 男士西装的穿着

（1）穿好衬衣。穿西装必须要穿长袖衬衣，衬衣最好不要过旧，领头一定要挺括，外露的部分一定要平整干净。衬衣下摆要掖在裤子里，领子不要翻在西装外，衬衣袖子要长于西装袖子。衬衫袖口要扣上。

（2）注意内衣不可过多。穿西装切忌穿过多内衣。衬衣内除了背心之外，最好不要再穿其他内衣，如果确实需要穿内衣，内衣的领圈和袖口也一定不要露出来。如果天气较冷，衬衣外面还可以穿上一件毛衣或毛背心，但毛衣一定要紧身，不要过于宽松，以免穿上显得过于臃肿，影响穿西装的效果。

（3）打好领带。在比较正式的社交场合，穿西装应系好领带。领带常可体现一个人的心理特征，如系短领带，领带结头宽大，则表明此人自信心极强，相反，领带的结头打得过紧过小，则表明此人自卑。因此领带应打得宽松得体。领带的长度要适当，以达到皮带扣处为宜。如果穿毛衣或毛背心，应将领带下部放在毛衣领口内。系领带时，衬衣的第一个纽扣要扣好，如果佩戴领带夹，一般应在衬衣的第四、第五个纽扣之间。在喜庆宴会场合，应该选用色彩鲜艳亮丽的领带；在庄严肃穆的场合，应该选用深色或者黑色的领带。领带的打法主要有以下几种。

①平结。平结为男士最多选用的领结打法之一，几乎适用于各种材质的领带。要诀：领结下方所形成的凹洞需让两边均匀且对称，如图2-1所示。

图2-1 平结

②交叉结。这是对于单色素雅质料且较薄领带适合选用的领结打法。对于喜欢展现流行感的男士不妨多加使用，如图2-2所示。

图2-2 交叉结

③温莎结。温莎结适用于宽领带,这种领结应往横向发展,领带材质避免过厚,领结也勿打得过大,如图2-3所示。

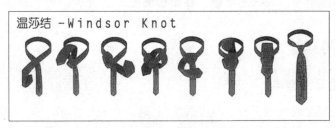

图2-3 温莎结

(4) 鞋袜整齐。穿西装一定要穿皮鞋,而不能穿布鞋或旅游鞋。皮鞋的颜色要与西装相配套。皮鞋还应擦亮,不要蒙满灰尘。穿皮鞋还要配上合适的袜子,袜子的颜色要比西装稍深一些。使它在皮鞋与西装之间显示一种过渡。

(5) 扣好扣子。西装上衣可以敞开穿,但双排扣西装上衣一般不要敞开穿。在扣西装扣子时,如果穿的是两个扣子的西装,不要把两个扣子都扣上,一般只需扣上面一个。如果是三个扣子只需扣中间一个。

此外,还要注意西装前襟外侧口袋都是装饰用的,除左上方的口袋可以根据需要置放折叠考究的西装手帕外,其他口袋不应放任何东西,以保证西装的"笔挺"。钱夹、名片、钥匙等物品应放入西装前襟两边内侧的口袋里。西装裤兜内不宜放重东西。

在日常工作及非正式场合的社交活动中,男士可穿西服便装。西服便装的上下装不要求严格配套一致。颜色可上浅下深,面料也可以上柔下挺。可以衬衫、领带配西裤,也可以不扎领带、不穿衬衫,而穿套头衫或毛衣。

除此之外,男士参加社交活动时也可穿中山装、民族服装或夹克。尤其是在国内参加活动时,如出席庆典仪式(包括吊唁活动)、正式宴会、领导人会见国宾等隆重活动,可穿中山装与民族服装。穿中山装应选择上下同色同质的深色毛料中山装,一般配以黑色皮鞋。中山装衣服要平整、挺括,裤子要有裤线。穿着时要扣好领扣、领钩、裤扣。

在非正式社交场合中,男士也可穿夹克衫等便装,但同样应注意服装的清洁与整齐。

男士外出还可准备一件大衣或风衣,但在正式场合一般不宜穿大衣或风衣。如在需要室外活动的场合,大衣或风衣既可保暖挡风,又可增添不少潇洒的风采。

课堂互动

作为男士,请每天出门前对照以下"男士仪容仪表自我检测"仔细审视自己,看看自己哪些方面需要改进,以养成良好的习惯。

男士仪容仪表自我检测

衬衣领口整洁,扣子已扣好。

耳部清洁干净,耳毛不外露。

领带平整、端正。

衣、裤袋口平整服贴。衬衣袖口清洁,长短适宜。

手部清洁,指甲干净整洁。

衣服上没有脱落的头发和头皮屑。

裤子熨烫平整，裤缝折痕清晰，裤腿长及鞋面。拉链已拉好。

鞋底与鞋面都很干净，鞋跟无破损，鞋面已擦亮。

2.3 女士套裙的穿着

2.3.1 选择合适的套裙

（1）面料。最好是纯天然质地，又是质量上乘的面料。上衣、裙子及背心等应选用同一种面料。在外观上，套裙所用的面料，讲究的是匀称、平整、滑润、光洁，不仅有弹性、手感好，而且应当不起皱、不起毛、不起球。

（2）色彩。应当以冷色调为主，借以体现出着装者的典雅、端庄与稳重。一套套裙的全部色彩不要超过两种，不然就会显得杂乱无章。

（3）图案。按照常规，商界女士在正式场合穿着的套裙，可以不带任何图案。

（4）点缀。不宜添加过多的点缀。一般而言，以贴布、绣花、花边、金线、彩条、亮片、珍珠、皮革等加点缀或装饰的套裙都不适宜商界女士穿着。

（5）尺寸。上衣不宜过长，下裙不宜过短。裙子下摆恰好到小腿最丰满处，乃是最为标准、最为理想的裙长。紧身式上衣显得较为正统，松身式上衣则看起来更加时髦一些。

（6）造型。H 形上衣较为宽松，裙子多为筒式；X 形上衣多为紧身式，裙子大多为喇叭式；A 形上衣为紧身式，裙子则为宽松式；Y 形上衣为松身式，裙子多为紧身式，并以筒式为主。

（7）款式。套裙款式的变化主要体现在上衣和裙子方面。上衣的变化主要体现在衣领方面，除常见的平驳领、驳领、一字领、圆领之外，青驳领、披肩领、燕翼领等并不罕见；裙子的式样常见的有西装裙、一步裙、筒式裙等，款式端庄、线条优美；百褶裙、旗袍裙、A 字裙等，飘逸洒脱、高雅漂亮。

2.3.2 选择和套裙配套的衬衫

与套裙配套穿着的衬衫，有不少的讲究。从面料上讲，主要要求轻薄而柔软，比如真丝、麻纱、府绸、罗布、涤棉，等等，都可以用作其面料。从色彩上讲，则要求雅致而端庄，不失女性的妩媚。除了作为"基本型"的白色外，其他各式各样的色彩，包括流行色在内，只要不是过于鲜艳，并且与所穿的套裙的色彩不相互排斥，均可用作衬衫的色彩。不过，还是以单色为最佳之选。同时，还要注意，应使衬衫的色彩与所穿的套裙的色彩互相般配，要么外深内浅，要么外浅内深，形成两者的深浅对比。

2.3.3 选择和套裙配套的内衣

一套内衣往往由胸罩、内裤及腹带、吊袜带、连体衣等构成，它应当柔软贴身，并且起着支撑和烘托女性线条的作用。有鉴于此，选择内衣时，最关键的是要使之大小适当。

内衣所用的面料，以纯棉、真丝等面料为佳。它的色彩可以是常规的白色、肉色，也可以是粉色、红色、紫色、棕色、蓝色、黑色。不过，一套内衣最好同为一色，而且其各个组成部分亦为单色。就图案而论，着装者完全可以根据个人爱好加以选择。

内衣的具体款式甚多。在进行选择时，特别应当关注的是，穿上内衣之后，不应当使它的轮廓一目了然地在套裙之外展现出来。

2.3.4 选择合适的鞋袜

选择鞋袜时，首先要注意其面料。女士所穿的与套裙配套的鞋子，宜为皮鞋，并且以牛皮鞋为上品。同时所穿的袜子，则可以是尼龙丝袜或羊毛袜。

鞋袜的色彩则有许多特殊的要求。与套裙配套的皮鞋，以黑色最为正统。此外，亦可选择与套裙色彩一致的皮鞋。但是最好不穿鲜红、明黄、艳绿、浅紫的鞋子。穿裙子时所配的袜子，可有肉色、黑色、浅灰色、浅棕色等几种颜色选择，只是最好选择单色。多色袜、彩色袜，以及白色、红色、蓝色、绿色、紫色等色彩的袜子，都是不适宜的。

鞋袜在与套裙搭配穿着时，要注意其款式。与套裙配套的鞋子，宜为高跟、半高跟的船式皮鞋或盖式皮鞋。系带式皮鞋、丁字式皮鞋、皮靴、皮凉鞋等，都不宜采用。高筒袜与连裤袜，则是套裙的标准搭配。中筒袜、低筒袜，绝对不宜与套裙同时穿着。

小贴士
特殊体型
女性的
服饰选择

课堂互动

作为女士，请每天出门前对照以下"女士仪容仪表自我检测"仔细审视自己，看看自己哪些方面需要改进，以养成良好的习惯。

女士仪容仪表自我检测

服饰端庄：不太薄、不太透、不太露。领口干净，脖子修长，衬衣领口不过于复杂和花哨。

饰品不过于夸张和突出，款式精致、材质优良，耳环小巧、项链精细，走动时安静无声。

公司标志佩戴在要求的位置，私人饰品不与之争夺别人的注意力。

衣袋中只放小而薄的物品，衣装轮廓不走样。

指甲精心修理过，不太长、不太怪、不太艳。

裙子长短、松紧适宜。拉链拉好，裙缝位正。

衣裤或裙子以及上衣的表面无明显的内衣轮廓痕迹。

鞋洁净，款式大方简洁，没有过多装饰与色彩，鞋跟不太高、不太尖。

衣服上没有脱落的头发和头皮屑。

丝袜无勾丝、无破洞、无修补痕迹，包里有一双备用丝袜。

2.4 服装饰物的佩戴

饰物的佩戴要注意与个人的风格、服装的质地与整体形象等相一致，具体需要注意以下几方面。

2.4.1 帽子与围巾

帽子可以遮阳，可以御寒，同时也给人的仪表增添各种不同的情趣美。帽子种类有许多种，法式帽、西班牙式帽、宽檐帽、鸭舌帽、滑雪帽、水手帽、棒球帽等，帽子要注意与发型、脸型及服装的式样、颜色相配，还要注意与围巾相呼应。例如，简单优雅、线条流畅的圆形绲边帽下散落一头长发，最能表现出不造作的个性；而棕色的豹纹丝绒圆帽及围巾，既流行又不失沉稳，表现出酷劲十足。单单一条围巾也可为服装增添色彩，如一条丝巾的随意变化，或围在肩上，或挂在脖子上下垂，或在头上改变发型都会起到意想不到的效果。冬季的一条长围巾披在一边的肩膀上，也会有意想不到的美感。

2.4.2 鞋

社交中男士的鞋一般都是皮鞋，穿民族服装和中山装也可以穿布鞋。男士的皮鞋以黑色最为通用，样子以保守一点为宜。女士的皮鞋一般为敞口鞋或冬季的短靴，布鞋、凉鞋或长筒马靴一般不适用于正式社交场合及办公场所。女士鞋的颜色也以黑色为通用，也可与服装颜色协调一致。皮鞋要求线条简洁，无过多的装饰物。女士穿高跟鞋的高度一般以三到四公分为宜，最高不超过 6 厘米为限，此外，高跟鞋的鞋跟也不可太细，以免发生危险。

2.4.3 袜子

社交中，男士的袜子应是深色的，最好是服装与鞋的过渡色。有的人在穿黑色西装时穿白袜子，破坏了整体的稳重感，把人的视线吸引到了脚上，一双袜子破坏了精心设计的整体美。女士穿西服套装时最好穿连裤长袜。它比较适合各种款式的裙子，尤其是在穿一步裙、中间或两旁开衩的裙子时，以免穿半截袜露出大腿。即使穿长筒袜，也要用吊袜带，以免袜子松松垮垮或滑下。长袜以肉色系列最为通用。尽量穿有透明感的长袜，除非冬季穿很厚的衣裙、大衣时才可以穿厚一点的袜子。

2.4.4 首饰

首饰起着辅助、烘托、陪衬、美化的作用。从审美的角度来看，它与服装、化妆，一道被列为人们用以装饰、美化自身的三大方法之一。较之于服装，它常常发挥画龙点睛的作用。

在使用首饰时宁肯不用也不要乱用，所以使用首饰要注意：在数量上以少为佳，下限是零，上限是三，必要时可以一件首饰也不戴，若有意同时佩戴多种首饰时，在数量上不要超过三种，除耳环、手镯外，同类首饰不要超过一件，否则会给人凌乱之感。那种浑身珠光宝气、饰品堆集的装扮只会起到相反的效果。

在色彩上要力求同色，若同时佩戴两件或两件以上的首饰，应使其颜色一致，千万不要使所戴的几种首饰异彩纷呈，同时还要注意首饰的色彩与服装的色彩要协调。

佩戴的首饰要服从本人的身份，与自己的性别、年龄、职业、工作环境保持大体一致，而不宜使之相去甚远。如有的行业不允许员工戴首饰，像医务工作者、宾馆服务员、厨师，这是由其行业特点决定的，该行业的人员应无条件地遵守行规。

在体形上要使首饰为自己的体形扬长避短。选择首饰时应充分正视自己的形体特点。如脖子长的人适合戴短、粗的项链，脖子短的人适合戴细、长的项链。手掌大、手指粗的人不宜戴过大或过小的戒指；手指短粗的人适合戴线条流畅的戒指，应避免戴方戒指或嵌大宝石的戒指。手掌与手指偏小的人不适合戴大戒指，而适合戴小巧玲珑的小型戒指或小钻戒。

在佩戴方法上，女士也应注意：戒指戴在不同的手指上有不同的寓意，戴在食指上表示自己还没有男朋友，戴在中指上表示自己还在热恋，戴在无名指上表

小案例
"请代我向你的先生问好"

示已婚，戴在小指上表示主观上自愿独身。

项链的粗细应与脖子的粗细成正比，与脖子的长短成反比。从长度上分，项链可分为四种：短项链约40厘米，适合搭配低领上衣；中长项链约50厘米，可广泛使用；长项链约60厘米，适合在社交场合使用；特长项链约70厘米，适合用于隆重的社交场合。

耳饰可分为耳环、耳钉、耳坠、耳链，在一般情况下为女性所用，并且讲究成对使用。戴耳饰时应兼顾脸型，不要选择与脸型相似的形状，以防同型相斥，使脸型方面的短处被强调夸大。

要注意别胸针的部位，穿西服时应别在左侧领上，穿无领上衣时应别在左侧胸前。发型偏左时胸针应当居右，发型偏右时胸针应当偏左，其高度应在从上往下数第一粒、第二粒纽扣之间。

小案例
一枚胸花，毁了一桩生意

延伸阅读

请扫描二维码阅读以下内容。

一、拍摄短视频时如何着装？　　二、职业装穿着七忌

思考练习

1. 请根据周围同学的脸型、形体和个性特点，给他（她）在服饰选择上提一些合理化的建议。

2. 请根据衣服款式及衬衣颜色搭配合适的领带，并练习领带的不同打法。

3. 有一位著名女企业家，年龄36岁，身高165厘米，体重55千克，请你为这位女企业家提供着装建议。

4. 在班里开展校服设计活动。可分小组查找资料进行研讨，设计，形成校服图样。全班分组进行图样展示，并简介设计思想。选出大家最满意的校服设计图样献给学校，供学校参考。

5. 在一个阳光明媚的春天，某公司举行盛大的10周年庆典晚会，时间是晚上7：00—9：00，地点在一个五星级酒店宴会大厅。请问男士和女士应分别如何穿戴入场？

6. 案例分析：

面试因何失败

南山宾馆根据收到的求职材料约见小赵作为预选对象。面试时，小赵涂着鲜艳的口红，烫着时髦的卷发，穿着低领紧身的吊带装，首饰华丽而夸张，给人以一种轻佻的感觉。小赵第一轮面试就落选了。事后一位人事部总监对她说："我认为你不可能仅仅由于化了美丽的妆而取得一个职位，但是我可以肯定你穿错了衣服就会使你失去一个职位。"

思考讨论题：

（1）案例中人事部总监的话对你有何启示？

（2）结合本案例内容谈谈面试时应该怎样着装。

学习情境3
仪态设计

> 讲礼仪，才会有品位；有品位，才会有魅力。
>
> ——本书作者

情境导入

金先生失礼

　　风景秀丽的某海滨城市的朝阳大街，高耸着一座楼房，楼顶上"远东贸易公司"六个大字格外醒目。某照明器材厂的业务员金先生按原计划，手拿企业新设计的照明器材样品，兴冲冲地登上六楼，脸上的汗珠未来得及擦干，便径直走进了业务部张经理的办公室，正在处理业务的张经理被吓了一跳。"对不起，这是我们企业设计的新产品，请您过目。"金先生说。张经理停下手中的工作，接过金先生递过的照明器，随口赞道："好漂亮啊！"并请金先生坐下，倒上一杯茶递给他，然后拿起照明器仔细研究起来。金先生看到张经理对新产品如此感兴趣，如释重负，便往沙发上一靠，跷起二郎腿，一边吸烟一边悠闲地环视着张经理的办公室。当张经理问他电源开关为什么装在这个位置时，金先生习惯性地用手搔了搔头皮。好多年了，别人一问他问题，他就会不自觉地用手去搔头皮。虽然金先生作了较详尽的解释，张经理还是有点半信半疑。谈到价格时，张经理强调："这个价格比我们预算高出较多，能否再降低一些？"金先生回答："我们经理说了，这是最低价格，一分也不能降了。"张经理沉默了半天没有开口。金先生却有点沉不住气，不由自主地拉松领带，眼睛盯着张经理，张经理皱了皱眉："这种照明器的性能先进在什么地方？"金先生又搔了搔头皮，反反复复地说："造型新、寿命长、节电。"张经理托词离开了办公室，只剩下金先生一个人。金先生等了一会儿，感到无聊，便非常随便地抄起办公桌上的电话，同一个朋友闲谈起来。这时，门被推开，进来的却不是张经理，而是办公室秘书。

任务分析

　　仪态，又称"体态"，是指人的身体姿态和风度。姿态是身体所表现的样子，风度则是内在气质的外在表现。人的一举手、一投足、一弯腰乃至一颦一笑，并非偶然的、随意的，这些行为举止自成体系，像有声语言那样具有一定的规律，并具有传情达意的功能。人们可以通过自己的仪态向他人传递个人的学识与修养，并能够与其交流思想、表达感情。英国哲学家培根说："在美的方面，相貌的美高于色泽的美，而秀雅合适的动作又高于相貌的美。"在社交活动中，仪态是极其重要、有效的交际工具，它用一种无声的语言向人们展示出一个人的道德品质、人品学识、文化品位等方面的素质和能力，用优良的仪态礼仪表情达意，往往比语言更让人感到真实、生动。所以，我们在社交中必须举止优雅，做到仪态美。

本"情境导入"中的金先生在职业交际过程中，使客户不满，严重损害了公司形象和产品形象，原因就在于他没有做到仪态美，表现出了许多失礼之处。

实训项目

项目名称：职业交际情景模拟演示。

实训目标：掌握职业交际仪态礼仪规范，开展各类职业交际活动，体现出优雅的举止，展现出良好的职业形象。

实训学时：2学时。

实训地点：实训室。

实训准备：场景设计方案。

实训方法：同学分组，每个小组5~6人，设计各种情景（例如：求职面试、商务接待、商务拜访等场景）展示基本的仪态礼仪；每组同学根据设计的情景进行角色扮演，展示基本的站姿、坐姿、走姿、蹲姿、表情、手势等仪态，用摄像机记录展示的全过程；根据录像，找出不规范的地方，同学们可进行相互评价；最后由授课老师进行总结评价，全班同学评选出"最佳表现组"。

知识链接

3.1 站姿

俗话说："站如松"，男子的站姿如"劲松"之美，具有男子汉刚毅英武、稳重有力的阳刚之美，女子的站姿如"静松"之美，具有女性轻盈典雅、亭亭玉立的阴柔之美。正确的站姿是自信心的表现，会给人留下美好的印象。

微课
站姿

3.1.1 标准的站姿

标准的站姿，从正面看，全身笔直，精神饱满，两眼正视（而不是斜视），两肩平齐，两臂自然下垂，两脚跟并拢，两脚尖张开60°，身体中心落于两腿正中；从侧面看，两眼平视，下颌微收，挺胸收腹，腰背挺直，手中指贴裤缝，整个身体庄重挺拔。

站姿的要领如下。一是平，即头平正、双肩平、两眼平视。二是直，即腰直、腿直、后脑勺、背、臀、脚后跟呈一条直线。三是高，即重心上提，看起来显得高。标准的站姿如图3-1所示。

图3-1 标准的站姿

3.1.2 不同场合的站姿

在升国旗、奏国歌、接受奖品、接受接见、致悼词等庄严的仪式场合，应采取严格的标准站姿，而且神情要严肃。

在发表演说、新闻发言、作报告宣传时，为了减少身体对腿的压力，减轻由于较长时间站立双腿的疲倦感，可以用双手支撑在讲台上，两腿轮流放松。

主持文艺活动、联欢会时，可以将双腿并拢站立，女士站成"丁"字步，会让站立姿势更加优美。站"丁"字步时，上体前倾，腰背挺直，臀微翘，双腿叠合。

门迎、侍应人员需要站的时间很长，这时双腿可以分开站立，双腿分开宽度不宜超过肩宽。双手可以交叉或相握垂放于腹前；也可以在背后交叉，右手放到左手的掌心里，但要注意收腹。

礼仪小姐的站立，要比门迎、侍应人员更趋于艺术化，一般可采取立正的姿势或"丁"字步。如果双手端执物品，上手臂应靠近身体两侧，但不必夹紧，下颌微收，面含微笑，给人以优美亲切的感觉。

小贴士
从站姿看性格和心理

3.1.3 不良的站姿

（1）身躯歪斜。站立姿势以身躯直正为美，在站立时，如果身躯出现明显的歪斜，将直接破坏人体的线条美，而且还会给人颓废消沉、萎靡不振、自由放纵的直观感觉。

（2）弯腰驼背。其实这是身躯歪斜的一种特殊表现。除腰部弯曲、背部弓起之外，大都会伴有颈部弯缩，胸部凹陷、腹部挺出、臀部撅起等其他不雅体态。凡此种种，都会显得一个人健康欠佳，无精打采。

（3）趴伏倚靠。在工作岗位上，要确保自己"站有站相"，站立时，随随便便地趴在一个地方，或倚货架而立，或靠在台桌边，或前趴后靠，都是极不雅观的。

（4）腿位不雅，即双腿叉开幅度过大。应切记：自己双腿在站立时分开的幅度，在一般情况下越小越好；在可能的情况下，双腿并拢最好，即使是分开，也要注意不可使两者之间的距离超过本人的肩宽。另外，还应避免双腿扭在一起、双腿弯曲等姿势。

（5）脚位欠妥。在正常情况下，双脚站立时呈现出"V"字形、"Y"字形（"丁"字形）、平行等脚位，"人"字形、蹚踏式和独脚式脚位，则是不妥的。所谓"人"字形脚位，指的是站立时两脚脚尖靠在一起，而脚后跟却大幅度地分开，这一脚位又叫"内八字"。所谓蹚踏式，是指站立时为了舒服，一只脚站在地上，同时将另一只脚踩在这只脚的鞋帮上，或踏在椅面上，或蹬在窗台上，或跨在桌面上等。独脚式即一只脚抬起，另一只脚落地。

（6）手位失当。站立时不当的手位主要有：一是将手插在衣服的口袋内；二是将双手抱在胸前；三是将两手抱在脑后；四是将双手支于某处；五是将两手托住下巴；六是手持私人物品。

（7）半坐半立。在工作岗位上，必须严守岗位规范，该站就站，该坐就坐，而绝对不允许在需要站立时，为了贪图安逸而擅自采取半坐半立的姿势。当一个人半坐半立时，既不像站，也不像坐，只能让别人觉得过分地随便且缺乏教养。

（8）全身乱动。站立乃是一种相对静止的体态，因此不宜在站立时频繁地变动体位，甚至浑身不住地上下乱动。手臂挥来挥去，身躯扭曲，腿脚抖来抖去，都会使站姿变得十分难看。

（9）摆弄物件。站立时，不要下意识地做些小动作，如摆弄打火机、香烟盒，玩弄衣带、发辫、咬手指甲等，这些动作不但显得拘谨，给人以缺乏自信和教养的感觉，也有失仪表的庄重。

3.2 坐姿

俗话说："坐如钟"，坐姿是人际交往中人们采用最多的一种姿势，它是一种静态姿势。优雅的坐姿给人一种端庄、稳重、威严的美感。

微课
坐姿

3.2.1 标准的坐姿

落座时，要坚持尊者为先的原则入座，不要争抢；通常侧身走近座椅，从椅子的左侧就座，如果背对座椅，要先站好，全身保持站立的标准姿态，右腿后退一点，用小腿确定椅子的位置，上身正直，目视前方就座。用小腿落座时声音要轻，动作要缓。落座过程中，腰、腿部肌肉要稍有紧张感。女士着裙装落座时，要用双手从身后拢裙，不可落座后再整理衣裙。

坐立时，上身正直而稍向前倾，头、肩平正，腰部内收，通常只坐椅子的1/2到2/3处，两臂贴身下垂，两手可以搭放在椅子扶手上，无扶手时，女士右手搭在左手上，放于腹部或者轻放于双腿之上；男子双手掌心向下，自然放于膝盖上。男士膝盖可以自然分开，但不可超过肩宽；女士膝盖不可以分开。女士要注意使膝盖与脚尖的距离尽量拉远，以使小腿部分看起来显得修长些，只有脚背用力挺直时，脚尖与膝盖的距离才最远，在视觉上产生延伸的效果，会使小腿部分看起来修长，腿部线条优美。当与他人进行交谈时，要注意不能只是转头，而应将整个上身朝向对方，以示对其重视和尊敬。

离座时要先以语言或动作向周围的人示意，方可站起，突然一跃而起会使周围的人受到惊扰；同落座时一样要注意按次序进行，尊者为先；起身时不要弄出响声，站好后才可离开，同样要从左侧离座。

人在坐着时，由臀部支撑上身，减少了两腿的承受力。由于身体重心下降，上身适当放松，可减轻心脏的负担。因此坐姿是一种可以维持较长时间的姿势。它既是一种主要的白昼休息姿势，也是一般的工作、劳动、学习姿势，还是社交、娱乐的常见姿势。正因为这个缘故，坐姿要求端正、大方、舒展。

标准的坐姿如图3-2所示。

图3-2 标准的坐姿

3.2.2. 不同场合的坐姿

谈判、会谈时，场合一般比较严肃，适合正襟危坐，但不要过于僵硬。要求上体正直，端坐于椅子中部，注意不要使全身的重量只落于臀部，双手放在桌上、腿上均可。双脚为标准坐姿的摆放。倾听他人教导、指示、传授、指点时，对方是长者、尊者、贵客，坐姿除了要端正外，还应坐在座椅、沙发的前半部或边缘，身体稍向前倾，表现出一种谦虚、迎合、重视对方的态度。在比较轻松、随便的非正式场合，可以坐得轻松、自然一些。全身肌肉适当放松，可不时变换坐姿，以做休息。

3.2.3 不雅的坐姿

（1）不雅的腿姿。主要有以下几种。①双腿叉开过大，面对外人时，双腿如果叉开过大，不论是大腿还是小腿叉开，都极其不雅；②架腿方式欠妥。将一条小腿架在另一条大腿上，在两者之间还留出大大的空隙，成为所谓的"架二郎腿"或架"4"字形腿，甚至将腿搁在桌上，就显得更放肆了；③双腿过分伸张。坐下后，将双腿直挺挺地伸向前方，这样不仅可能会妨碍他人，而且也有碍观瞻。因此，身前若无桌子，双腿尽量不要伸到外面来；④腿部抖动摇晃。力求放松，坐下后抖动摇晃双腿。

小贴士
坐姿与性格

小贴士
使用电脑时的坐姿

（2）不安分的脚姿。坐下后脚后跟接触地面，而且将脚尖翘起来，脚尖指向别人，使鞋底在别人眼前"一览无余"。另外，以脚蹬踏其他物体，以脚自脱鞋袜，都是不文明的。

3.3 走姿

俗话说："行如风"，这说的是走姿，走姿始终处于动态之中，体现了人类的运动之美和精神风貌。男士的走姿要刚健有力，豪迈稳重，有阳刚之气；女士的走姿要轻盈自如，含蓄飘逸，有窈窕之美。

3.3.1 标准的走姿

有人编了走路的动作口诀，体现了走姿的要领：双眼平视臂放松，以胸领动肩轴摆，提髋、提膝小腿迈，跟落掌接趾推送。

标准的走姿为：上身基本保持站立的标准姿势，挺胸收腹，腰背笔直；两臂以身体为中心，前后自然摆动。前摆约35°，后摆约15°，手掌朝向体内；起步时身子稍向前倾，中心落前脚掌，膝盖伸直；脚尖向正前方伸出，行走时双脚踩在一条线上。

男子走路两步之间的距离要大于自己的一个脚长，女子穿裙装走路时要小于自己的一个脚长。正常的情况下步速要自然舒缓，显得成熟自信，男子行走的速度标准为每分钟步速108~110步，女子每分钟步速118~120步为宜。

正确的走姿如图3-3所示。

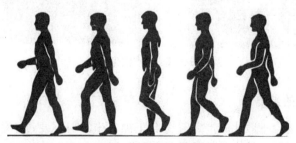

图3-3　正确的走姿

3.3.2 不同场合的走姿

参加喜庆活动，步态应轻盈、欢快、有跳跃感，以反映喜悦的心情。
参观吊丧活动，步态要缓慢、沉重、有忧伤感，以反映悲哀的情绪。
参观展览、探望病人，环境安谧，不宜发出声响，脚步应轻柔。
进入办公场所、登门拜访，在室内这种特殊场所，脚步应轻而稳。
走入会场、走向话筒、迎向宾客，步伐要稳健、大方、充满热情。
举行婚礼、迎接外宾等重大正式场合，脚步要稳健，节奏要稍缓。
办事联络，往来于各部门之间，步伐要既快捷又稳重，以体现办事者的效率、干练。
陪同来宾参观，要照顾来宾行走速度，并善于引路。

小贴士
着不同服装的走姿要求

3.3.3 不良的走姿

要避免如下不良的走姿。

（1）方向不定、忽左忽右，横冲直撞。行进中，专爱拣人多的地方行走，在人群之中乱冲乱撞，甚至碰撞到他人的身体，这是极其失礼的。

（2）抢道先行。行进时，要注意方便和照顾他人，通过人多路窄之处务必要讲究"先来后到"，对他人"礼让三分"，让人先行。

（3）阻挡道路。在道路狭窄之处，悠然自得地缓慢而行，甚至走走停停，或者多人并排而行，都是不妥的。还须切记，一旦发现自己阻挡了他人的道路，务必要闪身让开，请对方先行。

（4）蹦蹦跳跳。务必要注意保持自己的风度，不宜使自己的情绪过分地表面化，例如激动起来，走路便会变成了上蹿下跳，甚至出现连蹦带跳的失常情况。

（5）奔来跑去。有急事要办时，可以在行进中适当加快步伐。但若非碰上了紧急情况，则最好不要在工作时跑动，尤其是不要当着客户或服务对象的面突如其来地狂奔而去，那样通常会令其他人感到莫名其妙，产生猜测，甚至还有可能造成过度紧张气氛。

（6）制造噪声。应有意识地使行走悄然无声。其做法如下：①走路时要轻手轻脚，不要在落脚时过分用力，走得"咯咯"直响；②上班时不要穿带金属鞋跟或钉有金属鞋掌的鞋子；③上班时所穿的鞋子一定要合脚，否则走动时会发出"吧嗒、吧嗒"令人厌烦的噪声。

（7）身体过分摇摆，步幅忽大忽小，显得轻佻、浅薄，故意矫揉造作。

（8）身体僵硬，步履缓慢沉重，显得心境不佳，内心保守顽固，思想陈旧僵化。

（9）双手插于衣裤口袋内行走，显得褊狭小气，或狂妄自傲，缺乏教养。

（10）双手反剪于身后行走，显得自恃优越，高于或长于他人。

（11）膝盖僵直，双脚在地面上擦，腿伸不直，脚尖首先着地——拖沓、迟钝，缺乏朝气和活力。

（12）"外八字步"或"内八字步"（鸭子步），趿拉着鞋走出嚓嚓声响或重心后坐或前移，步履蹒跚等不雅步态，要么使行进者显得老态龙钟、有气无力，要么给人以嚣张放肆、矫揉造作之感。

3.4 蹲姿

俗话说"蹲要雅",蹲姿是人的身体在低处取物、拾物、整理物品、整理鞋袜时所呈现的姿势,它是人体静态美与动态美的综合。蹲的要动作美观,姿势优雅。

3.4.1 标准的蹲姿

标准的蹲姿有以下要求:首先要讲究方位,当需要捡拾低处或地面物品的时候,可走到物品的左侧;当面对他人下蹲时,要侧身相向;当需要整理鞋袜或于低处整理物品时可面朝前方,两脚一前一后,一般情况是左脚在前、右脚在后,目视物品,直腰下蹲。直腰下蹲后方可弯腰捡低处或地面的物品以及整理鞋袜或低处工作。取物或工作完毕后,先直起腰部,使头部、上身、腰部在一条直线上,再稳稳站起。

标准的蹲姿如图3-4所示。

图3-4 标准的蹲姿

3.4.2 蹲姿的种类

蹲姿主要有高低式、单膝点地式和交叉式三种。

(1) 高低式。这是常用的一种蹲姿,基本特征是双膝一高一低。此蹲姿男士、女士均可适用。要领是:下蹲后,左脚在前,右脚在后;左脚完全着地,小腿基本垂直地面;右脚要脚掌着地,脚跟提起;右膝要低于左膝,右膝内侧可靠于左上腿的内侧,形成左膝高右膝低的姿态。臀部向下,基本上以右腿支撑身体。女士应注意紧靠双腿,男士两腿之间可有适当的距离。

(2) 单膝点地式。这种蹲姿适用于男士,其特征是双腿一蹲一跪。它是一种非正式的蹲姿,多用于下蹲时间较长或为了用力方便时采用。下蹲后,右膝点地,臀部坐在脚跟之上,以脚尖着地。另一条腿全脚掌着地,小腿垂直于地面。双膝同时向外,双腿尽力靠拢。

(3) 交叉式。这种蹲姿优美典雅,其基本特征是双腿交叉在一起,此蹲姿适用于女士。要领是:下蹲后,左脚在前,右脚在后,左小腿垂直于地面,全脚着地。左腿在上,右腿在下,二者交叉重叠,右膝从后下方伸向左前侧,右脚跟抬起,脚掌着地,两腿前后靠近,全力支撑身体。上身略向前倾,臀部朝下。

3.4.3 蹲姿的注意事项

(1) 不要突然下蹲。下蹲时,速度切勿过快,特别是在行进中下蹲时尤其要注意。
(2) 不要方位失当。在他人身边下蹲时,最好与之侧身相同,正面面对他人或背对他人下蹲都是极不礼貌的。
（3）不要毫无遮掩。在大庭广众之下下蹲时，身着裙装的女性一定要注意掩饰。
（4）不要随意滥用。不要在工作中随意采用蹲姿，也不可蹲在椅子上或蹲在地上休息。

课堂互动

分组进行站姿、坐姿、走姿、蹲姿等训练，并进行评比。

3.5 表情

美国心理学家登布在其《推销员如何了解顾客心理》一文中说："假如顾客的眼睛朝下看，脸转向一边，表示你被拒绝了；假如他的嘴唇放松，笑容自然，下颚向前，则可能会考虑你的提议；假如他对你的眼睛注视几秒钟，嘴角至鼻翼部位都显出微笑，笑得很轻松，而且很热情，这项买卖就做成了。"由此可见，面部表情在传情达意方面有着重要的作用。面部表情作为丰富且复杂的体态语的一个重要方面，它包括脸色的变化、肌肉的收展及眉、鼻、嘴等的动作，这里重点介绍眼神和微笑。

3.5.1 眼神

俗话说："眼睛是心灵的窗户"，它是人体传递信息最有效的器官，而且能表达最细微、最精妙的差异，显示出人类最明显、最准确的交际信号。正如著名印度诗人泰戈尔所说："在眼睛里，思想敞开或是关闭，放出光芒或是没入黑暗，静悬着如同落月，或者像忽闪的电光照亮了广阔的天空。那些自有生以来除了嘴唇的颤动之外没有语言的人，学会了眼睛的语言，这在表情上是无穷无尽的，像海一般的深沉，天空一般的清澈，黎明和黄昏，光明与阴影，都在自由嬉戏。"据研究，在人的视觉、听觉、味觉、嗅觉和触觉感受中，唯独视觉感受最为敏感，人由视觉感受的信息占总信息的83%。在汉语中用来描述眉目表情的成语就有几十个，如"眉飞色舞""眉目传情""愁眉不展""暗送秋波""眉开眼笑""瞠目结舌""怒目而视"……这些成语都是通过眼语来反映人的喜、怒、哀、乐等情感的，人的七情六欲都能从眼睛这个神秘的器官内显现出来。

眼神主要由注视的时间、视线的位置和瞳孔的变化等三个方面组成。

（1）注视的时间。据有人调查研究，人们在交谈时，视线接触对方脸部的时间约占全部谈话时间的30%~60%，超过这一平均值，可认为对谈话者本人比谈话内容更感兴趣；低于这一平均值，则表示对谈话内容和谈话者本人都不怎么感兴趣。不难想象，如果谈话时心不在焉、东张西望，或只是由于紧张、羞怯不敢正视对方，目光注视的时间不到谈话的1/3，这样的谈话，必然难以被人接受和信任。当然，必须考虑到文化背景，如南欧人把注视对方看作是冒犯。

（2）视线的位置。人们在社会交往中，不同的场合和对象，目光所及之处也是有差别的。有的人在与比较陌生的人打交道时，往往因为不知怎样安置目光而窘迫不安；已被人注视而将视线移开的人，大多怀有相形见绌之感；仰视对方，一般体现"尊敬、信任"的语义；频繁而又急速的转眼，是一种反常的举动，常被用作掩饰的一种手段。当然，如果死死地盯着对方或者东张西望，不仅是极不礼貌，而且也显得漫不经心。

（3）瞳孔的变化。瞳孔的变化即视觉接触时瞳孔的放大或缩小。心理学家往往用瞳变化大小的规律，来测定一个人对不同的事物的兴趣、爱好、动机等。兴奋时，人的瞳孔会扩张到平常的 4 倍大；相反，生气或悲哀时，消极的心情会使瞳孔收缩到很小，眼神必然无光。所谓"脉脉含情""怒目而视"等都多与瞳孔的变化有关。据说，古时候的珠宝商人已注意到这种现象，他们能窥视顾客的瞳孔变化而猜测对方是否对珠宝感兴趣，从而决定是抬高价钱还是跌价。

在社交过程中，与朋友会面或被介绍认识时，可凝视对方稍久一些，这既表示自信，也表示对对方的尊重。双方交谈时，应注视对方的眼鼻之间，表示重视对方及对其发言感兴趣。当双方缄默不语时，就不要再看着对方，以免加剧因无话题本来就显得冷漠、不安的尴尬局面。当别人说了错话或显得拘谨时，务请马上转移视线，以免对方把自己的眼光误认为是对其的嘲笑和讽刺。如果你希望在争辩中获胜，那就千万不要移开目光，直到对方眼神转移为止。送客时，要等客人走出一段路，不再回头张望时，才能转移目送客人的视线，以示尊重。

在谈判中也很讲究眼神的运用。一方让眼镜滑落到鼻尖上，眼睛从眼镜上面的缝隙中窥探，就是对对方鄙视和不敬的情感表露。一方在不停地转眼珠，就要提防其在打什么新主意。双目生辉，炯炯有神，是心情愉快、充满信心的反映，在谈判中持这种眼神有助于取得对方的信任和合作。相反，双眉紧锁、目光无神或不敢正视对方，都会被对方认为无能，可能导致对自己的不利结果。

眼神还可传递其他信息，已被人注视而将视线移开的人，大多怀着相形见绌之感，有很强的自卑感。无法将视线集中在对方身上或很快收回视线的人，多半属于内向型性格。仰视对方，表示怀有尊敬、信任之意；俯视对方表示有意保持自己的尊严。频繁而急速的转眼，是一种反常的举动，常被用作掩饰的一种手段，或内疚，或恐惧，或撒谎，需据情作出判断。视线活动多且有规则，表明其在用心思考。听别人讲话，一面点头，一面却不将视线集中在谈话人身上，表明其对此话题不感兴趣。说话时对方将视线集中在你身上的人，表明他渴望得到你的理解和支持。游离不定的目光传递出来的信息是心神不宁或心不在焉。

眼神表达出异常丰富的信息，但微妙的眼神有时只可意会，难以言传，只能靠我们在社会实践中用心体察、积累经验、努力把握，方能在社交中灵活运用眼神。

小贴士
目光运用的差异性

3.5.2 微笑

著名画家达·芬奇的杰作《蒙娜丽莎》是文艺复兴时期最出色的肖像作品之一。画中女士的微笑给人以美的享受，使人们充满对真善美的渴望，让人回味无穷，如图 3-5 所示。

微笑，是一种特殊的语言——"情绪语言"。它可以和有声语言及行动相配合，起"互补"作用，沟通人们的心灵，架起友谊的桥梁，给人以美好的享受。工作、生活中离不开微笑，社交中更需要微笑。

微笑是有规范的，一般要注意四个结合。一是口眼结合。要口到、眼到、神色到，笑眼传神，微笑才能扣人心弦。二是笑与神、情、气质相结合。这里讲的"神"，就是要笑得有情入神，笑出自己的神情、神色、神态，做到情绪饱满，神采奕奕；"情"，就是要笑出感情，笑得亲切、甜美，反映美好的心灵；"气质"就是要笑出谦逊、稳重、大方、得体的良好气质。三是笑与语言相结合。语言和微笑都是传递信息的重要符号，只有注意微笑与美好语言相结合，声情并茂，相得益彰，微笑方能发挥出它应有的特殊功能。四是笑与仪表、举止相结合。以笑助姿、以笑促姿，形成完整、统一、和谐的美。标准的微笑如图 3-6 所示。

图 3-5　蒙娜丽莎

图 3-6　标准的微笑

尽管微笑有其独特的魅力和作用，但若不是发自内心的真诚的微笑，那将是对微笑语的亵渎。有礼貌的微笑应该是内心真实情感的表露。否则强颜欢笑，假意奉承，那样的"微笑"则可能演变为"皮笑肉不笑""苦笑"。比如，拉起嘴角一端微笑，使人感到虚伪；吸着鼻子冷笑，使人感到阴沉；捂着嘴笑，给人以不自然之感。这些都是失礼之举。

小贴士
希尔顿的微笑服务

课堂互动

1. 分小组不带表情地互相对视 1~2 分钟，分别介绍内心感受。
2. 分小组面带微笑地互相对视 1~2 分钟，分别介绍内心感受。

3.6　手势

手是人体上最富灵性的器官，如果说"眼睛是心灵的窗户"，那么手就是心灵的触角，是人的第二双眼睛。手势在传递信息，表达意图和情感方面发挥着重要作用。

手的"词汇"量是十分丰富的。据语言专家统计，表示手势的动词有近二百个。双手紧绞在一起，显示的意义是精神紧张。用手指或笔敲打桌面，或在纸上涂画，显示不耐烦、无兴趣。搓手，常表示人们对某事结局的急切期待心理。在经济谈判中这种手势可以告诉对手或对手告诉你在期待着什么。伸出并敞开双掌给人以言行一致、诚恳的感觉。掌心向下的手势表示控制、压制，带有强制性，易产生抵触情绪。谈话时掌心向上的手势表示谦虚、诚实，不带有任何威胁性。双臂交叉在胸前暗示一种敌意和防御的态度。塔尖式手势，把十指端相触撑起呈塔尖式，这种手势若再伴之以身体后仰，则显得高傲。用手支着头，显示不耐烦、厌倦。用手托摸下巴，说明老练、机智。用手不停地磕烟灰，表明内心有冲突和不安。突然用手把没吸完的烟掐灭，表明紧张地思考问题，等等。又如招手致意、挥手告别、握手友好、摆手回绝、合手祈祷、拍手称快、拱手答谢（相让）、抚手示爱、指手示怒、颤手示怕、捧手示敬、举手赞同、垂手听命等。可见，丰富的手势语在人们交往间是不可缺少的。

在社会交往中，手势有着不可低估的作用，生动形象的有声语言再配合准确、精彩的手势动作，必然能使交往更富有感染力、说服力和影响力。

3.6.1 手势活动范围

手势活动的范围，有上、中、下三个区域。此外，还有内区和外区之分。肩部以上称为上区，多用来表示理想、希望、宏大、激昂等情感，表达积极肯定的意思；肩部至腰部称为中区，多用来表示比较平静的思想，一般不带有浓厚的感情色彩；腰部以下称为下区，多用来表示不屑、厌烦、反对、失望等，表达消极否定的意思。

3.6.2 手势的类型

（1）情意性手势。主要用于表示带有强烈感情色彩的内容，其表现方式极为丰富，感染力极强。比如说"我非常爱她"时，用双手捧胸，以表示真诚之情。

（2）象征性手势。主要用来表示一些比较复杂的感情和抽象的概念，从而引起对方的思考和联想。例如，把大军乘胜追击的场面，用右手五指并齐，并用手臂前伸这个手势来形容，象征着奋勇进发的大军，就能引起听众的联想。

（3）指示性手势。主要用于指示具体事物或数量，其特点是动作简单，表达专一，一般不带感情色彩。如当讲到自己时，用手指向自己；谈到对方时，用手指向对方。

（4）形象性手势。其主要作用是模拟事物的形状，以引起对方的联想，给人一种具体明确的印象。如说到高山，手向上伸；讲到大海，手平伸外展。

3.6.3 手势的原则

手势语能反映出复杂的内心世界，但运用不当，便会适得其反，因此在运用手势时要注意几个原则。首先要简约明快，不可过于繁多，以免喧宾夺主；其次要文雅自然。因为拘束低劣的手势，会有损于交际者的形象；再次要协调一致，即手势与全身协调，手势与情感协调，手势与口语协调；最后要因人而异，不可能千篇一律地要求每个人都做几个统一的手势动作。

3.6.4 常见的手势

（1）引领的手势。在各种交往场合都离不开引领动作，例如请客人进门，客人坐下，为客人开门等，都需要运用手与臂的协调动作，同时，由于这是一种礼仪，还必须注入真情实感，调动全身活力，使心与形体形成高度统一，才能作出美感。引领动作主要有以下几个表现形式。

①横摆式。以右手为例：将五指伸直并拢，手心不要凹陷，手与地面呈45°角，手心向斜上方。腕关节微屈，腕关节要低于肘关节。动作时，手从腹前抬起，至横膈膜处，然后，以肘关节为轴向右摆动，到身体右侧稍前的地方停住。同时，双脚形成右丁字步，左手下垂，目视来宾，面带微笑。这是在门的入口处常用的谦让礼的姿势，如图3-7所示。

②曲臂式。当一只手拿着东西，扶着电梯门或房门，同时要作出"请"的手势时，可采用曲臂手势。以右手为例：五指伸直并拢，从身体的侧前方，向上抬起，至上臂离开身体的高度，然后以肘关节为轴，手臂由体侧向体前摆动，摆到手与身体相距20厘米处停止，面向右侧，目视来宾，如图3-8所示。

　　图 3-7　横摆式手势　　　　　　　　图 3-8　曲臂式手势

　　③斜下式。请来宾入座时，手势要斜向下方。首先，用双手将椅子向后拉开，然后，一只手屈臂由前抬起，再以肘关节为轴，前臂由上向下摆动，使手臂向下成一斜线，并微笑点头示意来宾，如图 3-9 所示。

　　（2）招呼他人。手放于体侧，手臂伸直在一条直线上，向前向上抬起，手掌向下，屈伸手指作搔痒状或晃动手腕，如图 3-10 所示。这种手势在中国、欧洲的大部分地区及拉丁美洲的许多国家都比较适用，但在美国、日本等国却与此相反，他们用掌心向上，手指向内屈伸手指作搔痒状或晃动手腕招呼别人，而在中国、南斯拉夫和马来西亚等国这种手势却是用来召唤动物的。

　　图 3-9　斜下式手势　　　　　　　　图 3-10　招呼他人

　　（3）挥手道别。要领是：身体要站直，不晃动，目视对方。手臂伸直，呈一条直线，手放在体侧，向前向上抬至与肩同高或略高于肩，手臂不可弯曲，掌心朝向对方，指尖朝向上方，五指并拢，手腕晃动，如图 3-11 所示。

图 3-11 挥手道别

(4) 指引方向。要领是：当有人询问去处时，要先行站直，不可尚未站稳或在行走中指引方向。手臂伸直在一条直线上，五指并拢，手掌翻转到掌心朝上，与肩平齐，直指准确方向。目光要随着手势走，指到哪里看到哪里，否则易使对方迷惑。指引方向后，手臂不可马上放下，要保持手势顺势送出几步，体现对他人的关怀和尊敬，如图 3-12 所示。

图 3-12 指引方向

(5) 递接物品。要领是：双手递送、接取物品，不方便双手时，也可用右手，但绝不可单用左手。双方距离比较远时，应起身站立，主动走近对方递送或接取物品。递送时最好直接递至对方手中并且要方便对方接取。递送有文字、图案、正反面的物品时，要正面向上且朝向对方；接取物品时，要缓而且稳，不要急于抢夺，如图 3-13 所示。递送带尖、带刃或其他易于伤人的物品时，应使其尖端或刃朝向自己或朝向他处，切不可朝向对方，如图 3-14 所示。

图 3-13 递接物品

图 3-14 递送易于伤人的物品

（6）展示物品。要领是：应使物品在身体的一侧展示，不要挡住本人头部。展示的位置不同表明物品的意义不同。当手持物品高于双眼之处时，适用于被人围观时采用；当手持物品位于眼睛下方，胸部上方，双臂横伸时，自肩至肘部以内时，给人以放心、稳定感；当手持物品位于眼睛下方，胸部上方，双臂伸直时在肘部以外时，给人以清楚感，通常在这个位置展示想让对方看清楚的物品；当手持物品位于胸部以下，给人以漠视感，通常展示不太重要或不太明显的物品时采用，如图 3-15 所示。

（7）鼓掌。鼓掌是在观看文体表演、参加会议、迎候嘉宾时表示赞赏、鼓励、祝贺、欢迎等情感的一种手势。要领是：以右手掌心向下有节奏地拍击左掌，不可左掌向上拍击右掌；不可右掌向左，左掌向右，两掌互相拍击。鼓掌时间要长短相宜，5~8 秒为宜。

图 3-15 展示物品

课堂互动

每两人一组练习常用手势，包括引领、招呼他人、挥手道别、指引方向、递接物品（剪子、文件）、展示物品、鼓掌等手势，并互相纠正。

3.6.5 常见手势语

（1）"OK"手势。拇指和食指合成一个圆圈，其余三指自然伸张，如图3-16所示。这种手势在西方某些国家比较常见，但应注意在不同国家其语义有所不同。

（2）伸大拇指手势。大拇指向上，在说英语的国家多表示"OK"之意或是打车之意；若用力挺直，则含有骂人之意；若大拇指向下，多表示坏人、下等人之意。在我国，伸出大拇指这一动作基本上是向上伸表示赞同、一流、好等意思，向下伸表示蔑视、不好等意思。伸大拇指手势如图 3-17 所示。

小案例
"OK"手势闹出的笑话

图 3-16 "OK"手势　　　　图 3-17 伸大拇指手势

(3)"V"字形手势。伸出食指和中指,掌心向外,其语义主要表示胜利(英文 Victory 的第一个字母),掌心向内,在西欧表示侮辱、下贱。这种手势还时常表示"二"这个数字。"V"字形手势如图 3-18 所示。

图 3-18 "V"字形手势

(4)伸出食指手势。在我国及亚洲一些国家表示"一""一个""一次"等;在法国、缅甸等国家则表示"请求""拜托"之意。在使用这一手势时,一定要注意不要用手指指人,更不能在面对面时用手指着对方的面部和鼻子,这是一种不礼貌的动作,且容易激怒对方。

(5)捻指作响手势。就是用手的拇指和食指弹出声响,其语义或表示高兴,或表示赞同,或是无聊之举,有轻浮之感。应尽量少用或不用这一手势,因为其声响有时会令他人反感或觉得没有教养,尤其是不能对异性运用此手势,这是带有挑衅、轻浮之举。

3.6.6 不良的手势

手势是人的第二面孔,具有抽象、形象、情意、指示等多种表达功能,服务人员应根据对方的手所表现出的各种仪态,准确判读各种手势所传达出的各种真实的、本质的信息,以更好地完成服务工作任务。服务人员在使用手势语时,以下几种手势是值得特别重视的;否则,将会给对方传达出不良的信息。

(1)指指点点。工作中绝不可随意用手指对服务对象指指点点,与人交谈更不可这样做。指点着别人说话,往往引起他人较大的反感。

(2)随意摆手。在接待服务对象时,不可将一只手臂伸在胸前,指尖向上,掌心向外,左右摆动。这些动作的一般含义是拒绝别人;有时,还有极不耐烦之意。

(3)端起双臂。双臂抱起,然后端在胸前。这一姿势往往暗含孤芳自赏、自我放松或置身事外、袖手旁观、看他人笑话之意。

(4)双手抱头。这一体态的本意是自我放松,但在服务时这么做,则会给人以目中无人之感。

(5)摆弄手指。工作中无聊时反复摆弄自己的手指,活动关节或将其捻响,打响指,要么莫名其妙地攥松拳,或是手指动来动去,在桌面或柜台不断敲扣,这些往往会给人不严肃、很散漫之感,让人望而生厌。

(6)手插口袋。这种表现会使客人觉得服务人员忙里偷闲,在工作方面并未尽心尽力。

(7)搔首弄姿。这种手势,会给人以矫揉造作、当众表演之感。

(8)抚摸身体。在工作之时,有人习惯抚摸自己的身体,如摸脸、擦眼、搔头、剜鼻、剔牙、抓痒、搓泥,这会给别人缺乏公德意识,不讲究卫生,个人素质极其低下的印象。

(9) 勾指手势。请他人向自己这边过来时，用一支食指或中指竖起并向自己怀里勾，其他四指弯曲，示意他人过来，这种手势有唤狗之嫌，对人极不礼貌。

课堂互动

两人一组进行训练，练习运用不同的手势语，互相纠正不雅观或者不正确的地方。

3.7 举止

一个人的举止端庄、行为文明、动作规范，是良好素养的表现，它能帮助个人树立美好形象，也能为组织赢得美誉，反之，则会损害组织形象。在交际中我们要努力克服以下不良举止。以下不受欢迎的坏习惯和不良举止就应在交际中努力戒除。

3.7.1 打呵欠

当你在与人谈话的时候，尤其是当对方在滔滔不绝地发表意见时，那时你也许感到疲倦了，这时要按捺住性子让自己不打呵欠，因为这会引起交际对象的不快。打呵欠在社交场合中给人的印象是：表现出你不耐烦了，而不是你疲倦。

3.7.2 掏耳和挖鼻

有的人有这类不雅的小动作，大家正在喝茶、吃东西的时候，掏耳的小动作往往令旁观者感到恶心，这个小动作实在不雅，而且失礼。即使你想"洗耳恭听"此时此地也不是时候。同样，用手指挖鼻也是非常失礼的动作。

3.7.3 剔牙

宴会上，谁也免不了人有剔牙的小动作，既然这小动作不能避免，就得注意剔牙时不要露出牙齿，而且不要把碎屑乱吐一番，最好用左手掩嘴，头略向侧偏，吐出碎屑时用纸巾接住。

3.7.4 搔头皮

有些头皮屑多的人，在社交的场合也忍耐不住头皮屑刺激的瘙痒，而搔起头皮来。搔头皮必然使头皮屑随风纷飞，这不仅难看，而且令旁人大感不快。搔头皮这种现象在社交场合是非常失礼的。特别是在宴会上，或者较为严肃、庄重的场合，这种情况下小动作是很难叫人谅解的。

3.7.5 双腿抖动

这种小动作多发生在坐着的时候，站立时较为少见。这种小动作，虽然无伤大雅，但双腿颤动不停，令对方觉得不舒服，而且也给人情绪不安定的感觉，这也是失礼的。同样，让跷起的腿钟摆似的打秋千也是相当难看的姿态。

小案例

"我的财都被他抖掉了"

有一位华侨到国内洽谈合资业务，洽谈了好几次，最后一次来之前，他曾对朋友说：

"这是我最后一次洽谈了,我要跟他们的最高领导谈,谈得好,就可以拍板。"过了两个星期,他和朋友相遇,朋友问:"谈成了吗?"他说:"没谈成。"朋友问其原因,他回答:"对方很有诚意,进行得也很好,就是跟我谈判的这个领导坐在我的对面,当他跟我谈判时,不时地抖着他的双腿,我觉得还没有跟他合作,我的财都被他抖掉了。"

3.7.6 频频看表

在与人交谈时,如果无其他重要约会,最好少看自己的手表。这样的小动作会使对方认为你还有什么重要的事情,不会使谈话继续下去;同时,你的这种小动作可能引起对方的误会,认为你没有耐心再谈下去。如果你确实有事在身的话,不妨婉转地告诉对方改日再谈,并表示歉意。

小贴士
礼仪楷模

延伸阅读

请扫描二维码阅读以下内容。

一、社交中的界域礼貌　　　二、职业女性如何提升气质

思考练习

1. 你应从哪些方面训练自己的仪态,使自己的仪态更符合礼仪规范要求?
2. 请检查自己仪态的各个方面是否存在不符合礼仪规范的地方并加以纠正。
3. 案例分析:

面试的表现

一次,有位老师带着三位毕业生同时去应聘一家酒店总台接待职位,面试前老师怕学生面试时紧张,同人事部经理商量让三位同学一起面试。三位同学进入人事部经理的办公室时,经理上前请三位同学入座。当经理回到办公桌前,抬头一看欲言又止,只见两位同学坐在沙发上,一个架起二郎腿而且两腿不停地抖动,另一个身子松懈地斜靠在沙发一角,两手攥握手指咯咯作响,只有一位同学端坐在椅子上等候面试,人事部经理起身非常客气地对两位坐在沙发上的同学说:"对不起,你们的面试已经结束了,请退出。"两位同学四目相对,不知何故,面试怎么还没问,就结束了呢?

思考讨论题:

(1)面试怎么还没问,就结束了呢?请分析其中的原因;

(2)本案例对你有哪些启示?

4. 案例分析:

微笑的魅力

小艳是某通信企业的一名客服代表,从事的工作是通过电话来为用户提供服务。在她所

在的企业，有一句信条是：把微笑融入声音，把满意带给客户。而小艳得到客户的满意指标却始终完不成。部门主管找其沟通原因，小艳的业务、服务态度等都没有问题，那究竟是什么原因影响她的满意指标呢？于是，主管决定和小艳一起上班，坐在她旁边来观察到底什么原因。经过两天的观察，主管发现一个问题，就是小艳在接电话时，她很主动地为用户服务，但是她始终都没有微笑过。不带感情的声音让客户选择不满意。找到这个原因，主管开始训练小艳在接电话时微笑。主管先给了她一面镜子，让她接电话时随时能看到自己的表情。经过一段时间的训练，小艳在接电话时，时时保持微笑。通过微笑，把她的真诚、热情带给客户，她的满意指标已达到要求。

思考讨论题：
（1）请结合本案例谈谈微笑的作用；
（2）本案例对你有哪些启示？

电子活页：形体训练

一、认识形体训练

  形体训练是对学生进行素质教育，培养其综合能力和塑造其优美体态的一个重要课程内容。通过以人体科学为基础的形体动作训练，可以改善学生形体动作的状态，提高灵活性和协调性，从而达到增强学生形体外在表现力与内在气质的相互融合，提高个人综合素质和综合能力。

1. 形体训练的概念与内容　　　2. 形体训练的基本要求

二、形体动作训练

  形体动作训练是形体训练的基础，是在形体舞蹈表演之前最基本的训练，要想熟练地完成舞蹈动作，不仅要有理想化的形体和仪态，还需要有刻苦的练习、良好的肌肉能力以具备舞蹈动作所要求的协调、灵活、柔韧与节奏感。只有身体各部位肌肉的协调配合，才能把舞蹈表现得富有流畅性，充满激情与活力，达到形体美的目标要求。

1. 身体各部位的动作训练　　2. 地面素质训练　　　3. 形体协调训练

学生工作页

形体训练

任务一	简述形体训练的概念与内容
任务二	简述形体训练的基本要求
任务三	规范完成身体各部位动作训练
任务四	规范完成地面素质训练
任务五	规范完成形体协调训练
任务六	请以"我看形体训练"为题写一篇小文章，谈谈你对形体训练的看法
班　级		学　号		姓　名	

学生自评

我的心得：

建议或提出问题：

教师评价

学习领域 2
运用职业礼仪

学习情境4　见面应酬

学习情境5　宴请赴宴

学习情境6　差旅出行

学习情境7　求职应聘

学习情境8　组织会议

学习情境9　举行仪式

学习情境4
见面应酬

> 在人与人的交往中，礼仪越周到越保险，运气越好。
>
> ——〔美〕托·卡莱尔

情境导入

修养的作用

有一批应届毕业生22个人，实习时被导师带到北京的国家某部委实验室里参观。全体学生坐在会议室里等待部长的到来，这时有秘书给大家倒水，同学们表情木然地看着她忙活，其中一个还问了句："有绿茶吗？天太热了。"秘书回答说："抱歉，刚刚用完了。"林晖看着有点别扭，心里嘀咕："人家给你水还挑三拣四。"轮到他时，他轻声说："谢谢，大热天的，辛苦了。"秘书抬头看了他一眼，眼里满含着惊奇，虽然这是很普通的客气话，却是她今天唯一听到的一句。

门开了，部长走进来和大家打招呼，不知怎么回事，静悄悄的，没有一个人回应。林晖左右看了看，犹犹豫豫地鼓了几下掌，同学们这才稀稀落落地跟着拍手，由于不齐，越发显得凌乱起来。部长挥了挥手："欢迎同学们到这里来参观。平时这些事一般都由办公室负责接待，因为我和你们的导师是老同学，非常要好，所以这次我亲自来给大家讲一些有关情况。我看同学们好像都没有带笔记本，这样吧，王秘书，请你去拿一些我们部里印的纪念手册，送给同学们作纪念。"接下来，更尴尬的事情发生了，大家都坐在那里，很随意地用一只手接过部长双手递过来的手册。部长脸色越来越难看，来到林晖面前时，已经快要没有耐心了。就在这时，林晖礼貌地站起来，身体微倾，双手握住手册，恭敬地说了一声："谢谢您！"部长闻听此言，不觉眼前一亮，伸手拍了拍林晖的肩膀："你叫什么名字？"林晖照实作答，部长微笑点头，回到自己的座位上。早已汗颜的导师看到此景，才微微松了一口气。

两个月后，毕业分配表上，林晖的去向栏里赫然写着国家某部委实验室。有几位颇感不满的同学找到导师："林晖的学习成绩最多算是中等，凭什么选他而没选我们？"导师看了看这几张尚属稚嫩的脸，笑道："是人家点名来要的。其实你们的机会是完全一样的，你们的成绩甚至比林晖还要好，但是除了学习之外，你们需要学的东西太多了，修养是第一课。"

任务分析

一个人要在社会中生存、发展，必须以各种形式与其他人交往。因为没有交往，就难以合作，没有合作就难以生存、发展。见面礼仪是与人交往时最基本、最常用的礼节，它最能反映一个人及社会的礼仪水平，可以帮助人们顺利地通往交际的殿堂。人们见面后互致问候，不熟悉的人之间相互介绍，然后握手，互换名片，寒暄后才进入正题。这看似简单，却蕴涵着复杂的礼仪规则，表达着丰富的交际信息。掌握基本的见面礼仪，能使现代人适应各种场合的社交礼仪要求，赢得交际对象的好感，塑造良好的社交形象。"情境导入"中的"林晖"正是以其完美的职业礼仪赢得了理想的职位，而同班的其他同学则因不注意见面礼仪，与就业机会失之交臂。

实训项目

项目名称：见面场景模拟训练。

实训目标：掌握见面礼仪相关要求与规范，塑造良好的职业交际形象。

实训学时：2 学时。

实训地点：实训室。

实训准备：名片、小礼物若干、电话、办公桌椅、茶几、沙发、茶壶、茶杯等。

实训方法：将全班学生分成若干组，每组 3~5 人，每组设计一个见面场景，将称呼、介绍、握手、递接名片、礼物馈赠等交际礼仪连贯地演示下来。表演之前，每组应就设计的场景和成员的角色进行说明。学生对各组的表演进行评价，最后由教师总结。

知识链接

4.1 称呼礼仪

在社会交往中，交际双方见面时，如何称呼对方，这直接关系到双方之间的亲疏、了解程度、尊重与否及个人修养等。一个得体的称呼可谓是交际的"敲门砖"，会令彼此如沐春风，为以后的交往打下良好的基础，否则，不恰当或错误的称呼，可能会令对方心里不悦，影响到彼此的关系乃至交际的成功。

4.1.1 通常的称呼

（1）称呼姓名。一般的同事、同学关系，平辈的朋友、熟人，均可彼此之间以姓名相称。例如，"王小平""赵大亮""刘军"。长辈对晚辈也可以如此称呼，但晚辈对长辈却不可这样做。为了表示亲切，可以在被称呼者的姓名前分别加上"老""大""小"字相称，而免称其名。例如，对年长于己者，可称"老张""大李"；对年幼于己者，可称"小吴""小周"。但这种称呼多见于职业人士间，不适合在校学生。对同性的朋友、熟人，若关系极为亲密，可以不称其姓，而直呼其名，如"春光""俊杰"。对于异性一般则不可这样做。因为若如此，那不是其家人，就是其配偶了。

（2）称呼职务。在工作中，以交往对象的职务相称，以示身份有别、敬意有加，这是一种最常见的称呼方法。具体做法上可以仅称呼职务，如"局长""经理""主任"等；可以在职务前加上姓氏，如"王总经理""李市长""张主任"，等等；还可以在职务之前加上姓名，这仅适用于极其正式的场合。如"×××主席""×××省长""×××书记"等。

（3）称呼职称。对于有职称者，尤其是有高级、中级职称者，可以在工作中直接以其职称相称。可以只称职称，如"教授""研究员""工程师"，等等；还可以在职称前加上姓氏。如"张教授""王研究员""刘工程师"，当然有时可以简化，如将"刘工程师"简化为"刘工"，但使用简称应以不发生误会、歧义为限；可以在职称前加上姓名，它适用于十分正式的场合。如"王久川教授""周蕾主任医师""孙小刚主任编辑"，等等。

（4）称呼学衔。在工作中，以学衔作为称呼，可增加被称呼者的权威性，有助于增强现场的学术氛围。可以在学衔前加上姓氏，如"张博士"；可以在学衔前加上姓名，如"张明博士"。一般对学士、硕士不称呼学衔。

（5）称呼职业。称呼职业，即直接以被称呼者的职业作为称呼。如将教员称为"老师"，将教练员称为"教练"或"指导"，将专业辩护人员称为"律师"，将财务人员称为"会计"，将医生称为"大夫"或"医生"，等等。一般情况下，在此类称呼前，均可加上姓氏或姓名。

（6）称呼亲属。亲属，即与你直接或间接拥有血缘关系者。在日常生活中，对亲属的称呼也已约定俗成，人所共知。面对外人，对亲属可根据不同情况采取谦称或敬称。对本人的亲属应采用谦称。称辈分或年龄高于自己的亲属，可以在其称呼前加"家"字，如"家父""家叔"。称辈分或年龄低于自己的亲属，可在其称呼前加"舍"字，如"舍弟""舍侄"。称自己的子女，则可在其称呼前加"小"，如"小儿""小女""小婿"。对他人的亲属，应采用敬称。对其长辈，宜在称呼前加"尊"字，如"尊母""尊兄"。对其平辈或晚辈，宜在称呼之前加"贤"字，如"贤妹""贤侄"。若在其亲属的称呼前加"令"字，一般可不分辈分与长幼，如"令堂""令爱""令郎"。

（7）涉外称呼。在涉外交往中，对男子称先生、对女子称夫人（太太）、女士或小姐。一般地，对已婚女子称夫人（太太），对未婚女子称小姐。对婚姻状况不明的女子称"小姐"或"女士"。这在我国商务场合已广泛使用。

小案例

小姐还是太太？

4.1.2 几种称呼的正确使用

在日常交际中还要注意几种特殊称呼的正确使用，这主要包括以下几个方面。

（1）同志。志同道合者才称同志。如政治信仰、理想、爱好等相同者，都可称为同志。我国同志这个称呼流行于中华人民共和国成立后，这一词已成为中国大陆公民彼此之间最普通、常用的称呼。这一称呼不分男女、长幼、地位高低，除了亲属之外，所有人都可以称同志。今天，在改革开放之后，这一称谓的使用率相对减少，因此在使用同志一词时应有所区别。如在同一党内，同一组织内，对解放军和国内的普通公民，这一称呼皆可使用。但对于儿童，对于具有不同政治信仰、不同价值观、不同国家的人，尽量少使用或不使用。

（2）老师。这一词原意是尊称传授文化、知识、技术的人，后泛指在某些方面值得学习的人。孔子曰："三人行，必有我师。"这说明，在古代"老师"这一称呼已泛指所有值得学习的人。现代社会，老师这一称谓一般用于学校中传授文化、科学知识、技术的教师。目前，老师这一称谓在社会上也比较流行，有时人们出于对交际对象的学识、经验或某一方面的敬佩、尊重，常常以"姓+老师"来称呼对方，尤其在文艺界比较常见，这种称谓，交际的对方一般会感到受到了尊重，心情比较舒畅。

（3）先生。在我国古代，一般称父兄、老师为先生，也有称郎中（医生）、道士等为先生的。有些地区还有已婚妇女对自己的丈夫或称别人家的丈夫为先生的，现在我国南方某些地区仍这样使用。中华人民共和国成立后，先生一词则很少使用，有时只有对教师称为先生。改革开放以后，随着对外交流的增多，"先生"一词又流行起来，不过，其概念已与以前有所不同。目前，先生一词泛指所有的成年男子。在西方国家，对成年男子一般都称呼先生。不过也有例外，如在美国，12岁以上的男子就可以称先生；在日本，对身份高的女子也称先生。在我国知识界，也喜欢对有学问的女子称先生。先生这一称谓大方得体，既显示了彼此的尊重，又有彼此平等之意，有利于提高交际效果。

（4）师傅。这一词原意是指对工、商、戏剧行业中传授技艺的人的一种尊称，后泛指对所有技艺的人的称谓。到二十世纪五六十年代，师傅这一词在社会中比较流行，有虚心请教、尊敬对方之意。但师傅这一称呼大多用于非知识界的人士。师傅这一称呼一般不用于称呼有职称、有学位的人，否则可能会产生误解，有漠视之嫌。在现代交际中，采用师傅这一称谓已基本恢复其原意，即称呼工、商、戏剧行业中传授技艺的人。但是，在我国北方使用比较频繁，人们对不认识的人都称呼师傅。

4.1.3 称呼的技巧

（1）初次见面更要注意称呼。初次与人见面或谈业务时，要称呼姓+职务，要一字一字地说得特别清楚，如"王总经理，你说得真对……"如果对方是个副总经理，可删去那个"副"字；但若对方是总经理，不要为了方便把"总"字去掉，而变为经理。

（2）称呼对方时不要一带而过。在交谈过程中，称呼对方时，要加重语气，称呼完了停顿一会儿，然后再谈要说的事，这样能引起对方的注意，使他认真地听下去。如果你称呼得很轻又很快，有种一带而过的感觉，对方听着不会太顺耳，有时也听不清楚，就引不起听话的兴趣。相比之下，如果太不注意对方的姓名，而过分强调了要谈的事情，那就会适得其反，对方不会对你的事情感兴趣了。所以一定要把对方完整的称呼，很认真很清楚很缓慢地讲出来，以显示对对方的尊重。

（3）关系越熟越要注意称呼。与对方十分熟悉之后，千万不要因此而忽略了对对方的称呼，一定要坚持称呼对方的姓+职务（职称），尤其是有其他人在场的情况下。人人都需要被人尊重，越是朋友，越是要彼此尊重，如果熟了就变得随随便便，"老王""老李"甚至用一声"唉""喂"来称呼了，这样极不礼貌，是令对方难以接受的。

4.1.4 称呼的禁忌

（1）忌使用错误的称呼。如因字多音而叫错对方的姓氏，误称未婚女性为夫人等，容易使人产生不悦或误会。

（2）忌使用过时的称呼。如对官员使用"老爷""大人"等已过时的称呼，不符合现代社会的标准，显得不伦不类。

（3）忌使用不通行的称呼。如南京人爱称人"师傅"，山东人爱称人"伙计"，这样的称呼具有一定的地域性，在全国不通行，有时还会引起误会，如广东等地的南方人把"师傅"当成是"出家人"，把"伙计"当成是"打工仔"。

（4）忌使用不当的行业称呼。行业称呼具有行业特点，如工人可以称为"师傅"，称呼政府职能部门的公务人员为"师傅"则不合适；同样，现在一些美容院和理发店将美容师和理发师称呼为老师也是不合适的。

（5）忌使用庸俗低级的称呼。在交际中，尤其是职场中使用"老大""哥们儿""姐们儿"等称呼会显得庸俗低级，甚至还带有黑社会的味道，不合适。

（6）忌使用绰号来称呼。在交际中，特别是职场中不能随意用绰号来称呼对方，如"四眼""张瘸子"等，还有一些人的小名也不能叫，如"小狗子""狗剩"等过去家人起的所谓贱名。

（7）忌使用替代性的称呼。在交际中不应该使用一些替代性的称呼来代替正规的称呼，如医院的护士叫病人的床号"八床""五床"等替代病人的姓名，服务行业称呼客人为"几号"或"下一个"等。

（8）忌使用不适当的简称。有时为了显示亲热，有人会使用简称来称呼领导，如"李局（长）""张处（长）"，但并不是所有的称呼都可以用简称的，如范局长不能简称"范局"，戴校长不能简称"戴校"。

（9）忌不使用称呼。不使用称呼，即和别人沟通时用"喂""哎"等词语开头，这是很不礼貌的，也会令人十分不满，引起误会。

（10）忌使用昵称。在正式交际场合中坚决不能使用"宝贝""亲爱的""哥""姐"等昵称，一来反映自身的素质问题，二来会令人十分尴尬。

课堂互动

设计几种不同的社交场景，说明应如何根据交往对象的不同进行称呼。

4.2 介绍礼仪

介绍是社交活动最常见，也是最重要的礼节之一，它是初次见面的陌生的双方开始交往的起点。介绍在人与人之间起桥梁与纽带作用，几句话就可以缩短人与人之间的距离，为进一步沟通开个好头。

从介绍者的主体角度划分，常用的介绍形式有两种：自我介绍和介绍他人。

4.2.1 自我介绍

自我介绍是自己介绍自己的一种行为，是职场中常用的介绍方式。人们为了结识一些人，在当时无人可以帮助自己做介绍的情况下，就需要自我介绍。

微课
自我介绍

（1）自我介绍的时机。遇到以下情况，需要做自我介绍：初次登门拜访不相识的人时，要先做自我介绍；有求于人，但对方不了解自己时，要先自我介绍；因业务需要在公共场合进行业务推广时，要先做自我介绍；应聘求职时要自我介绍；参加多人聚会，主办方无法一一介绍时，可以选择合适的时机做自我介绍；拜访熟人，遇到陌生人挡驾或需要陌生人转告时，要先做自我介绍。

（2）自我介绍的要求。

①选择恰当的时机。选择恰当的时机做自我介绍很重要，当对方无兴趣、心情不好、正在休息或忙于公务时切忌打扰，以免尴尬。恰当的时机是指对方表现出对你的兴趣、对方有空闲并且情绪比较好的时候。

②控制好时间。进行自我介绍要做到内容简洁，一般的自我介绍控制在半分钟内为佳，

过于啰嗦的自我介绍会降低你在对方心中的形象。如果介绍中辅以名片、简历、介绍信等资料，简单的自我介绍就足够了。

③态度礼貌友善。自我介绍时态度要自然、友善随和，面带微笑，先问候，这样可以引起对方的注意，然后介绍自己。介绍中要含笑目视对方，注意措辞的礼貌，可适当使用敬语。

④介绍语言要流畅自如，发音清晰响亮，语速适中，不带口头禅，表述的内容要实事求是，真实可信。

⑤介绍出特色。有些场合如竞赛、工作中的初次见面，如希望给对方留下深刻印象的自我介绍，要考虑突出个性，巧妙运用材料，采用幽默语言甚至调侃自己的方式来加深给对方的印象。

（3）自我介绍的方式。

①应酬式自我介绍。适用于一般的社交性场合、一般接触的人士之间，形式简单，往往只需要介绍姓名一项，如"您好，我叫张明"。

②工作式自我介绍。主要介绍自己的职业身份，内容简洁，一般包含姓名、单位、部门、担任的职务或从事的具体工作。如："您好，我是四方集团销售部的业务员王刚"。

③交流式自我介绍。这是刻意寻求与交往对象进一步的交流沟通，希望对方认识、了解自己，与自己建立关系的一种自我介绍，涉及的内容包括姓名、学历、工作、籍贯、兴趣、性情、年龄等方面。侧重于哪一方面的介绍，要根据双方将要确立关系的类型而定，比如参加相亲的年轻人一般需要介绍年龄、工作、学历、家庭情况、个人性格、爱好等，参加面试求职则需要重点介绍年龄、学历、相关工作经验等。

④礼仪式自我介绍。多用于讲座、报告、庆典、演出、仪式等正式场合。在介绍自己的姓名、单位、部门以及职务等内容时，还要加入一些适当的谦辞和敬语，表达对在场人士的尊重。如："女士们、先生们：大家好！我叫××，是××公司的总经理。值此×××之际，我谨代表本公司全体员工热烈欢迎各位来宾莅临指导。谢谢大家的支持！"

⑤问答式自我介绍。适用于应聘、应试和一般的公务交往中，针对对方提出的问题作出回答。

小贴士
马三立的
自我介绍

此外，在他人进行自我介绍时，我们要注意三点：一是引发对方做自我介绍时应避免用直白的话相问，让人认为你缺乏礼貌，如："你叫什么名字"，而应该尽量客气一些，用词更敬重些："请问尊姓大名""您贵姓""不知怎么称呼您""您是……"等；二是他人做自我介绍时要仔细聆听，记住对方的姓名、职业等。如果没有听清楚，不妨在个别问题上仔细再问一遍，这比他人做过自我介绍而你还是不明情况要好；三是等一个人做了自我介绍后，另一个人也做相应的自我介绍，这才是礼貌的。

小贴士
自我介绍
要善于
巧解姓名

课堂互动

根据你所学的专业，对全班同学演示你到某公司求职时的自我介绍，限时1分钟。

4.2.2 介绍他人

为彼此不认识的双方作介绍，或把一方介绍给另一方的做法就是介绍他人。在人们的日常生活和工作中介绍他人是很常见的事情。

（1）介绍的顺序。为他人做介绍时必须遵守"尊者优先了解情况"的规则，在为他人作介绍前，先要确定双方地位的尊卑，然后先介绍位卑者，后介绍尊者。具体如下。

①先将男士介绍给女士。例如，介绍王先生与李小姐认识，介绍人应当引导王先生到李小姐面前，然后说："李小姐，我来给你介绍一下，这位是王先生。"注意在介绍的过程中，被介绍者的名字总是后提。

②先将年轻者介绍给年长者。把年轻者引荐给年长者，以示对前辈、长者的尊敬。如："王教授，让我来介绍一下，这位是我的同学张明。""张阿姨，这是我的表妹王丽。""刘伯伯，我请您认识一下我的表弟李强。"在介绍中应注意有时虽然男士年龄较大，但仍然是将男士介绍给女士。

③先将未婚女子介绍给已婚女子。如："张太太，让我来介绍一下，这位是李小姐。"注意当被介绍者，无法辨别其是已婚还是未婚时，则不存在先介绍谁的问题，可随意介绍，如："张女士，我可以把我的女朋友李小姐介绍给你吗？"

④先将职位低的介绍给职位高的。在实业界或公司中，在商务场合要先将职位低的介绍给职位高的。如："王总，这位是××公司的总经理助理刘女士。"注意，这里先提到的是王总经理，这是因为把王总经理的职位看作高于刘女士，尽管王总经理是一位男士，仍不先介绍他。

⑤先将家庭成员介绍给对方。在向别人介绍自己的家庭成员时，应谦虚地说出对方的名字。这不仅是出于礼貌，而且对介绍自己的家庭成员也比较方便。如："张先生，我想请你认识一下我的女儿晓芳。""张先生，请允许我介绍一下我的妻子。"

⑥集体介绍时的顺序。在被介绍者双方地位、身份大致相似，或者难以确定时，应当使人数较少的一方礼让人数较多的一方，一个人礼让多数人，先介绍人数较少的一方或个人，后介绍人数较多的一方或多数人。

若被介绍者在地位、身份之间存在明显差异，特别是当这些差异表现为年龄、性别、婚否、师生及职务有别时，则地位、身份为尊的一方即使人数较少，甚至仅为一人，仍然应被置于尊贵的位置，最后加以介绍，而先介绍另一方人员。

若需要介绍的一方人数不止一人，可采取笼统的方法进行介绍，例如，可以说："这是我的家人""他们都是我的同事"，等等。但最好还是要对其一一进行介绍。进行此种介绍时，可比照他人介绍时位次尊卑顺序进行介绍。

若被介绍双方皆不止一人，则可依照礼规，先介绍位卑的一方，后介绍位尊的一方。在介绍各方人员时，均需由尊到卑，依次进行。

（2）介绍的方式。为他人做介绍时，由于实际需要不同，介绍的方式也不一样。

小案例

不注重细节的小李

①标准式。又叫一般式，以介绍双方的姓名、单位、职务为主，常用于比较正式的商务、公务场合。如："我来给两位做个介绍，这位是××公司的王总经理，这位是××集团的张董事长。"

②简单式。适用于一般的社交场合，只介绍带姓氏的称谓一项，以方便临时交流，如："这位是王总经理，这位是张董事长，认识一下"。

③引见式。适用于普通交际场合，介绍者只需为双方做个简单的引见，双方若有进一步了解的愿望，会通过问答或自我介绍的方式进一步了解。如："两位认识一下，你们是校

友,平时没机会认识,我先失陪了。"

④推荐式。适用于比较正式的场合,介绍者需要精心准备,将一位被介绍人某方面的优点作为介绍的重点,以期引起另一位被介绍人的关注。如"这位是刘江博士,这位是××公司的总经理李刚先生。刘江博士刚从国外留学归来,他研究的是经济学,在管理学领域也很有造诣,李总,我想您会有兴趣和他聊聊"。

⑤附加式。又叫强调式,介绍中强调其中一位被介绍人与介绍人或另一位被介绍人熟知的第三方之间的特殊关系,以引起另一位被介绍人的重视。如:"大家好,我今天带来一位新队友,他是我的弟弟,想利用假期参加我们的活动,锻炼自己,请大家多关照"。

⑥礼仪式。是最正规的介绍形式,适用于正式场合。介绍中要使用谦辞和敬语,形式规范。如"王女士你好,请允许我把××公司的总经理张卫东先生介绍给您;张先生,这位就是××公司的总经理王萍女士"。

(3) 介绍的基本做法。介绍者为双方做介绍时要先征得双方同意,不要贸然介绍。而被介绍者在被问及是否有意认识某人时,一般不应该拒绝。

为他人做介绍要做到口齿清晰,发音准确,对于姓名的同音字、近音字必要时加以解释,如"许"和"徐";介绍的信息要准确,不可随意更改或夸大信息,把握不准的信息可以在介绍前向本人征询。

介绍到哪方,应该四指并拢用指尖指向哪方,同时微笑目视接受信息一方。介绍完毕,被介绍双方应该握手、问候对方,如"你好""很高兴认识您"等,必要时还可以进一步做自我介绍。

如果介绍是发生在宴会、会议桌上,双方相隔较远或有桌子阻隔,可欠身点头致意,不必握手。

介绍他人场景如图4-1所示。

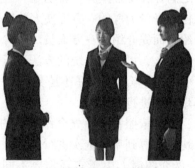

4-1 介绍他人场景

(4) 弥补在介绍中犯下的过失。也许记错对方的名字或者完全忘记对方的名字的确是件尴尬的事情(即使记性最好的人也可能出现这种过失),不过记忆上的失误并不算粗鲁的行为——因为所有人都可能在这类问题上犯错。

如果你想不起来对方的名字。在这种情况下不要惊慌失措。尽管结结巴巴地说出对方的名字让你尴尬至极,但不要因此中止整个介绍过程。只要被介绍的人在认真听你的介绍,那么他马上就会留意到你说出他的名字时有片刻迟疑,此时,他很可能主动进行自我介绍以补救当时的尴尬场面。假如对方身上别着胸牌,你也可以很快扫一眼,及时填补记忆上的空缺。如果你无法使用上述的方法解围,那么应该马上向对方道歉,告诉他你忽然忘记了他的姓名。这样对方就会报出自己的姓名或姓氏。不过你不需要为这个过失不停地道歉。

如果你弄错了对方的头衔,如王强上周已晋升职务,由公司人力资源部经理晋升为公司副总经理,在介绍时,你常常会忘记这一细节。一旦你使用不恰当的头衔称呼对方,对方可能会当场纠正你,也可能晚些时候私下里找个机会告诉你。坦白地说,这两种情况都不是非常严重的过失,不过你应该保证以后牢牢记住他们的头衔,不再犯类似的错误。

如果你读错了对方的姓名。当你初次遇到某人,而且不能确定对方名字的读音时,切记不要随意说出对方的名字。你完全可以在相互介绍时询问他"你可以介绍一下你的姓吗?我怕自己会读错。"一旦你读错了对方的姓名,而且实际上这是个不应该犯的错误,那么对方指出时应立即向他道歉,并且牢牢记住正确的信息避免以后再犯同样的错误。如果你必须对某人进行介绍,而又不清楚对方姓名的发音,那么最好提前做好准备,问问熟悉他的人或者他本人,以免出现尴尬的场景。

4.3 握手礼仪

当今,握手已成为世界上最为普遍的一种礼节,其应用的范围远远超过了鞠躬、拥抱、接吻等。美国著名盲聋女作家海伦·凯勒曾说:"我接触的手,虽然无言,却极有表现力。有的人握手能拒人千里之外……我握着冷冰冰的手指,就像和凛冽的北风相握手一样。而也有些人的手充满阳光,他们伸出来与你相握时,你会感到很温暖。"由此可见,握手传递的性格方面的信息是何等丰富。在日常交际中,必须注意握手的基本礼节。

4.3.1 握手的次序

根据礼仪规范,握手时双方伸手的先后次序,一般应当遵守"尊者先伸手"的原则,应由尊者首先伸出手来,位卑者只能在此后予以响应,而绝不可贸然抢先伸手,不然就是违反礼仪的举动。其基本规则如下。

(1) 男女之间握手。男女之间握手,男士要等女士先伸出手后才握手。如果女士不伸手或无握手之意,男士向对方点头致意或微微鞠躬致意。男女初次见面,女士可以不和男士握手,只是点头致意即可。男女握手时,男士要脱帽和脱右手手套,如果偶遇匆匆忙忙来不及脱,要道歉。女士除非对长辈,一般可不必脱手套。

(2) 宾客之间握手。宾客之间握手,主人有向客人先伸出手的义务。在宴会、宾馆或机场接待宾客,当客人抵达时,不论对方是男士还是女士,女主人都应该主动先伸出手。男士因为是主人,尽管对方是女宾,也可先伸出手,以表示对客人的热情欢迎。而在客人告辞时,则应由客人首先伸出手来与主人相握,在此表示的是"再见"之意。

(3) 长幼之间握手。长幼之间握手,年幼的一般要等年长的先伸手。和长辈及年长的人握手,不论男女,都要起立趋前握手,并要脱下手套,以示尊敬。

(4) 上下级之间握手。上下级之间握手,下级要等上级先伸出手。但涉及主宾关系时,可不考虑上下级关系,做主人的应先伸手。

(5) 一个人与多人握手。若是一个人需要与多人握手,则握手时亦应讲究先后次序,由尊而卑,即先年长者后年幼者,先长辈后晚辈,先老师后学生,先女士后男士,先已婚者后未婚者，先上级后下级，先职位、身份高者后职位、身份低者。

值得注意的是：在公务场合，握手时伸手的先后次序主要取决于职位、身份。而在社交、休闲场合，它则主要取决于年龄、性别、婚否。

4.3.2 握手的方式

握手的标准方式是行礼者行至距握手对象约1米处，双腿立正，上身略向前倾，伸出右手，四指并拢，拇指张开与对方相握。握手时应用力适度，上下稍许晃动三四次，随后松开手来，恢复原状。具体应注意以下几点。

（1）神态。与人握手时神态应专注、热情、友好、自然。在通常情况下，与人握手时，应面含微笑，目视对方双眼，并且口道问候。在握手时切勿显得自己三心二意，敷衍了事，漫不经心，傲慢冷淡。如果在此时迟迟不握他人早已伸出的手，或是一边握手，一边东张西望，目中无人，甚至忙于跟其他人打招呼，都是极不应该的，如图4-2所示。

（2）力度。握手时用力应适度，不轻不重，恰到好处。如果手指轻轻一碰，刚刚触及就离开，或是懒懒地慢慢地相握，缺少应有的力度，会给人以勉强应付、不得已而为之的感觉。一般来说，手握得紧是表示热情，男人之间手可以握得较紧，甚至另一只手也加上（即双手式握手，见图4-3），包括握对方的手大幅度上下摆动，或者在手相握时，左手又握住对方胳膊肘、小臂甚至肩膀，以表示热烈。但是注意既不能握得太使劲，使人感到疼痛，也不能显得过于柔弱，不像个男子汉。对女性或陌生人，轻握是很不礼貌的，尤其是男性与女性握手时，应热情、大方、用力适度。

图4-2 握手时的神态

图4-3 握手时的力度

（3）时间。通常是握紧后打过招呼即松开。但如果是亲密朋友意外相遇，敬慕已久而初次见面，至爱亲朋依依惜别，衷心感谢难以表达等场合，握手时间就长一点，甚至紧握不放，话语不休。在公共场合，如列队迎接外宾，握手的时间一般较短。握手的时间应根据与对方的亲密程度而定。

课堂互动

两人一组训练标准的握手姿势，并要能说出握手的禁忌。

4.3.3 握手的禁忌

在人际交往中，握手虽然司空见惯，看似寻常，但是由于它可被用来传递多种信息，因此在行握手礼时应努力做到合乎规范，并且注意下述几点。

不要用左手与他人握手，尤其是在与阿拉伯人、印度人打交道时要牢记此点，因为在他们看来左手是不洁的。

不要在握手时争先恐后，而应当遵守秩序，依次而行。特别要记住，与基督教信徒交往时，要避免两人握手时与另外两人相握的手形成交叉状，这类似十字架，在基督教信徒眼中是很不吉利的。

不要戴着手套握手，在社交场合女士的晚礼服手套除外。

不要在握手时戴着墨镜，只有患有眼疾或眼部有缺陷者才能例外。

不要在握手时将另外一只手插在衣袋里。

不要在握手时另外一只手依旧拿着香烟、报刊、公文包、行李等东西而不肯放下。

不要在握手时面无表情，不置一词，好似根本无视对方的存在，而纯粹是为了应付。

不要在握手时长篇大论，点头哈腰，滥用热情，显得过分客套，让对方不自在，不舒服。

不要在握手时把对方的手拉过来、推过去，或者上下左右抖个没完。

不要在与人握手之后，立即揩拭自己的手掌，好像与对方握一下手就会使自己受到感染似的。

4.4　名片礼仪

名片是一个人身份的象征，互赠名片是一种礼节，一种时尚，也是促进交往的手段。我国是名片的故乡，名片在我国已有 2 000 多年的历史。秦汉时名片叫"谒"，汉末时称"刺"，六朝时叫"名"，唐时叫"月勃"，宋代称之为"门状"，明朝称为"名帖"，清朝又称"名刺"或"名片"。在现在的社交活动中，名片的使用已经越来越普遍，而且名片的递、接、存都大有讲究。

4.4.1　名片的内容

名片的内容一般包括工作单位、姓名、身份、地址、邮政编码等。工作单位一般印在名片的上方，姓名印在名片中央，职务、职称印在名片右侧。名片的下方为地址、邮编、电话号码、E-mail 地址等。有的商务名片在背面印有英文作对应，也有的名片在背面印上企业和公司的简介、经营范围等。名片不可以乱发，要在适当的时候送给适当的交往对象。有几种情形必须递交名片：希望认识对方时；被介绍给对方时；对方提议交换名片时；对方向自己索要名片时；初次登门拜访对方时；打算获得对方名片时；自己的信息变更通知对方时。

4.4.2　名片的交换

交换名片一般遵循先男后女、先长后幼、先客后主、先低后高的顺序。就是说一般是男士先向女士递送，晚辈先向长辈递送，来宾先向主人递送，职位低者先向职位高者递送。

递送名片时，要面带微笑，正视对方，双手食指和拇指分别捏住名片上端两角，将名片的正面朝向对方。如果是坐着，应起身或欠身递送，递送时应说一些客气话，如"这是我的名片，请多多关照！""我叫王东峰，这是我的名片，请笑纳！"

接受名片时，应该起身，同样面带微笑注视对方。双手接过来名片后，要说："谢谢！"并且用 30 秒以上的时间认真看名片上的内容，并抬头看对方，以示敬仰，使对方产生一种受重视的满足感。一般接受名片后要回赠自己的名片，如果名片用完、没有名片或不想回赠，可以对对方说："很抱歉，我的名片刚好用完了。"或"不好意思，忘带名片了，下次一定带了给您。"

放置名片也是有讲究的，接过名片以后不能随意摆弄或扔在桌子上，也不要随便塞在口袋里或丢在包里，这都是对名片原主人的不尊重。接受名片后应该将其小心郑重地收起来，放在名片盒、名片包或名片夹里。

交换名片时还有一些问题要注意：不要以左手递交或收受名片、不能没有目的地散发名片、不能逢人便要名片、不能把别人送自己的名片错发给他人、接受名片时不能一言不发、接受名片后不能用手把玩名片，或看也不看，直接装入衣服或弃于桌上。

4.5 馈赠礼仪

中国素来重交情，古代就有"礼尚往来"之说。亲友和商务伙伴之间的正当馈赠是礼仪的体现，感情的物化。在社交活动中表达谢意敬意、祝贺庆典活动、祝贺开张开业、适逢重大节日、探视住院病人、应邀家中做客等场合都可以馈赠不同的礼物，用以增进友情。

4.5.1 馈赠礼品的选择

（1）突出情意。馈赠礼品要重视其情感意义，着重体现礼品的精神价值和纪念意义。礼品作为友好的象征物，其意义并不在礼品本身的金钱价值，而在于礼品本身的寓意和通过礼品所传达的友好情意，这是馈赠礼品的基本思想，所谓"千里送鹅毛，礼轻情义重。"情义是无价的，情义是无法用金钱来衡量的。因此在选择礼品时要着重考虑它的内涵及想表达的情意。

小故事 麦琪的礼物

（2）匠心独运。送人礼品，与做其他许多事情一样，是最忌讳"老生常谈""千人一面"的。选择礼品，应当精心构思，富于创意，力求使之新、奇、特。这就是礼品的独创性。赠送具有独创性的礼品给人，往往可以令其耳目一新，既兴奋又感动。

（3）注意禁忌。1972年，尼克松总统准备访华，急于寻求能代表国家的礼物。美国保业姆公司闻讯后，趁此良机，向尼克松总统献上公司生产的一尊精致的天鹅群瓷器珍品，因为瓷器的英文China，也具有"中国"的意思，尼克松一见，大喜过望，于是把这尊具有双重意义而且具有很高艺术价值的瓷器珍品带到了中国。这说明挑选礼品时，特别要在为交往不深或外地区人士和外国人挑选礼品时，应当有意识地使赠品与对方所在地的风俗习惯一致，在任何情况下，都要坚决避免把对方认为属于伤风败俗的物品作为礼品相赠，这样才表明尊重交往对象。选择礼品不应忽视的禁忌主要有以下几类。①个人禁忌。如在我国大部分地区，老年人忌讳发音为"终"的钟，恋人们反感于发音为"散"的伞。②民俗禁忌。如在俄罗斯最忌讳送钱给别人，因为这意味着施舍和侮辱；在欧美等国药品不宜送人。③宗教禁忌。如伊斯兰教认为酒是万恶之源，所以不要向伊斯兰教徒送酒，等等。

4.5.2 赠送礼品的礼仪

赠送礼品的形式多种多样，主要有当面赠送、托人赠送和邮寄赠送三种。当面赠送是最好的送礼形式，因为这样可以亲自介绍礼品的寓意、使用方法，直接表达情意。从而达到通过馈赠礼品来增进彼此的情意的目的，而且当面赠送还显示了送礼者的真诚、周到和热情。托人赠送，是请第三者代为转送礼品，此时应在礼品上附上自己的名片或者祝福的卡片，并事先通过电话告知对方。邮寄赠送是对居住异地的交往对象赠送礼品的一种表达方式，现在即使居住在同一个城市，有时也可以选择邮寄送礼的方式，邮寄礼品往往会给受礼者惊喜、奇妙的感觉，收到意想不到的效果。

送给他人礼品，尤其是在正式场合赠送于人的礼品，在相赠之前，一般都应当认真进行包装。可用专门的纸张包裹礼品或把礼品放入特制的盒子、瓶子里等。礼品包装就像穿了一件外衣，这样才能显得正式、高档，而且还会使受赠者感到自己备受重视。

现场赠送礼品时，神态要大方自然，举止大方，表现适当。千万不要像做了"亏心事"，小里小气，手足无措。一般在与对方会面之后，将礼品赠送给对方，届时应起身站立，走近受赠者，双手将礼品递给对方。礼品通常应当递到对方手中，不宜放下后由对方自取。如礼品过大，可由他人帮助递交，但赠送者本人最好还是要参与其事，并援之以手。若同时向多人赠送礼品，最好先长辈后晚辈、先女士后男士、先上级后下级，按照次序，依次有条不紊地进行。

当面亲自赠送礼品时要辅以适当的、认真的说明。可以说明因何送礼，如果是生日礼物，可说"祝你生日快乐"；可以说明自己的态度，送礼时不要自我贬低，说什么"没有准备，临时才买来的""没有什么好东西，凑合着用吧"，而应当实事求是地说明自己的态度，比如"这是我为你精心挑选的""相信你一定会喜欢"等；可以说明礼品的寓意，在送礼时，介绍礼品的寓意，多讲几句吉祥话，是必不可少的；对较为新颖的礼品可以说明礼品的用途、用法。

4.5.3 受礼和拒礼的礼仪

一般情况下，对于对方真心赠送的礼物不能拒收，因此没完没了地说"受之有愧""我不能收下这样贵重的礼物"这类话是多余的，有时还会使人产生不愉快的感觉。即使礼物不称你心，也不能表露在脸上。接受礼物时要用双手，并说上几句感谢的话语。千万不要虚情假意，推推躲躲，反复推辞，硬逼对方留下自用；或是心口不一，嘴上说"不要，不要"，手却早早伸了过去。

如果条件许可，在接受他人相赠的礼品后，应当尽可能地当着对方的面，将礼品包装当场拆封。这种做法在国际社会是非常普遍的。在启封时，动作要井然有序，舒缓得当，不要乱扯、乱撕。拆封后还不要忘记用适当的动作和语言，显示自己对礼品的欣赏之意，如将他人所送鲜花捧起来闻闻花香，然后再插入花瓶，并置放于醒目之处。

有时候，出于种种原因，不能接受他人相赠的礼品。在拒绝时，要讲究方式、方法，处处依礼而行，要给对方留有退路，使其有台阶可下，切忌令人难堪。可以使用委婉的、不失礼貌的语言，向赠送者暗示自己难以接受对方的好意，如当对方向自己赠送一部手机时，可以告之："我已经有一部了。"可以直截了当地向赠送者说明自己难以接受礼品的原因。在公务交往中，拒绝礼品时此法最为适用，如拒绝他人所赠的大额贵重礼品时，可以说："依照有关规定，你送我的这件东西，必须登记上缴。"

4.5.4 赠花的礼仪

请扫描二维码学习本部分内容。

赠花的礼仪

4.6 接待礼仪

迎来送往，接待访客，是公关人员工作中常遇到的任务。接待工作的好坏，直接影响到组织的形象及组织与公众的关系。随着经济的发展，对外交往的扩大，企业接待及拜访工作越来越频繁，正确地运用接待礼仪，对企业间建立联系、发展友谊、沟通合作有着极其重要的作用。

4.6.1 接待前的准备

（1）接待前的心理准备。首先要待客诚恳。公关人员在对待客人时，要以自己最大的诚心、热情和耐心面对一切问题。无论是预约的客人还是没有预约的，无论是通情达理的客人还是脾气暴躁的，都要让对方感到自己是受欢迎的、得到重视的。接待客人时要有一种"欢迎光临""感谢惠顾"的心理。其次要善于合作。当看到同事招待客人比较忙碌时，要主动帮助同事做一些力所能及的事情。另外，即使不是负责接待工作的部门员工，见到来客时也要态度诚恳，尽量帮忙，因为同是一家公司的员工，这样做能传递一种协作精神，一种真诚的友谊，一种企业的氛围，让客人感受到这是一个团结合作、奋发向上、有集体荣誉感的团队，有助于提升企业形象。

（2）接待前的物质准备。首先是环境准备。为了使接待活动给来宾留下美好印象，要充分布置好活动地点及周边的环境。接待环境应该清洁、整齐、明亮、美观、无异味。可以在前台、走廊、会客室等地放置一些花束或绿色植物，使客人产生好感。其次是办公用品准备。让客人站着是不礼貌的，所以前厅要准备沙发或座椅，样式要线条简洁流畅，摆放要整齐舒适。会客室里桌椅要摆放整齐，桌面清洁。茶具、茶叶、饮料应该事先准备好，茶杯要干净，不可有污渍，不可有缺口。会议室墙上可以挂一些雅致的壁画，让人一进门就觉得清静雅致，身心愉悦。最后是了解来宾的基本情况。公关人员在接待来宾之前，要准确地掌握对方的基本情况。对于对方主宾的基本信息，如姓名、性别、年龄、籍贯、民族、单位、职务以及文化程度、宗教信仰、生活习惯、家庭状况等，都应该一清二楚。对来宾的具体人数、性别概况、组团情况也要给予一定的关注。对于来宾正式抵达的时间，如具体日期、具体时间及相关的航次、车次、地点等，接待人员必须充分掌握。

（3）制定接待流程。一般性的接待活动，特别是需要举行专门仪式的接待活动，都必须事先制定接待流程，以保证接待事务循序而行、井井有条。

①确定接待规格。接待人员要在接待之前确定由哪位管理人员出面接待、陪同及接待用餐、用车、活动安排等一系列接待活动的规格。接待规格主要取决于接待方主陪人的身份。高规格接待，是指主陪人比主宾的职务高的接待方式；对等规格接待，是指主陪人与主宾的职务相当的接待方式；低规格接待，是指主陪人比主宾的职务低的接待方式。

②拟定日程安排。为了让所有有关人员都准确地知道自己在此次接待活动中的任务，可制定两份表格，印发给各有关人员。一份是人员安排表。包括时间、地点、事项、主要人员、陪同人员。另一份是日程安排表。包括日期、活动时间、地点、内容、陪同人员等。

③注意细节。在接待宾客的具体活动中，接待人员既要事事从大局着眼，又要处处从小事着手，关注具体的细节问题。

在准备中，要时时关注天气的变化情况，掌握当地的天气变化规律，针对可能发生天气变化的情况，制订应急方案。同时还要注意交通状况，树立"安全第一"的观念。

4.6.2 接待的礼仪

（1）迎候礼仪。迎接宾客，要体现出主人应有的主动和热情。对于远道而来的客人，要派专人提前到机场、码头或车站去等候迎接。在人声嘈杂的迎候地点迎接素不相识的客人时，为了方便客人识别，可试用以下方法。

①使用接站牌。接站牌上可以写上"热烈欢迎某某同志"或者"某单位接待处"。

②悬挂欢迎条幅。在迎接重要客人或众多客人时，这种方法最适合。

③佩戴身份胸卡。迎宾人员佩戴供客人确认身份的标志性胸卡，其内容主要为本人姓名、工作单位、所在部门及现任职务等。

（2）见面礼仪。在接待宾客时，要注意正确使用日常见面礼仪。接待人员要品貌端正，举止大方，服饰要整洁、端正、得体、高雅。当宾客到达后，要主动迎上去，热情地与对方握手，并要礼貌地询问和确认对方的身份，如："您好，请问您是从某某公司来的吗？"对方认可后，接待人员应做自我介绍，如："您好，我是某某公司的秘书，我叫张某某。"然后把迎客方的成员按一定顺序一一介绍给客人。当客人递送名片时，应双手接住，认真仔细地看一看，然后很郑重地把名片放入名片夹中，或放进上衣上部口袋中。

（3）乘车礼仪。对方如有行李，接待方应主动帮客人把行李提到车上。上车时，最好让客人从右侧门上，主人从左侧门上。安排座位要符合规范。轿车的座次尊卑一般是右高左低，前高后低。在公务接待中，轿车前排副驾驶座通常为"随员座"，唯独在主人亲自驾驶时，主宾应坐在副驾驶座上，与主人"平起平坐"。

（4）引导礼仪。当客人到达公司时，要引导客人进入会客室。引导人员要注意以下一些礼仪，在走廊上，引导人员应走在访客左前方两三步，当访客走在走廊正中央时，接待人员要走在走廊的一旁，偶尔向后看看，确认访客是否跟上了，当转弯时，接待人员要提醒客人："请往这边走。"

在楼梯上时，接待人员先说一声："在某某楼层。"然后引领访客到楼上。一般来说，高的位置代表尊贵。上楼时应该让访客先走，下楼时让客人后行，在上下楼梯时，不应并排行走，而应当右侧上行，左侧下行。

上电梯时，接待人员要先按电梯按钮，让客人先进。若客人不止一人时，接待人员可先进电梯，一手按住"开"按钮，对客人礼貌地说："请进！"到目的地后，接待人员要一手按"开"按钮，一手做请出的动作，并说道："到了，您先请！"客人走出电梯后，接待人员应立即走出电梯，在客人前面引导方向。到达会客室开门时，接待人员要把住门把手，站在门旁让客人先进。

（5）座次礼仪。客人进入会客室后，接待人员要请客人入座。招待客人入座时，要讲究座次礼仪。

①面门为上。主客双方采用"相对式"就座时，依照惯例，通常以面对房门的座位为上座，应让客人就座；以背对房门的座位为下座，宜由主人就座。

②以右为上。主客双方采用"并列式"就座时，以右侧为上，应请客人就座；以左侧为下，应主人自己就座。若主客双方参与会见者不止一人，则双方的其他人员可分别按照各自身份的高低，由近而远在己方负责人两侧就座。

③居中为上。如果客人较少，而主方接待者较多，往往可由主方的人员以一定的方式围坐在客人的两侧或者四周，而请客人居于中央。

④以远为上。当主客双方并未面对房间的正门，而是面对房间两侧之中的一侧时，一般以距离房门较远的座位为上座，应请客人就座；而距离房门较近的座位为下座，由主

人就座。

(6) 端茶倒水礼仪。当客人入座后，接待人员要主动及时地给客人斟茶。以茶待客是最具中国特色、最受中国人欢迎的待客方式。若来访的客人较多，上茶的顺序一定要慎重。合乎礼仪的做法是先为客人上茶，后为主人上茶；先为主宾上茶，后为次宾上茶；先为女士上茶，后为男士上茶；先为长辈上茶，后为晚辈上茶。

标准的上茶步骤是：双手端着茶盘进入客厅，首先将茶盘放在邻近客人的茶几上或备用桌上，然后右手拿着茶杯的杯托，左手附在杯托附近，从客人的左后侧双手将茶杯递上去，并置于客人右前方。茶杯放置到位后，杯耳应朝向右侧。有时，为了提醒客人注意，可在为之上茶的同时，轻声告之："请您用茶。"若对方向自己道谢，不要忘记答以"不客气"。如果自己的上茶打扰了客人，则应对其道一声"对不起"。

(7) 送客礼仪。当接待人员与来访者交谈完毕或领导与来访客人会见结束时，接待人员一般都应礼貌地送别客人。"出迎三步，身送七步"是接待宾客最基本的礼仪。接待宾客要善始善终，所以送别客人是必不可少的环节之一。接待工作是否圆满，在很大程度上体现在送别来宾这一环节上。

送别来宾时，有很多方面要注意。首先不要在客人面前看表，否则会给客人带来要下"逐客令"的感觉，所以在会客的时候，接待人员不应该总是看时间。其次当客人提出告辞时，要等客人起身后再站起来相送，切忌没等客人起身，自己先于客人起立相送。更不能嘴里说再见，而手中却还忙着自己的事，甚至连眼神也没有转到客人身上。最后当客人起身告辞时，应马上站起来，主动为客人取下衣帽，与客人握手告别，同时选择最合适的言辞送别，如"希望下次再来"等礼貌用语。尤其对初次来访的客人更是应该热情、周到、细致。

①送别本地客人。对本地客人，一般陪同送至单位楼下或大门口。客人带有较多或较重东西时，送客时要主动帮客人提重物。出办公室时，要轻轻关门，不可将门"砰"地关上，这样极不礼貌。在门口告别时，接待人员要与客人握手，帮客人拉开车门，待其上车后轻轻关上车门，挥手道别，目送客人离开。要以恭敬真诚的态度，笑容可掬地送客，不要急于返回，应挥手致意，待客人移出视线后，才可结束告别仪式。

②送别外地客人。首先要确定时间。对于远道而来的客人，负责送别来宾的接待人员必须重视，一定要提前与对方商定双方会合的时间和地点。对于送别的具体时间，双方不仅要事先商定，而且通常要讲究主随客便。接待人员在安排有关送别活动的时间表时，要留有一定的时间幅度。要在执行上留有适当的余地，即送别人员在执行送别任务时，应当提前到场、最后离场，并且在特殊情况发生时见机行事。其次要充分准备。具体从事来宾接待工作时，接待人员必须高度重视送别工作，并悉心以待。在送别时，接待人员要注意以下两点。一是限制送别的规模。目前要求简化接待礼仪，所以有必要对送别规模加以限制。在组织活动时，应该突出实效、体现热情，但在实际操作上则应务实从简，在参加人数、主人身份、车辆数量上严格限制，不搞前呼后拥、人海战术。二是在力所能及的情况下，送别来宾……由主办方负责提供。对于主办方来说，一定要保证交通工具的数量能……最后要热情话别。为客人送行，应使对方感受到自己的热情、……前为客人订返程的车票、船票或机票。一般情况下，公务接……码头或机场，亲自为来宾送行。有必要时，可在贵宾……仪式。在宾客临上火车、轮船或飞机之前，送行人员

应按一定顺序同来宾一一握手话别,祝愿客人旅途平安并欢迎再次光临。火车、轮船开动之时或飞机起飞之后,送行人员应向宾客挥手致意,直至他们在视野中消失。

课堂互动

以小组为单位,模拟在社交场合运用接待礼仪接待客人的情景,注意相关细节。

小案例
小王的
接待观

4.7 拜访礼仪

拜访又称拜见、访问或探访,是人们日常生活中最为常见的一种交际形式,是社会活动中一项经常性的工作,同时也是联络感情、增进友谊的一种有效方法。

拜访一般有事务性拜访、礼节性拜访和私人拜访三种。事务性拜访又包括商务洽谈性拜访和专题交流性拜访。按拜访的方式不同,可分为应邀拜访和主动拜访。按拜访的地点不同,可分为到客人家拜访、到客人居住宾馆拜访、到客人工作单位拜访。中国人素以好客而闻名,古人说:"出门如见大宾",意思是拜访他人时应选择恰当的时间、衣冠整洁、言谈举止符合礼仪要求。故而无论何种拜访,要成为一个受欢迎的拜访者,都必须遵循一定的礼仪规范和要求。必须要明白的一点是,并非所有的客人都会受到欢迎,如扰乱主人美梦的不速之客、打扰他人工作安排的不识相之客、乱翻乱闯的不自重之客。

做一个受欢迎的拜访者,一定要做好拜访的各项准备工作,注意自己的言行举止,做到客随主便。特别是在办公场合,哪怕跟对方比较熟悉也应约束一下自己的行为,尽量不给主人添麻烦。

现代人要使拜访做得更得体、更有效,更好地实现拜访的目的,一定要重视和学习拜访的礼仪。

4.7.1 拜访前的准备

拜访,尤其是到对方单位的商务拜访,拜访者在拜访之前,一定要做好充分的准备。拜访前的准备主要包括以下方面。

(1) 了解拜访对象。在拜访之前,拜访者应当了解一下拜访对象,特别是初次拜访的对象。所需了解的内容主要包括以下方面:

①受访单位的基础信息。受访单位的基础信息包括单位名称、所属行业、发展规模、业务情况等。

②受访单位的特殊信息。受访单位的特殊信息包括该单位引以为荣的事件、曾经获得的荣誉、发展业务时的深层次考虑等。

③主要受访人员的基本信息和特点。这包括受访人员的性别、年龄、性格、兴趣、生日、健康状况、个人嗜好、个人荣誉、家庭状况,以及别人对他的评价等。

只有充分了解了拜访对象的相关信息,才能在正式拜访时准确地找到与对方沟通的突破口,从而促进拜访目的的实现。

(2) 事先礼貌预约。拜访前应事先和被访对象约定以免扑空或扰乱被访人的计划。切忌"突然袭击"的造访,打扰受访者的工作计划。拜访时要准时赴约。拜访时间长短应根据拜访目的和被访人意愿而定。一般而言时间宜短不宜长。万一因故不得不迟到或取消访问应立即通知对方。

预约是指在拜访前，应通过电话等方式把拜访的相关事宜告诉对方。预约包括以下三个方面。

①预约时间。要约定在双方合适和方便的时候，并协商决定具体的拜访时间和大概持续的时间。如果由自己提议见面时间，也必须考虑对方的时间安排，并同时提供几个时间段供对方选择。在一般情况下要避免对方认为不合适的时间、繁忙的工作时间、节假日、凌晨与深夜、常规的用餐时间和午休时间都不宜作为拜会时间。繁忙的工作时间一般是指每个月月初和月末以及每周的周一上午和周五下午等。拜访前一天应致电对方，确认是否有变更，如果需要更改时间，则应尽快联络对方，表达歉意并另约时间。

②预约地点。拜访的地点可以是拜会对象的工作地点，也可以是其私人住所或者是环境幽雅的咖啡厅、茶座等。对商务人员来讲，一般应将拜会的地点约定在工作场合，除非对象特意邀请去其住所见面。

③约定人数。在预约的时候，宾主双方都要事先向对方通报届时到场的具体人数及其各自的身份。宾主双方都要尽量避免拜访中安排对方不喜欢甚至极为反感的人。一般情况下，双方参与拜访的人员及其人数一经约定，便不宜随意变更。做客的一方要特别注意，切勿在没有告知主人的情况下随意增加拜访人员，以避免给主人已有的安排计划造成不必要的干扰，影响拜访的效果。

小贴士
预约的三种方式

（3）做好赴约准备。拜访，正式赴约出发前还要做好如下五个方面的准备工作。

①心理准备。当预约得到肯定的答复后，要认真做好赴约的心理准备。制定拜访目标，明确谈话主题、思路，考虑好话语。

小案例
守时的康德

②形象准备。形象准备原则上是力求与客户层次接近并略显高一些，或表现出权威的形象。正式的商务拜访，拜访者要服饰整洁大方、符合规范，并与自己的职业相称，同时，还应注意仪表的修饰。朋友之间的私人拜访，则不必太讲究，只要整洁大方即可。

③物品准备。一是准备拜访材料。拜访是有一定目的的交际活动，若要促进拜访（如签单、收款等）的达成，拜访者在拜访前一定要根据拜访的内容，准备好相关的材料，如建议书、洽谈书、协议备忘录、产品介绍、公司宣传册、宣传单、样品、报价单、合同书、发票等，从而保证见面后能清晰、有效地表述自己的意愿，既不浪费对方的时间，又能达到拜访的目的。准备充足的书面资料，足以能够说明你的诚意，也足以能使你在拜访中有条有理、主旨分明，给对方留下良好的印象。二是检查携带物品是否齐备。在拜访前，拜访者一定要把自己的名片准备好，并放在容易取出的地方，要适时呈上自己的名片。有必要的话还要准备一些礼品，这对于促进情感的交流、增进相互了解，有一定的作用。此外笔、记录本等物品也要带好。

④出发准备。作为拜访者，一定要对拜访的地点有所了解，特别是对自己首次去的地方，要提前了解一下交通路线，以免耽误时间。最好与拜访对象通话确认一下，以防临时发生变化。选好交通路线，算好时间出发，确保提前10分钟到达。

⑤意外情况的处理。爽约很难让人产生信赖感，因此，有约一定要守时。如果确实由于特殊原因而不能按时赴约，一定要想办法通知对方，诚恳地说明爽约的原因，并表示歉意。

如果实在来不及或没有办法通知对方，一定要在事后及时向对方说明原因，并表示歉意。在致歉的同时，还可提出重新安排拜访的时间、地点，并在拜访时对上次的爽约作些解释，以取得对方的谅解。

小案例
有备无患

（4）准时赴约。拜访时准时赴约，按时到达，会给对方一个守信、守时的印象，可以使双方的交流合作有一个良好的开端。拜访一般提前10分钟到达目的地为宜，稍事准备，准时出现。否则会让对方措手不及，出现令双方尴尬的局面。

4.7.2 不同场合的拜访

（1）到办公室拜访的礼仪。到对方办公室进行拜访的基本礼仪包括以下几个方面。

①准时拜访。按约定时间准时拜访，如果因交通堵塞等原因确实不能准时到达，务必及时通知对方，并在到达时郑重向对方致歉。

②礼貌登门。办公室的门不论是关着或开着，进门前都要敲门，一般轻轻敲三下，经允许后方可进入。如果办公室的门是关着的，进来后应轻轻把门关上。

③问候及自我介绍。如果是初次拜访，进门后应问候"您好""各位好"，或点头致意，然后自我介绍或向主人递名片。主人办公室还有其他客人时，主人若没有向你介绍其他客人，不要随便打听其他客人的情况，也不要主动与其他客人攀谈。

④谢座。向对方说明身份及来意后，对方让座，来访者应道声"谢谢"，然后大方、稳重地坐下。主人若还没有说请坐，客人最好站着，不要急于就座，抢先入座，也不要自己寻找座位。要坐在主人指定的座位上，坐姿要端正。如果主人是位年长者或者身份高者，应待主人坐下方可坐下。主人委派的人送上茶水时，应从座位上站起欠身，双手相接，并致谢。

小贴士
坐沙发的技巧

⑤交谈技巧。入座简单寒暄后，要主动开始谈话，珍惜会见时间。在交谈过程中，谈吐要清晰，用词要准确，既要表达自己的观点，又要认真倾听对方谈话的内容，观察对方情绪的变化，并注意应对，不要急于出示随身携带的资料，只有在对方感兴趣时方可出示。遇到对方交谈资历比较浅、学识比较低的情况时，要格外留心自我优越感的外露。为了避免对方自愧不如，在交谈中切忌出现说教口气。还要注意的是，如果来访者较多，应掌握好谈话时间，不可让其他客人久等。

⑥适时告辞。到办公室拜访一般都是在工作时间，所以拜访时间不宜过长，一般在15分钟至半小时即可。拜访结束应适时起身告辞，特别是如果遇到以下几种情况，应及时告辞：

- 与对方话不投机，或是与你谈话时主人反应冷淡。
- 主人有反复看钟表的动作。
- 主人心不在焉或时有长吁短叹，有急事心情烦躁。
- 主人将双手抬起，双手支于椅子的扶手。
- 被拜访者把谈话做了小结，并说出以后再继续交流的话。
- 快到就餐或休息时间。

⑦礼貌辞行。不管是否达到拜访目的，都应礼貌辞行，告辞之前不要显得急不可耐，应先讲一段带有告别之意的话，或是在双方对话告一段落，新的话题没有开始之前提出告辞。即使主人有意挽留，也要态度坚决，行动果断，切不可犹豫不决，迟迟不走。辞行时，应向

主人和在场人士——挥手道别或点头致意，应对主人的款待表示谢意。出门后应主动请主人留步，礼谢远送。出门一段距离后，应回首再向送行的主人致意，不可匆匆离去。

若是重要约会，拜访之后给对方发一条短信致谢，会加深对方的好感。

（2）到宾馆拜访的礼仪。如果外地客人到达本地，住在宾馆里，前去进行礼节性的拜访时，应注重以下几方面礼仪。

小案例
如此拜访

①按事前预约时间拜访。拜访时间多由对方确定，预约前要问清宾馆的位置、楼层、房间号以及联系电话。

②讲究仪容仪表。到星级宾馆拜访客人，若穿着不得体，被阻挡，也会招来人们异样的眼光，这也是对客人的不尊重。

③进入宾馆要行为有礼。进入宾馆要步态稳健，精神饱满，行为举止要礼貌；遇到提供帮助的服务人员，应以微笑点头致意，表示感谢。

④注意谈话场所。首选宾馆公共区域，如大堂吧、咖啡厅、商务中心会谈室等，避免进入客人房间。当双方关系较近，并由客人提议时，才能把约见地点选在客房。

⑤进入客人房间应事先通报。进入宾馆后应向总台服务员说明来意，给房间客人打个电话，经客人允许后，才能去房间。进客房前，要看清房间号再敲门，待客人开门后进行自我介绍，客人说"请进"，方可进入房间。

（3）到私人住所拜访的礼仪。私人拜访主要是在私人领域，会面目的是以加深友谊与联系、洽谈工作以外的事为主。住宅是私人领地，应该特别注意交际礼仪。这样才能收到很好的效果。

①遵守时间。首先应和主人约定个合适的时间，到住宅拜访时间不宜太早或太晚，最好下午或晚饭后，要尽量避开吃饭和作息时间，准时到达，以免主人久等。如发生了特殊情况而不能前往或者需要改变日期和时间，应提前通知对方，并表示歉意。拜访时，穿戴要整洁大方。对仪容仪是适当做些修饰，显示尊重主人。

②先声入门。到达对方住所后，如无人迎候，可以按响门铃或轻轻敲门，门铃不要反复或长时间按，敲门的声音也不要太大，轻轻用手指敲门两三下即可，切不可用掌拍门或以拳击门。如果主人来应门并询问"谁呀"，除了经常见面的熟人、主人能辨别出你的声音外，必须通报自己的姓名和单位，而不应简单地回答"是我"，因为这样极易给人一种以自我为中心来看待事物和考虑问题的印象，如此易导致很多误解，增加交流障碍，进而人为地妨碍事情进展。在按响门铃或敲门后，应该退后两步，等待主人开门。

③礼品选择。初次到别人家做客，最好适当带点礼品，如主人家有老人或小孩，所带礼品应尽量符合他们所需。熟客一般不必带礼物，但遇有重要节日或特殊约会，则不妨带些受大家欢迎的礼品。

④入门有礼。进门时，要在门口先换上主人备用的拖鞋，然后再向主人行见面礼，如握手和问安。对主人家的其他成员，应按长幼有序的原则亲切称呼问好。如果携带礼品而来，要将礼物恭敬地交给主人收下。落座之前，要将外衣和帽子脱下，连同携带的手提包等物，放在主人指定的地方。

在主人来让座之前，不要急着坐下。如果拜访的主人是长辈，或者第一次来拜访，更要彬彬有礼。如果双方关系密切，则可稍微随便些。

当主人上茶时，应欠身双手相接，并致谢。一般不要在主人家吸烟。如果主人招待的是饮料、水果、点心，已启开瓶口的饮料可以全喝完，但水果、点心只能稍稍品尝。

在主人家要尊重主人的私密性，克制自己的好奇心，主人没有邀请参观其房间或设施，不应主动提出参观，更不能未经允许到处走动或随意翻动主人的物品和书籍。

可以对主人家的布置和陈设进行夸赞，以引起主人的好感和兴奋，使拜访的气氛温馨而愉快，切忌挑剔主人家的不足，说这里不和谐，那里俗气等。这样做会伤害主人的自尊心，甚至大家会不欢而散，自己则变成一个不受欢迎的人，拜访目的也无法达到。

在与主人交谈时，应注意礼貌，姿势要端正自然，语气要温和可亲，要注意倾听主人的谈话，要把握交谈的技巧。

拜访时间不宜过长，特别是晚上，第一次拜访应以30分钟左右为好，以免影响主人和家人休息。

当有新客人来时，也应遵守"前客让后客"的原则，尽快告辞，把时间让给新来的客人。

当宾主谈完该谈的事情，就应适时告辞。要学会察言观色，把握告别的时机。决定告辞时，应恭敬地对主人说："时候不早了，我要告辞了。"告别时，注意向主人及家庭主要成员道别，并诚意邀请他们到自己家做客。

小贴士
拜访"九忌"

课堂互动

以小组为单位，创设社交的情景，模拟练习拜访，注意相关细节。

延伸阅读

请扫描二维码阅读以下内容。

一、寒暄问候的礼仪　　二、现代人的见面礼节

思考练习

1. 一位西装革履的男士进入一写字间，问前台秘书："这是四海公司吗？"前台秘书不回答，这时候，有两位客户走过来，秘书说："刘哥、王姐，我们经理正等着你们呢……"

请问：在这个职业场景中，存在哪些礼仪问题？

2. 小张和同学小李一同去听孙教授的礼仪讲座，小李对讲座非常感兴趣，想和孙教授进行深入交流。由于孙教授曾经给小张所在的班级上过课，认识小张，因此小李让小张在工作结束后把自己介绍给孙教授。

请问：如果你是小张，你将怎样做介绍？请与同学分别扮演相关角色并实际模拟演示一下。

3. 在一次业务洽谈会上，小王遇到了一直想与之合作的某集团公司周总，他立即起身走到周总面前，伸出双手去握周总的手。

请问：小王的表现有什么不妥？与同学一起模拟演示一下正确的做法。

4. 五湖公司王经理约见一个重要的客户方经理。见面之后，客户就将名片递上。王经

理看完名片就将名片放到了桌子上，两人继续谈事。过了一会儿，服务人员将咖啡端上桌，请两位经理慢用。王经理喝了一口，将咖啡杯子放在了名片上，自己没有发觉，客户方经理皱了皱眉头，没有说什么。

请问：王经理的失礼之处在哪里？接过对方的名片后应如何放置？

5. 张经理与王经理在一次洽谈会上见面，王经理主动递上了自己的名片，张经理急忙打开卡包，准备拿出自己的名片与之交换，可是一摸，首先发现一张健身卡，再一摸是一张名片，高兴地递给了对方。王经理接过来一看说："孙总认识您很高兴！""噢"张经理这才发现刚才递上去的是别人的名片，张经理十分尴尬，继续在包里找着……

请问：张经理名片交换存在什么问题？应该如何避免？

6. 小高已经毕业五年多了，她想去拜访得了胰腺癌的昔日导师，然而她想了半天也没有想好该带什么礼物。如果她的导师是女性，年龄在50岁左右，你认为应该送什么礼物为宜？

7. 你是五湖集团公司办公室的接待人员，明天上午，四海集团公司的总经理亲自带队来你公司参观考察并落实合作事宜。

请问：你将怎样安排这次接待工作？

8. 假如你明天要拜访一位重要客户，列出你需要做哪些准备？

9. 临近毕业，你到老师办公室请教毕业论文撰写的相关事宜，你应注意哪些拜访的礼仪规范和语言技巧？

10. 案例分析：

"小"字别乱喊

孙西是某咨询公司的高级培训师。上个月，他与公司另一名同事去杭州出差做一个项目。在企业做了一天的内部访谈后，第二天安排到市场一线做实地调研，由各地的区域经理负责安排接待陪同。

市场调研到了嘉兴，当地的区域经理白天陪同他一起走访市场，晚上安排了饭局。区域经理几杯啤酒下肚，便开始称兄道弟。当他得知孙西比自己小几岁后，敬酒时便对孙西的同事喊"张经理，我们干一杯"，然后冲着孙西说："小孙，咱们也喝一杯"。

孙西一听，感觉有点不对味，故意推辞："不好意思，我吃完饭回去还得整理一下调研材料，就免了吧。"那个区域经理觉得被扫了面子，又冲着孙西的同事说："张经理，你看小孙，可真不够意思！"

孙西闻言，更加不舒服了，他端起酒杯很绅士地对那个区域经理说："请问您贵姓？"区域经理很纳闷，答道："我姓彭。""哦，小彭，咱们第一次见面，也不是很熟悉，但我要很负责地跟你说句话，你听好了，即使是你们老板跟我一起吃饭，敬酒时也都会很尊敬地称我一声'孙老师'或'孙经理'！好了，这杯酒我敬您。喝完我就先告辞了。"孙西一饮而尽，留下那个屁股刚抬起一半准备喝酒的区域经理，站也不是，坐也不是，呆立当地。

思考讨论题：

(1) 本案例中那位区域经理的问题出在哪儿？

(2) 职场中称呼应该注意什么？

谁来接站?

穆教授是礼仪方面的专家,他被邀请到某外贸公司做一堂关于国际交往礼仪的讲座。他打电话通知这家公司他明天抵达,希望公司有关人员届时到机场接一下。该公司秘书小吴接了电话,满口答应。但当穆教授走出机场时,左右环顾,无人接站,静等了十几分钟,仍无人前来,他只能叫出租车去公司了。穆教授到接待处,询问公司是否知道他要来,秘书说知道,都已经准备好了。穆教授奇怪地问,怎么没有来接站。秘书小吴"喔"了一声,连忙道歉,说"忘了"。她在忙乱之中,只想着给穆教授安排食宿问题,而忘了派车去接穆教授了。

思考讨论题:
(1) 从小吴的失误中,谈谈在接待之前都要做好哪些准备工作?
(2) 如果你是小吴,应该怎样向穆教授道歉?

岂有让客人站着之理?

一天,某公司负责前台接待的秘书小张迎来了一位事先与市场部孙经理预约好的却提前20分钟到达的客人。小张立刻通知了市场部经理,经理说正在接待一位重要客人,请对方稍等,小张就如实转告给客人说:"孙经理正在接待一位重要客人,请您稍等。"正说着电话铃响了,小张赶快去接电话,十分钟后才发现客人正在办公室走来走去,她这才意识到应该给客人安排座位,但客人脸色很不好看。

思考讨论题:
(1) 针对本案例,请分析小张在接待中有哪些不妥?
(2) 如果你是小张,接下来你要怎样对客人解释来挽回自己的失误?

麦克拜访客户的秘诀

麦克具有丰富的产品知识,对客户的需要很了解。在拜访客户以前,麦克总是先了解客户的一些基本资料。麦克常常以打电话的方式先和客户约定拜访的时间。

今天是星期四,下午4:00刚过,麦克精神抖擞地走进办公室。他今年35岁,身高6英尺,深蓝色的西装上看不到一丝的皱褶,浑身上下充满朝气。

从上午7点开始,麦克便开始了一天的工作。麦克除了吃饭的时间,始终没有闲过。麦克5:30有一个约会。为了利用4:00至5:00这段时间,麦克便打电话,向客户约定拜访的时间,以便为下星期的推销拜访做好安排。

打完电话,麦克拿出数十张卡片,卡片上记载着客户的姓名、职业、地址、电话号码等资料及资料的来源。卡片上的客户都是居住在市内东北方的商业区内。

麦克选择客户的标准包括客户的年收入、职业、年龄、生活方式和嗜好。

麦克的客户来源有3种:一是现有的顾客提供的新客户的资料;二是麦克从报刊上的人物报道中收集的资料;三是从职业分类上寻找客户。在拜访客户以前,麦克一定要先弄清楚客户的姓名。例如,想拜访某公司的执行副总裁,但不知道他的姓名,麦克会打电话到该公司,向总机人员或公关人员请教副总裁的姓名。知道了姓名以后,麦克才进行下一步的推销活动。

　　麦克拜访客户是有计划的。他把一天当中所要拜访的客户都选定在某一区域之内，这样可以减少来回奔波的时间。根据麦克的经验，利用45分钟的时间做拜访前的电话联系，即可在某一区域内选定足够的客户供一天拜访之用。

　　麦克下一个要拜访的客户是国家某制造公司董事长比尔·西佛。麦克正准备打电话给比尔先生，约定拜访的时间。

　　做好拜访前的准备工作，使麦克成了一名优秀的业务员。

思考题：

（1）麦克拜访客户有哪些秘诀？

（2）本案例对你有何启示？

学习情境5
宴请赴宴

在宴席上,最让人开胃的就是主人的礼节。

——〔英〕莎士比亚

情境导入

用餐的礼仪

五湖策划公司与四海公司正进行一项业务合作,合作项目是四海公司即将进行车展策划,打算与五湖策划公司合作。有一天,五湖策划公司的张总,宴请了四海公司的李总在一家酒店吃饭。在用餐过程中张总的秘书小吴不停地用自己的筷子给李总夹菜,在倒红酒时不小心,又将酒溅到了李总的白衬衫上。李总顿时不高兴起来,张总也意识到小吴不懂礼仪,这已影响了公司之间的合作。

任务分析

我国是一个注重"民以食为天"的国度,餐饮礼仪历来备受重视。餐饮礼仪因为宴会的性质、目的、地区、国度的不同而有较大的差异,如果不加了解,就会妨碍正常的交际应酬,甚至像本任务"情境导入"中的秘书小吴那样的尴尬表现,不但影响个人形象,甚至影响到公司与客户的合作。因此,在社交中必须重视餐饮礼仪。

在宴请活动中,无论是作为主人还是客人,如果不重视自己在餐饮活动中的表现,在用餐过程中举止失当,很难让自己的社交活动成功。

实训项目

项目名称:模拟中餐宴会布置。
实训目标:明确宴会礼仪规范,在宴会上展示出良好的职业形象。
实训学时:2学时。
实训地点:多功能餐厅。
实训准备:餐桌、餐具等。
实训方法:以寝室6个人为单位,分工合作,分别展示餐会会场布置、餐桌摆放、座次牌摆放，说明这些摆放设计的理由。并用手机录像记录整个过程，用大屏幕回放，学生自我评价，授课教师总结点评学生存在的个性和共性问题。师生共同评选出"最佳表现团队"。

知识链接

5.1 宴会的种类

根据不同的交际目的、邀请对象及经费开支，交际场合常见的宴会形式有以下几种。

5.1.1 工作宴会

工作宴会又称工作餐，是一种多边进餐的非正式宴请形式。按照用餐时间，可分为早、中、晚餐，工作餐不注重交际形式而强调方便务实，不需要事先发请柬，只邀请与某项特定工作有一定关系的领导、技术人员和其他有关人员，一般不请配偶，但安排席位，其座位的安排按参加者职务的高低为序。其形式与安排以干净、幽雅、便于交谈为宜。

5.1.2 自助餐

自助餐又称冷餐会、冷餐招待会，是一种方便灵活的宴请形式。其基本特点以冷食为主，站着吃。参加冷餐会，吃是次要的，与人沟通才是主要任务。

5.1.3 酒会

酒会又称鸡尾酒会。以招待酒水为主，略备小吃。酒会不一定都备鸡尾酒，但酒水和饮料的品种应多一些，一般不用烈性酒。食物多为各色面包、三明治、小泥肠、炸春卷等，以牙签取食。酒水和小吃由招待员用盘端送，也可置于小桌上由客人自取。酒会不设座椅，宾主皆可随意走动，自由交往。这种形式比较灵活，便于广泛接触交谈。举行的时间亦较灵活，中午、下午、晚上均可，持续时间通常是两小时左右。在请柬规定的时间内，宾客到达和退席的时间也不受限制，可以晚来早退。酒会多用于大型活动，因此，可以利用这个机会进行社会交际和商务交际。

5.1.4 家宴

家宴即一般在家中设便宴招待客人，以示亲切、友好。它在社交和商务活动中发挥着敬客和促进人际交往的重要作用，西方人喜欢采取这种形式。

家宴按举行的时间不同，又有早宴、午宴和晚宴；在宴请形式上又可分为家庭聚会、自助宴会、家庭冷餐会和在饭店请客等几种。

家庭聚会是我国目前采用最多的一种请客形式。这种家宴规模较小，形式简单，气氛亲切友好，一般由女主人操办，适合宴请经常往来的至亲好友。

自助宴会的特点是灵活自由，宾主可以一起动手准备，大家合作各显其能，边准备边聊天，这种形式比较随便、自然、亲切。

家庭冷餐会以买来的现成食品为主，赴宴的客人可以站着吃，也可以坐着吃，还可以自由走动挑选交谈对象。这种形式比较受青年人的欢迎。在饭店请客或请厨师在家中做菜宴客，是较为正式的家宴形式，适用于宴请某些久别的亲友和比较尊贵的客人，或者规模较大的婚宴、寿宴等。

5.2 宴会的组织

宴会对宾客而言是一种礼遇，必须按规定、按有关礼节礼仪要求组织。

5.2.1 确定宴会的目的与形式

宴会的目的一般很明确，如节庆日聚会、工作交流、贵宾来访等。根据目的决定邀请什么人、邀请多少人，并列出客人名单。宴请主宾身份应该对等，还要考虑政治因素、政治关系等。宴请形式很大程度上取决于当地的习惯做法。

5.2.2 确定宴请时间和地点

宴会的时间和地点，应当根据宴请的目的和主宾的情况而定。一般来说，宴会时间不应与宾客工作、生活安排发生冲突，通常安排在晚上6—8点。同时还应注意宴请时间上要尽量避开对方的禁忌日。例如，欧美人忌讳"13"，日本人忌讳"4""9"。在宴会时，应避开以上数字的时日。宴请的地点，应依照交通、宴请规格、主宾喜好等情况而定。

5.2.3 邀请

当宴请对象、时间和地点确定后，应提前1~2周制作、分发请柬，以便被邀请的宾客有充分的时间对自己的行程进行安排。即使是便宴，也应提前用电话、微信准确地通知。

5.2.4 确定宴会规格

宴会规格对礼仪效果的影响是十分明显的。宴会规格一般应考虑宴会出席者的最高身份、人数、目的、主人情况等因素。规格过低，会显得失礼；规格过高，则无必要。确定规格后，应与饭店（酒店、宾馆）共同拟定菜单。在拟定菜单时，应考虑宾客的口味、禁忌、健康等因素。对于个别宾客需要个别照顾的，应尽早做好安排。

小案例
为何事与愿违？

5.2.5 席位安排

举办正式宴会，一般应提前排定位次。宴会的排位，通常又可分为桌次排位与席次排位两个具体方面。

（1）桌次排位。在宴会上，倘若所设餐桌不止一桌，则有必要正式排列桌次。排列桌次的具体讲究有三：以右为上、以远为上、以居中为上。

当餐桌分为左右时，应以居右之桌为上。此时的左右，是在室内根据"面门为上"的规则所确定的，如图5-1所示。

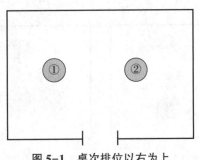

图5-1 桌次排位以右为上

当餐桌距离餐厅正门有远近之分时，通常以距门远者为上，如图5-2所示。

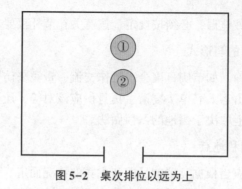

图5-2 桌次排位以远为上

当多张餐桌并排列开时，一般以居中央者为上，如图5-3所示。

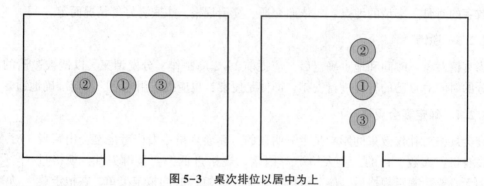

图5-3 桌次排位以居中为上

在大多数情况下，以上三条桌次排位规则往往是交叉使用的，如图5-4至图5-7所示。

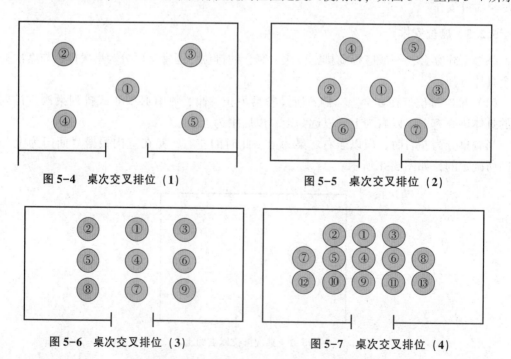

图5-4 桌次交叉排位（1）　　　　图5-5 桌次交叉排位（2）

图5-6 桌次交叉排位（3）　　　　图5-7 桌次交叉排位（4）

（2）席次排位。在宴会上，席次具体是指同一张餐桌上席位的高低。中餐宴会上席次排位的具体规则有以下四条：

其一，面门为主。这是指主人之位应当面对餐厅正门。有两位主人时，双方可对面而坐一人面门，一人背门。

其二，主宾居右。这是指主宾一般应在主人右侧之位就座。

其三，好事成双。根据传统习俗，凡吉庆宴会，每张餐桌上就座之人应为双数。

其四，各桌同向。通常，宴会上每张餐桌的排位应大体相似。

席次排位的规则具体如图5-8（单主人情况）、图5-9（双主人情况）、图5-10（双主人情况）所示。

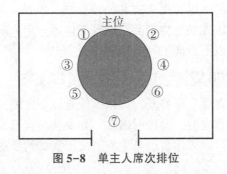

图5-8 单主人席次排位

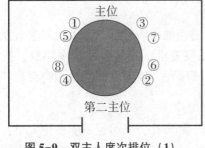

图5-9 双主人席次排位（1）

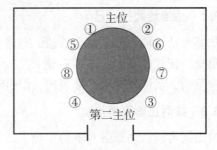

图5-10 双主人席次排位（2）

5.2.6 餐具的准备

宴请餐具十分重要，考究的餐具是对客人的尊重。依据宴会人数和酒类、菜品的道数准备足够的餐具，是宴会的基本礼仪之一。餐桌上的一切物品都应该十分卫生，桌布、餐巾都应该干净平整，玻璃杯、酒杯、筷子、刀叉、碗碟等餐具，在宴会之前都必须洗净擦亮。

5.2.7 宴请程序

迎客时，主人一般在门口迎接。官方活动，除男女主人外，还有少数其他主要官员陪同主人排列成行迎宾，通常称为迎宾线，其位置一般在宾客进门存衣以后、进入休息厅之前。与宾客握手后，由工作人员引入休息厅或直接进入宴会厅。主人抵达后，由主人陪同进入休息厅与其他宾客见面。休息厅由相应身份的人员陪同宾客，服务员送饮料。

主人陪同主宾进入宴会厅，全体宾客入席，宴会开始。若宴会规模较大，则可请主桌以外的客人先就座，贵宾后就座。若有正式讲话，一般安排在热菜之后甜食之前由主人讲话，接着由主宾讲话，也可以一入席双方就讲话。冷餐会及酒会讲话时间则更灵活。吃完水果，主人和主宾起立，宴请即告结束。

很多外国人的日常宴请以女主人作为第一主人时，往往以她的行动为准。入席时，女主人先坐下，并由女主人招呼开始进餐。餐毕，女主人起立，邀请女宾与其一起离席。然后男宾起立，随后进入休息厅或留下吸烟。男女宾客在休息厅会齐，即上茶或咖啡。主宾告辞时，主人把主宾送至门口。主宾离去后，迎宾人员按顺序排列，与其他宾客握手告别。

5.3 赴宴的礼仪

宴会是社交应酬的一种重要场合，形式多种多样，参加宴会，无论是作为组织的代表，还是以个人的身份出席，都应该注意礼仪。出席宴会前，要做简单的梳洗打扮，女士要化淡妆。男士也要把头发和胡须整理并刮洗干净，穿上一套整洁大方、适合身份的衣服，容光焕发地赴宴。这既能体现一个人的道德素养与修养，也表示对主人的尊重。一般要做到以下方面。

5.3.1 接到邀请后及时回复

当接到邀请后，能否赴宴要尽早答复。如果不能赴宴，要婉言谢绝并向对方表达遗憾和谢意；接受邀请后，不能随意改变，要按时出席。如果临时有事发生，不能前往赴约，要尽早向主人解释，并深表歉意。如果你自己是主宾，又不能如约参加宴请活动，更应该郑重其事地道歉。

5.3.2 适当地装扮自己

参加宴会活动前，根据宴会活动的规格和要求适当地修饰自己，以表示对主人及参加宴会者的尊重。正式的宴会，主人在请柬上会注明服装要求，赴宴前要特别注意，按要求着装。普通宴请，虽然没什么严格规定，但也不能过于随便，要与宴请活动相吻合。

5.3.3 按时出席宴请活动

按时出席宴请活动是最基本的礼貌，赴宴迟到非常失礼，当然也不能去得太早，如果去得太早，也许主人还没做好充分的准备，同样不妥。社会地位高或者身份高者一定要按时到达，其他客人可提前2~3分钟到达，如果不能赴宴或延迟到达时间，应及时通知主人，以免主人等候。如果是主人的至亲挚友，可提前更多时间到达，帮助做一些准备工作和接待客人。

5.3.4 席上礼规

入席后，不要立即动手取食，而应等主人打招呼，由主人举杯示意开始时，客人才能开始；客人不能抢在主人前面。夹菜要文明，应等菜肴转到自己面前时，再动筷子，不要抢在邻座前面，一次夹菜也不宜过多。要细嚼慢咽，这不仅有利于消化，也是餐桌上的礼仪要求。绝不能狼吞虎咽，这样会给人留下贪婪的印象。不要挑食，不要只盯着自己喜欢的菜吃，或者急忙把喜欢的菜夹到在自己的盘子里。不要一边吃东西，一边和人聊天。嘴里的骨头和鱼刺不要吐在桌子上，可用餐巾掩口，用筷子取出来放在碟子里。掉在桌子上的菜，不要再吃。进餐过程中不要玩弄碗筷，或用筷子指向别人。不要用手去嘴里乱抠。用牙签剔牙时，应用手或餐巾掩住嘴。不要让餐具发出任何声响。

5.3.5 席间祝酒

祝酒也就是敬酒，是指在正式宴会上，由男主人向来宾提议，提出某个事由而饮酒。在饮酒时，通常要讲一些祝愿、祝福类的话甚至主人和主宾还要发表专门的祝酒词，祝酒词内容越短越好。敬酒可以随时在饮酒的过程中进行。要是致正式祝酒词，就应在特定的时间进行，并不能因此影响来宾的用餐。祝酒词适合在宾主入座后、用餐前进行。也可以在吃过主菜后、甜品上桌前进行。在饮酒特别是祝酒、敬酒时进行干杯，需要有人率先提议，可以是主人、主宾，也可以是在场的人。提议干杯时，应起身站立，右手端起酒杯，或者用右手拿起酒杯后，再以左手托扶杯底，面带微笑，目视其他人特别是自己的祝酒对象，同时说着祝福的话。在中餐里，干杯前，可以象征性地和对方碰一下酒杯；碰杯的时候，应该让自己的酒杯低于对方的酒杯，表示对对方的尊敬。当离对方比较远时，用酒杯杯底轻碰桌面，也可以表示和对方碰杯。

一般情况下，敬酒应以年龄大小、职位高低、宾主身份为先后顺序，一定要充分考虑好敬酒的顺序，分明主次。即使和不熟悉的人在一起喝酒，也要先打听一下身份或是留意别人对他的称号，避免出现尴尬或伤感情。但如果在场有更高身份或年长的人，也要先给尊长者敬酒，不然会使大家很难为情。如果因为生活习惯或健康等原因不适合饮酒，也可以委托亲友、部下、晚辈代喝或者以饮料、茶水代替。作为敬酒人，应充分体谅对方，在对方请人代酒或用饮料代替时，不要非让对方喝酒不可，也不应该好奇地"打破砂锅问到底"。在西餐里，祝酒干杯只用香槟酒，并且不能越过身边的人而和其他人祝酒干杯。

5.3.6 席间交流

席间要主动与同桌人员进行交流，不可一句话都不说，让人觉得你是为吃而来。不要只是与个别人交谈，或只和自己熟悉的人交流；说话的声音不能太大或窃窃私语；也不能一边说话一边进食。在谈话的时候，要选择轻松、愉快的话题，而不要谈严肃、沉重，甚至难过、悲伤的话题，以免影响大家的情绪。

5.3.7 离席

天下没有不散的筵席，宴会总有结束的时候。用餐完毕告辞也要讲究礼仪，这不仅能加深别人对你的印象，还能提升对你的好感程度。用餐完毕，等主人示意宴会结束时，客人才能离席。如果客人有事要提前离席，则应向主人及同席的客人致谢。客人向主人道谢、告别时，该说的事交代完后即可离开，不要说个不停，否则对方无法招呼别人。如果是很多人要一起离席，某些客套话尽可省略，不要耽误别人太多的时间。

课堂互动

以小组为单位，创设商务交际情景，模拟练习宴请和赴宴的基本礼仪，注意细节。

小贴士
就餐举止
十忌

微课
吃西餐的
礼仪

5.4 吃西餐的礼仪

西餐是西方国家的一种宴请形式。由于受民族习俗的影响，西餐的餐具、摆台、酒水、菜点、用餐方式、礼仪等都与中餐有较大差别。目前由于我国对外交往活动的不断增多，西餐也已成为我国招待宴请活动的一种方式。因此，了解西餐的一般常识和礼仪是十分重要的。西餐的餐具多种多样。

小案例
吃西餐，
显素质

常见的西餐餐具有叉、刀、匙、杯、盘等。

摆台是西餐宴请活动中的一项专门的技艺，也是必不可少的一个礼仪程序。它直接关系到用餐过程、民族习俗和礼仪规范等。西餐的摆台因国家的不同也有所不同，常见的有英美式、法式和国际式西餐摆台。下面介绍国际式西餐摆台。

国际上常见的西餐摆台方法是：座位前正中是垫盘，垫盘上放餐巾（口布）。盘左放叉，盘右放刀、匙，刀尖向上、刀口朝盘，主食靠左，饮具靠右上方，如图5-11所示。正餐的刀叉数目应与上菜的道数相等，并按上菜顺序由外至里排列，用餐时也从外向里依序取用。饮具的数目、类型应根据上酒的品种而定，通常的摆放顺序是从右起依次为葡萄酒杯、香槟酒杯、啤酒杯（水杯）。

图5-11 西餐摆台

吃西餐时，应注意掌握以下几个方面的礼仪。

5.4.1 上菜顺序

西餐上菜的一般顺序是：①开胃前食；②汤；③鱼；④肉；⑤色拉；⑥甜点；⑦水果；⑧咖啡或茶等。菜肴从左边上，饮料从右边上。

5.4.2 餐巾的使用

入座后先取下餐巾，打开，铺在双腿上。如果餐巾较大，可折叠一下，放在双腿上，切不可将餐巾别在衣领上或裙腰处。用餐时可用餐巾的一角擦嘴，但不可用餐巾擦脸或擦刀叉等。用餐过程中若想暂时离开座位，可将餐巾放在椅背上，表示还要回来；若将餐巾放在餐桌上，则表示已用餐完毕，服务员则不再为你上菜。

5.4.3 刀叉的使用

吃西餐时，通常用左手持叉、右手持刀，用叉按住食物，用刀子切割，然后用叉子叉起食物送入口中，切不可用刀送食物入口。如果只使用叉子，也可用右手使用叉子。使用刀叉时应避免发出碰撞声。用餐过程中，若想放下刀叉，应将刀叉呈"八"字形放在盘子上，刀刃朝向自己，表示还要继续吃，如图5-12所示。用餐完毕，则应将叉子的背面向上，刀的刀刃一侧应向内与叉子并拢，平行放置于餐盘上。尽量将刀柄放入餐盘内，这样可以避免由于碰触而掉落，服务生也容易收拾，如图5-13所示。

图5-12 刀叉呈"八"字形置于餐盘上

图5-13 刀叉平行置于餐盘上

5.4.4 用餐礼节

当全体客人面前都上了菜，主人示意后开始用餐，切不可自行用餐；喝汤时不要发出声响；面包要用手去取，不可用叉子去取，也不可用刀子去切，面包应用手掰着吃；吃沙拉时只能使用叉子；用餐过程中，若需要用手取食物，要在西餐桌上事先备好的水盂里洗手（沾湿双手拇指、食指和中指），然后用餐巾擦干，切不可将水盂中的水当成饮用水喝掉；最好避免在用餐时剔牙，若非剔不可，必须用手挡住嘴；当招待员依次为客人上菜时，一定要等招待员走到你的左边时，才轮到你取菜，如果在你的右边，不可急着去取；吃水果不可整个咬着吃，应先切成小瓣，用叉取食；若不慎将餐具掉在地上，可由服务员更换；若将油水或汤菜溅到邻座身上，应表示歉意，并由服务员协助擦干。

小案例
老张吃西餐

5.5 冷餐会礼仪

冷餐会是一种比较自由的宴请形式，一般不设座，食品集中放在餐厅中央或两侧桌上，由客人按顺序自动取食，不要抢先；取食后可找适当位置坐下慢慢进食，也可站立与人边交谈边进食；所取食物最好吃完；第一次取食不必太多，如果不够，可再次或多次去取。冷餐会可招待较多的客人，客人到场或退场比较自由。客人一面做好就餐的准备，一面可以和同席的人随意进行交谈，以创造一个和谐融洽的用餐气氛。不要旁若无人，兀然独坐；更不要眼睛直直地盯着餐桌上的冷盘，或者下意识地摸弄餐具，显出一副迫不及待的样子。

5.6 鸡尾酒会礼仪

鸡尾酒会，也称酒会，是一种自由的社交活动，备有多种饮料和少量小食品，一般在下午或晚上举行，不设座，时间短，客人到场或退场自由。中途离开的客人，应向主人道别，但出席酒会不能太迟或到达不久就离去。

鸡尾酒会的形式活泼、简便，便于人们交谈，招待品以酒水为重，略备一些小食品。如点心、面包、香肠等，放在桌子、茶几上或者由服务生拿着托盘，把饮料和点心端给客人，客人可以随意走动。举办的时间一般是下午5点到晚上7点。近年来，国际上各种大型活动前后往往都要举办鸡尾酒会。

这种场合下，最好手里拿一张餐巾，以便随时擦手。用左手拿着杯子，好随时准备伸出右手和别人握手。吃完后不要忘了用纸巾擦嘴、擦手。用完了的纸巾丢到指定位置。

5.7 喝咖啡的礼仪

咖啡可以自己磨好咖啡豆以后用咖啡壶煮制，也可以用开水冲饮速溶咖啡。人们一般认为自制的咖啡档次比较高，而速溶的咖啡不过是节省时间罢了。饮用可以加入牛奶和糖，称为牛奶咖啡，也可以不加牛奶和糖，称为清咖啡或黑咖啡。在西餐中，饮用咖啡是大有讲究的。

5.7.1 杯的持握

供饮用的咖啡，一般都是用袖珍型的杯子盛出。这种杯子的杯耳较小，手指无法穿过去。但即使用较大的杯子，也不要用手指穿过杯耳端杯子。正确的拿法应是用右手的拇指和食指握住杯耳，轻轻地端起杯子，慢慢品尝。不能双手握杯，也不能用手端起碟子去吸食杯子里的咖啡。用手握住杯身、杯口，托住杯底，也都是不正确的方法。

5.7.2 杯碟的使用

盛放咖啡的杯碟都是特制的，它们应当放在饮用者的正面或右侧，杯耳应指向右方。咖啡都是盛入杯中，放在碟子上一起端上桌的。碟子是用来放置咖啡匙，并接收溢出杯子的咖啡的。喝咖啡时，可以用右手拿着咖啡的杯耳，左手轻轻托着咖啡碟，慢慢地移向嘴边轻啜。不要满把握杯大口地吞咽，也不要俯首嘴靠近咖啡杯饮咖啡。如果坐在远离桌子的沙发上，不便用双手端着咖啡饮用，此时可以作一些变通，可用左手将咖啡碟置于齐胸的位置，用右手端着咖啡饮用，饮毕应立即将咖啡杯置于咖啡碟中，不要让二者分家；如果离桌子近，只需端起杯子，不要端起碟子。添加咖啡时，不要把咖啡杯从咖啡碟中拿起来。

5.7.3 匙的使用

咖啡匙是专门用来搅拌咖啡的，如果咖啡太热也可用匙轻轻搅动，使其变凉。饮用咖啡时应当把咖啡匙取出来，不要用咖啡匙舀着咖啡喝，也不要用咖啡匙来捣碎杯中的方糖。不用匙时，应将其平放在咖啡碟中。

5.7.4 咖啡的饮用

饮用咖啡时，不能大口吞咽，更不可一饮而尽，而应该一小口一小口细细品尝，切记不要发出声响，这样才能显示出品位和高雅。如果咖啡太热，可以用咖啡匙在杯中轻轻搅拌使之冷却，或者等自然冷却后再饮用。用嘴试图去把咖啡吹凉，是很不文雅的动作。

5.7.5 给咖啡加糖

给咖啡加糖时，砂糖可用咖啡匙舀取，直接加入杯内；也可先用糖夹子把方糖夹到咖啡碟的近身一侧，再用咖啡匙把方糖加入杯里。如果直接用糖夹子或手把方糖放入杯内，有时可能会使咖啡溅出，从而弄脏衣服或台布。

5.7.6 用甜点的要求

喝咖啡时可以吃一些点心，但不要一手端着咖啡杯，一手拿着点心，吃一口、喝一口地交替进行，这样的行为是非常不雅观的。饮咖啡时应当放下点心，吃点心时则放下咖啡杯。

在咖啡屋里，举止要文明，不要盯视他人。交谈的声音越轻越好，千万不要不顾场合，高谈阔论，破坏气氛。

5.8 喝茶的礼仪

请扫描二维码学习本部分内容。

小贴士
喝茶的礼仪

延伸阅读

请扫描二维码阅读以下内容。

一、中西方饮食文化的差异　　二、中西方餐桌礼仪的差异

思考练习

1. 在用餐上我国存在哪些陋习？请与同学展开讨论。
2. 以寝室为单位，按照宴会的程序，组织一次中式宴会。
3. 如果你是一位宴请者，根据当地的风俗习惯，你会在宴会的前前后后注意哪些礼仪规范？请详细列表。
4. 观察同学们在食堂吃饭的情景，并与正确的餐饮礼仪对比分析。
5. 王新是公司新聘任的业务部经理，她上任的第一件事就是负责宴请公司的几位重要客户，在就餐准备时，她为如何安排座次犯了难。

请问：如果王新一人出席宴请活动，应该如何安排座次，为什么？

6. 王芳参加一个大型的研讨会，在会务组安排的自助餐上，她发现了自己喜欢吃的烤鸡翅，于是就装了满满一大盘。当她端着满满一盘烤鸡翅的时候，周围的人投来了异样的目光。

请问：王芳的行为有何不妥？吃自助餐应该注意哪些礼仪？

7. 应朋友之邀，张明来到茶室与朋友喝茶，朋友要了一壶铁观音。由于天气较热，茶一端上来，张明就忍不住大口吞咽茶水，并发出咕咚咕咚的声音，不时地将茶杯中的茶叶也喝了进去，咀嚼起来。

请问：张明饮茶符合礼仪规范吗？为什么？

8. 案例分析：

如此吃相

在与自己的同事一道外出参加一次宴会时，B公司项目经理李君因为举止有失检点，从而招致了大家的非议。

李君当时在宴会上为了吃得畅快，在开始用餐之后便一而再、再而三地减轻自己身上的"负担"。他先是松开自己的领带，接下来又解开领扣、松开腰带、卷起袖管，到了最后，竟然又悄悄地脱去自己的鞋子。尤其令人感到不快的是，李君在吃东西时，总爱有意无意地咂巴其滋味。并且其响声"一波未平,一波又起""一浪高过一浪"。

李君在宴会上的此番作为,不仅令他身边的人瞠目结舌,而且也叫他的同事们无地自容。

思考讨论题:

(1) 参加宴会应该注意哪些用餐礼仪?

(2) 李君在餐桌上的不良表现有哪些不利影响?

李嘉诚请客

万通控股董事长冯仑曾讲过以下"与李嘉诚一起吃饭"的经历:2004年我去香港,和李嘉诚吃了一次饭,感触非常大。李先生76岁,是华人世界的财富状元,也是我的偶像。大家可以想象,这样的人会怎么样。一般的大人物都会等到大家到场坐好,才会缓缓过来讲几句话。如果要一起吃饭,他一定坐在主桌。然后我们企业界有名望的人坐在他边上,其余的人坐在其他桌,饭还没有吃完,李先生就该走了。如果他是这样,我们也不会怪他,因为他是个伟大的人。

但是让我非常感动的是,我们走到电梯口,开电梯门的时候,见李先生在门口等着。见面后他给我们发名片,这已经出乎我们的意料——李先生的身家和地位已经可以不用名片了,但是他像做小买卖一样给我们发名片。发完名片后我们一人抽了一个签,这个签就是一个号码,就是我们照相时站的位置,是随便抽的。我当时想为什么照相还要抽签,后来猜测道,这是用心良苦,为了大家都舒服,否则怎么站呢?

在抽号照相后又抽一个号,说是吃饭的位置,又是为了让大家感到舒服,随后让李先生说几句,他说没有什么要讲的,主要是和大家见面,把生活中的一些体会与大家分享。然后他看着几个外国人,用英语讲了几句,又用粤语讲了几句,把全场的人都照顾到了。他讲的是"建立自我,追求无我",就是让自己强大起来,要建立自我,追求无我,把自己融入生活和社会当中,不要给大家压力,让大家感觉不到他的存在,来接纳他、欢迎他。之后我们就吃饭。我抽到的座位正好与他隔一个人,我以为可以就近聊天,但吃了一会儿,李先生站起来了,说:"抱歉,我要到那个桌上坐一会儿。"后来,我发现他们安排李先生在一张桌子上坐15分钟,总共4桌,每桌15分钟,正好一个小时。临走的时候他说一定要与大家握手告别,每个人都要握到,包括边上的服务人员,然后送大家到电梯口,直到电梯门关上他才走。这就是他追求的无我,在整个过程中得到了充分体现。

思考讨论题:

(1) 请从商务礼仪视角评析李嘉诚请客的礼仪之道。

(2) 李嘉诚提出"建立自我,追求无我",对此你如何理解?

(3) 本案例对你还有哪些启示?

学习情境6
差旅出行

> 礼节乃是一封通行四方的推荐书。
>
> ——〔西〕伊丽莎白女王

情境导入

乘高铁

某商贸公司经理武力为了与新亚公司洽谈一笔重要生意,即将前往新亚公司所在的A城。武力准备乘高铁去A城,顺便给他在A城的朋友带些土特产。上了高铁,武力找到自己的座位后便急忙将行李和两袋子土特产平行摆了一排,然后又将放洗漱用品的袋子挂在了衣帽钩上。列车启动了,武力想喝水,可暖瓶中的水不多,武力便不断地喊叫列车员。喝过水后,武力又拿出些水果来吃。吃了水果,果皮也不收拾。高铁继续前行,武力感到有些疲乏,于是脱了鞋,把脚放在席位上,鞋与袜子立时散发出一股难闻的气味。周围的乘客厌恶地皱着眉头,捂着鼻子。坐在他旁边的中年男士目睹了这一切。到了A城,武力几经周折终于找到了新亚公司。进了经理室,武力发现端坐在老板席上的竟是高铁列车上坐在他旁边的那位男士。这时,中年男士也认出了他。接下来任凭武力把话说得天花乱坠,中年男士也不同意与他合作。

任务分析

任何一个企业都离不开对外交往,并且常常需要到对方所在地参观考察、联系业务,这都要涉及差旅问题,而凭借交通工具到达差旅的目的地又是差旅必需的过程。另外,出差在外必须住宿,有时还要与其他差旅者同住一房。所以,做好差旅前的各项准备工作,乘坐各类交通工具和宾馆住宿时,不断培养自觉遵守差旅出行礼仪的习惯是十分重要的。如果你不注意这方面的礼仪,就会像"情境导入"案例中的武力那样,是没有人愿意与你合作的。

实训项目

项目名称:外地旅游出行经历交流会。

实训目的:掌握差旅出行的基本礼仪规范,提高差旅过程中应对各种状况的能力。

实训学时：1 学时。

实训地点：多媒体教室。

实训准备：反映旅行经历的 PPT 文件、旅行照片等。

实训操作：学生每人根据自己外地旅游出行的经历，制作一个 PPT 文件（最好多加进一些自己拍摄的照片），向全班说明"交通出行"涉及的礼仪。注意不要面面俱到、写成流水账，要抓住典型事例和切身感受予以说明，以增强感染力，给人以深刻的印象。大家在班级交流。最后，师生共同点评。

知识链接

6.1 差旅出行的准备

6.1.1 明确目的

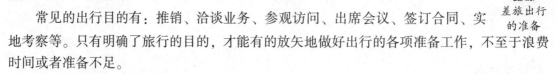

常见的出行目的有：推销、洽谈业务、参观访问、出席会议、签订合同、实地考察等。只有明确了旅行的目的，才能有的放矢地做好出行的各项准备工作，不至于浪费时间或者准备不足。

6.1.2 制定出行计划

制定出行计划时要综合考虑时间、地点、气候及当地的交通状况，选择合适的交通工具，同时与拜访的对方或者会议的主办方取得联系，安排好日程。一般而言，日程安排应尽可能详尽，以确保万无一失。

出行计划中应包括日期、出发、到达、会晤的具体时间；目的地、中转站及旅行中开展各项活动和食宿的地点；交通工具安排；参观访问、会议、洽谈、宴请、私人活动等具体事项；要注意的其他事项，如特殊服务、时差、当地风俗习惯和礼仪及当地联系人与宾馆等的详细信息。旅行计划完成之后可以一式几份，一份留给自己，一份给家人，一份给你的秘书，还可以留一份存档。

6.1.3 准备携带物品

（1）业务资料。出行时要带上业务联系所需的全部工作资料，并且要将这些资料分门别类地用卷宗、文件夹等妥善放置。一般携带以下业务资料。①协议或合同文本、报价资料、工程图表等。协议或合同文本要提前准备好，以便随时同客户成交签字；报价资料除准备本公司的，还应备有其他公司同类产品的价格，方便客户比较；工程图表等资料可使客户对企业或工程有更进一步的了解。②公司资料。除公司情况简介、产品说明资料外，还可准备一些权威机构的评价、报纸的宣传、实际销售场景的照片等。③谈判对方人员名单及背景资料或客户名单。如果是因商务洽谈而出差，就要充分准备对手的情况，做到"知己知彼"；如果是因推销产品而出差，则可将购买并使用本公司产品的客户名单整理成册，起到加强说服力的作用。④翻译文本。若有外宾参加或有涉及语言的问题，应及时配备相应语言的翻译，有关资料需要翻译的，也应提前准备好。⑤考察文件目录。如果是去商务考察，还应提前对考察对象做一个初步了解，对希望考察的内容，整理一份目录清单或访谈问题清单，这样才能在有限的时间内，把需要了解的问题了解得系统而全面。⑥礼品的准备。对初次见面的客户应准备小礼品，最好是公司专门制作的赠品或者有地方特色的产品（若有公司标志则最佳），可以让用户睹物思人，时刻记住你的公司。

（2）办公用品。这是处理公务时经常需要使用的一些备用品，如公文包、名片、钢笔、记事本、计算器、笔记本电脑等。要保证在需要的时候，这些物品能够信手拈来，办公用品的准备，可从一个侧面展现商务人员细致、严谨、认真的工作作风。①公文包。公文包内的物品，均应与商务活动有关，而且放置有序。要绝对避免在人面前拿包取物时，被看到包内物品乱七八糟，留下不好的印象，同时还应注意保持取出物品干净、整齐。根据公文包的款式，可采用夹、提等方式携带，不要随便肩扛、肩背，甚至提在手中乱甩。在街头行走时，注意不要用包撞人。出门做客时，公文包不可乱放，应放在自己的腿上或身旁，这样取用方便。②名片。需携带的名片应放在专门的名片盒内，名片盒可放在公文包内，使用时随时从公文包内取出。对方赠送的名片根据自己工作的需要分类后，放入专门的名片夹或名片册妥善保存。③钢笔。许多正式场合只允许使用钢笔，因此，商务人员出差在外必须随身携带一支钢笔。钢笔的款式要大方，颜色以素雅为宜。墨水的颜色宜选择蓝黑色或黑色。如同时携带两支钢笔，墨水的颜色应一致。所携带的钢笔可放在公文包内或放在西服左侧的内袋里。④记事本。经常使用记事本，可随时记录下所需信息，以便日后查用。记事本要随身携带，但只应记录与工作有关的事情，不要在上面乱写乱画。记事本以实用雅观为原则。现在市场上有一种每年一册的效率手册，大多一天一页，有的还可以用来精确地安排每一小时的工作，用它代替记事本既经济又实用。记事本宜放在随身携带的公文包内。⑤手机及电脑。手机是在旅行中必不可少的通信工具，一般应放在公文包或西装上衣左边内侧的口袋里，便于在使用时取出。在旅行中还应带上充电器和备用电池，以确保与他人保持正常的沟通和联系。电脑现已成为个人的资料库，各种文件资料应做好备份，以便在商务旅行中查找。

（3）个人必需物品。除上述用品外，还需携带一些为证明身份或方便生活的个人必需物品，包括以下内容。①文件类物品。包括旅行计划和日程表、相关地址、电话通讯录、机票、车票、身份证、护照、名片、介绍信、地图、信用卡等。②衣物药品。可携带的常用药品有晕车药、感冒药、肠胃药等；可以根据气候和活动内容准备正装、休闲装、睡衣、礼服等。③盥洗用品。现在，有些宾馆、酒店已不再提供盥洗用品了，因此要事先有所准备。

小贴士
出行的化妆品携带及其他

6.2 出行礼仪

6.2.1 步行礼仪

无论外出到什么地方，借助何种交通工具，都离不开步行。在公共场所无处不在的步行，更能体现一个人的礼貌修养程度。

（1）注意安全。遵守交通规则是步行安全的重要保障。城市的交通法规对行人和各种车辆的行驶均有严格的规定，人人都应自觉遵守。穿越马路时，一定要从人行横道处行走，并注意红灯停、绿灯行，不可随意穿越，不可低头猛跑，更不可翻越栏杆，要注意避让来往车辆，确保安全。在有信号指示或交通警察指挥的地方，一定要遵守信号和听从指挥。

（2）行路文明。在行走之时，走路的姿势要端庄，不要弓腰、低头，不要东张西望，不要摇头晃脑，也不要哼小调或吹口哨。两人走路时不要勾肩搭背。多人走路时不要依仗人多而无所顾忌，高声说笑或横占半个马路而影响他人行走，应自觉排成单队或双队。男女同行时，通常男子应走在女子的左侧，需要调换位置时，男子应从女士背后绕过，不要胳膊相挽而行，更不要亲热地拥在一起行走。在街上遇到熟人不可话说个没完，交谈时不要站在马路中央，影响他人通行。如果遇到的是异性，更不要长时间交谈，确需长谈时，应另约地点。在拥挤狭窄的路上行走，应自觉礼让，特别对年长者、妇女、患病体弱者一定要主动让路。

行走时以中速为宜，正常情况下不要猛跑。如果不小心碰到别人或踩了别人的脚，要主动向对方道声"对不起"，即使对方态度不好，也不要与对方发生口角。别人撞了自己或踩了自己的脚，应大度宽容，对主动道歉者说声"没关系"，不可以口出怨言，斥责对方。如果遇到残疾人不仅要主动让路，必要时还要主动上前搀扶一把，绝不可与其抢道，更不能以强欺弱，无视公德。行路时要维护马路卫生，不要边走边吃东西，更不要把瓜果皮核往马路上扔，应自觉地扔到马路边上的果皮箱里。

(3) 问路礼貌。当今手机中导航软件的使用使问路大为减少了，但是需要问路时，仍应注意以下问路的礼仪规范：首先，应选择合适的对象，最好不要去问正在急于行走的人或正在与人交谈的人及正忙碌的人。如果交警正在指挥车辆，也应尽量不去打扰。可以另找那些不是很忙，或比较悠闲的人进行打听。其次，问路时要礼貌地称呼对方，可根据对方年龄、性别和当地的习惯来称呼，绝不能用"喂""哎"等一些不礼貌的用语呼叫对方。最后，当别人给予回答后，要诚恳地表示感谢，若对方一时答不上你的提问，也应礼貌地说声"再见"。

小贴士
用伞的小规则

6.2.2 乘轿车礼仪

(1) 讲究上下车顺序。同女士、长者、上司或嘉宾乘双排座轿车时，应先主动打开车后排的右侧车门，请女士、长者、上司或嘉宾在右座上就座，然后把车门关上，自己再从车后绕到左侧打开车门，在左座坐下。到达目的地后，若无专人负责开启车门，则自己应先从左侧门下车后绕到右侧门，把车门打开，请女士、长者、上司或嘉宾下车。

(2) 注意车上谈吐举止。在轿车行驶过程中，乘车人之间可以适当交谈，但不宜过多与司机交谈，以免司机分神。话题一般不要谈及车祸、劫车、凶杀、死亡等使人晦气的事情，也不要谈论隐私性内容及一些敏感且有争议的话题，可以讲一些沿途景观、风土人情或畅叙友情等能够使大家高兴的事，使大家的旅行轻松愉快。举止要文明，不要在车内吸烟，因为车内相对封闭容易使空气浑浊。不要在车内脱鞋、赤脚，女士不要在车内化妆。不要在车内乱吃东西、喝饮料，不要在车内吐痰或向车外吐痰，更不要通过车窗向车外扔东西，这是有损形象和社会公德的。

(3) 注意进出车的举止。尤其是女士更要注意进出小轿车时举止优雅得体。进车时，首先开门后手自然下垂，可半蹲抻整裙摆顺势坐下，依靠手臂作支点，腿脚并拢抬高，继续保持腿脚并拢姿势，脚平移至车内，略调整身体位置，坐端正后，关上车门。出车时双脚膝盖并拢抬起，同时移出车门外，身体可以随着转，着裙装时小腿膝盖都要并拢并同时移出车门。身体保持端坐状态，侧头，伸出靠近车门的手，打开车门，然后略斜身体把车门推开。双脚膝盖并拢着地，一只手撑座位，另一只手轻靠门框，身体移出车门。当身体从容地从车身内移出时，双脚可分开些，但保持膝盖并拢，起身直立身体后，转身关车门，关车门时不要东张西望，而是面向车门，好像关注的样子。

6.2.3 自驾车礼仪

（1）严格遵守交通规则。驾驶车辆须严格遵守交通规则，方向盘就是你的形象。驾驶人员应该树立正确的驾驶观念，把遵守交通规则当作保护自己和他人生命财产的一种方式。上车后，行驶之前，务必系好安全带，这是出于对自身安全的考虑。安全带在发生碰撞或紧急刹车时会迅速收紧，能有效防止身体撞到前面坚硬的物体（如方向盘等）。带有安全气囊的车辆，乘员必须系好安全带；否则，气囊起爆时，气囊弹出就会带来致命的伤害。系安全带时，将安全带慢慢平顺拉出，使安全带位于肩与颈根部之间，通过胸部适当位置，将搭扣插头插入插座，直到听到"咔"的一声为止。系安全带不正确，一旦发生交通事故就不能充分发挥其作用。解除安全带时，用左手拿安全带，用右手按下安全带纽扣将其摘下。左手慢慢将其放回去。注意不要马上松手，防止金属扣弹回打碎玻璃或者打伤自己。

（2）养成良好的行为习惯。驾驶人员要注意自己的道德修养，养成良好的行车习惯，在一些细小的做法上都要注意自己的行为举止。如驾驶人员在驾驶过程中，将痰吐到随身携带的废纸中，停车后扔入垃圾箱中，不往车外吐痰；把废纸和其他废弃物扔到随车携带的垃圾箱或等车辆停稳后扔到路边的垃圾箱内，不要开着车突然把包装纸、烟头等从车窗扔出，也不要在停车收拾完垃圾后直接扔出车外；为保持车内新鲜的空气，不要在车内吸烟；进出轿车时，替女士开（关）门是男士应有的风度，一只手开门，另一只手垫在车门顶上，起保护作用；道路拥挤或车辆堵塞时，要耐心等待，这也是一种涵养；清洗自己的车辆时，不仅要考虑保持车辆外观整洁，还要保持周围的环境整洁。

（3）安全礼让。驾驶人员在行车过程中，会遇到违章行驶、占道抢行、强行超车等不讲文明礼貌的行为。此时，驾驶人员应正确处理好有理与无理的关系，要宽容、大度和注意礼让；保持冷静的心态，"宁可有理让无理，不可无理对无理"，尽量避免引起事端。要做到以下几点。①发现前方道路或路口堵塞，应按顺序减速或停车，等前方路口疏通后或前方车辆开始行驶时，再尾随继续行驶。②与其他人员发生争执时，应该耐心分辨，理智处理，不要带着情绪驾车。③遇到违章超车和强行占道行驶的车辆，应注意避让。

（4）助人为乐。要做到以下几点。①行车中，发现有需要援助的车辆时，应该减速停车，给予对方帮助。②发现其他车辆陷入损坏路段而不能行驶时，应尽力给予帮助。③当遇到其他驾驶人员向自己询问路线时，应耐心回答，实事求是。④发现其他驾驶人员行驶的路线不正确时，应及时提醒，耐心回答询问和解释。⑤前方遇有交通事故，需要帮助时，应减速停车，协助对方，保护事故现场，并立即报警。⑥发现其他驾驶人员的车辆有隐患或驾驶操作方法不正确时，应及时提醒对方，以防事故的发生。

（5）文明行车。驾驶人员在行车中，必须严格遵守法律、法规和规章，始终坚持文明驾驶，礼让行车；做到不开英雄车、冒险车、赌气车和带病车。要做到以下几点。①直行车辆，发现前方是红灯时，在本车道内减速停车，等待放行信号。②车辆行驶时，发现本车道前方的车辆行驶速度比较慢，应开启左转向灯，在不妨碍其他车道车辆行驶的情况下，变更车道超越；也可减速慢行，保持安全的距离尾随其后。③车辆行驶时，发现后面的车示意超车，应减速慢行，靠边行驶，给对方让出超车空间。④超车时，前方车辆不减速，应停止超车,与前方车辆保持安全距离,或减速慢行,或变更车道。⑤超车时,发现前方车辆正在超车,应减速慢行,让前方车辆先超车。⑥当汽车经过积水路面时,应特别注意减速慢行,以免泥水飞溅到道路两侧行人身上。⑦驾车行经人行横道或繁华街道,要减慢车速,礼让行人。驾驶车辆通过有老人或儿童的路段,应减速慢行,确认安全后方可通过,以免行人受到惊吓,发生意外。⑧夜晚开车时要适时变换远近灯光,避免干扰对方司机。⑨经过不允许鸣喇叭的路段时,应注意安全,禁止鸣喇叭;行经没有禁止鸣喇叭的路段时,应尽可能地少鸣喇叭,以免影响其他人的正常工作。⑩开车去接人时可事先打电话告诉对方,不要在楼下狂按喇叭。如果是休息时间停在居民楼附近等人,不要把音响声音开得太大。如果需要等人,要停好车,乱停车会给别人造成不便。

小案例
停车场和加油站礼仪

(6) 规范停车。停车时,要清楚前后左右的情况,不要堵住别的车,也不要堵住行人和自行车通道,更不要堵住别人的门口。建议不要占用绿地停车,不要堵在小区出入口,不要停在垃圾站门前。不管车位拥挤与否,都应该按车位线或按大家停车的方向停车,并尽量与其他车辆靠近,给后来的车留出车位。如果实在没车位,又一定要短暂停留,可在车上贴个字条写上自己的电话,告知需要挪车时电话联系你。不要不管不顾地停车,因为后果很难预料,特别注意不要随便停车。

此外,要保持车容的整洁,这也可为都市增色。同时,为了你和他人的安全,千万别酒后开车。

6.2.4 乘坐高铁礼仪

高铁已成为重要的出行交通工具,良好的乘车环境需要大家共同努力,因此在乘高铁列车过程中,要讲文明、懂礼貌,多一分宽容,多一分礼让。这样,不仅能减少许多麻烦,还能保持良好的心情,减轻旅途疲劳。

(1) 讲究候车规则。乘客在候车时,要爱护候车室的公共设施,不大声喧哗,携带的物品要放在座位下方或前部,不抢占座位或多占座位,更不要躺在座位上使别人无法休息。要保持候车室的卫生,瓜果皮核等废弃物要主动扔到果皮箱里,不要随手乱扔,不随地吐痰。检票时自觉排队,不乱拥乱挤,有秩序地上下车。

(2) 维护车厢秩序。要有秩序地进入车厢,按号就座。要按要求放好行李,大件行李应放在车厢两头行李处,小件行李可放在座位上方的行李架上,行李要摆放整齐,尽量不要压在别人的行李上。

高铁整个车厢全程是禁烟的,因此千万不要吸烟,更不要不随地吐痰、乱扔废物。

不在车厢内大声说话。到达目的地后,拿好自己的物品有礼貌地与邻座旅客道别,有序下车,不要抢道拥挤。

6.2.5 乘飞机礼仪

飞机是目前世界上最快捷的交通工具,具有速度快、时间短、乘坐舒适等特点,很适合人们的旅行。由于空中旅行与地面旅行有很多差异,必须注意以下礼仪。

(1) 登机前的礼仪。乘坐飞机要求提前一段时间去机场。国内航班要求至少提前半小时到达,而国际航班需要至少提前一小时到达,以便留出托运行李、检查机票、身份证和其他旅行证件的时间。大多数机场的登记行李和检查制度效率很高,需要等待的时间很短。

乘飞机时为了方便,手提行李一般不应超过5千克,其他能托运的行李要随机托运。

乘坐飞机前要取到登机卡。如果没有托运的行李可直接在机场自主登机服务机上领取登机卡或手机领取电子登机卡，如果有需要托运的行李可前往机场的航空公司柜台办理行李托运并领取登机卡。登机卡应在安检时和登机时出示。

领取登机卡后，乘客要通过安全检查门。乘客应先将有效证件（如身份证、军官证、警官证、护照、台胞回乡证等）、机票、登机卡交安检人员查验，放行后通过安检门时需将电话、传呼机、钥匙和小刀等金属物品放入指定位置，手提行李放入传送带。乘客通过安检门后，注意将有效证件、机票收好以免遗失，只持登机卡进入候机室等待。

上下飞机时，均有空中小姐站立在机舱门口迎送乘客。她们会向每一位通过舱门的乘客热情地问候。此时，作为乘客应有礼貌地点头致意或问好。

（2）登机后的礼仪。登机后，乘客要根据飞机上座位的标号按秩序对号入座。飞机座位分为两个主要等级，也就是头等舱和经济舱。经济舱的座位设在中间到机尾部分，占机身的3/4空间或更多一些，座位安排较紧；头等舱的座位设在靠机头部分，服务较经济舱好，但票价较高。所以登机后购买经济舱票的人不要因头等舱人少就抢坐头等舱的空位。找到自己的座位后，要将随身携带的物品放在座位头顶上的行李箱内，较贵重的东西放在座位下面，自己保管好，注意不要在过道上停留太久以免影响其他人。

飞机起飞前，乘务员通常给旅客示范表演如何使用救生衣和氧气面具等，以防意外。当飞机起飞和降落时要系好安全带。在飞机上要遵守"请勿吸烟"的警示，同时禁止使用移动电话、AM/FM收音机、便携式电脑、游戏机等。

飞机起飞后，乘客可看书报或与同座交谈。如果自己愿意交谈，可以"今天飞行的天气真好"等开场白来试探同座是否愿意交谈，在谈话中不必互通姓名，只是一般谈谈而已。如果自己不愿交谈，对开话头的人只需用"嗯哼"表示，或解释"我很疲倦"。飞机上的座椅可调整，但应考虑前后座位的人，不要突然放下座椅靠背，或突然推回原位，或跷起二郎腿摇摆颤动，这些行为都会引起他人的反感。

在飞机上使用盥洗室和卫生间的规则与其他交通工具上的相同。要注意按次序等候，注意保持其清洁。同时不要在供应饮食时到厕所去，因为有餐车放在通道中，其他人无法穿过。如果晕机，可想办法分散注意力；如若呕吐，要吐在清洁袋内；如有问题，可打开头顶上的呼唤信号，求得乘务员的帮助。

（3）停机后的礼仪。停机后，乘客要带好随身携带的物品，按次序下飞机，不要抢先出门。国际航班上下飞机要办理入境手续，通过海关可凭行李卡认领托运行李。许多国际机场都有传送带设备，也有手推车以方便搬运行李。还有机场行李搬运员可协助乘客。在机场除了要给机场行李搬运员小费，不需给其他人小费。下飞机后，如果一时找不到自己的行李，可通过机场行李管理人员查找，并可填写申报单交航空公司。如果行李确实丢失，航空公司会照章赔偿的。

> **课堂互动**

如果你和领导一起坐飞机出差，你想趁此机会给领导留下一个好印象，但心情非常紧张，不知道如何开始聊天。你该怎么办呢？

A. 打开笔记本电脑，开始铆足劲起草一份重要文件，借以显示你是一个专注的雇员，一刻也不能离开工作。

B. 对他视而不见。他太忙了，肯定不想和你聊天。

C. 集中心思为他提供最舒适的飞行，必须要求空乘给他送上最合适的饮料，替他把光线调到最佳状态，以便他阅读，同时为他提供两个扶手。当然，除了你自己的行李包之外，你还要在机场上替他拎包。

D. 礼貌性地聊一些和家庭、新闻、电影，或与嗜好有关的话题，比如你领导参与了哪些当地体育运动。有意选择一些话题，但不要谈你上一季度赚了多少钱。

答案

6.2.6 乘客轮的礼仪

人们出差、旅行经过江河湖海需乘坐客轮，有时观光游览还可乘坐专门的游览船或游艇。乘坐客轮较飞机、火车活动空间大，因而更舒适、自由。然而乘客轮时只有人人都讲礼仪，才能使旅行更舒畅。

客轮的舱位是分等级的。我国的客轮舱位一般分特等舱、一等舱、二等舱、三等舱、四等舱、五等舱等几种。客轮实行提前售票，每人一个铺位，游船也实行对号入座。因为船上的扶梯较陡，所以上下船大家应互相谦让，并照顾老人、小孩和女士。

乘客轮时要注意安全，风浪大时要防止摔倒；到甲板上要小心；带孩子的乘客要看住自己的孩子；吸烟的乘客要避免火灾；不要在船头挥动丝巾或在晚上拿手电乱晃，以免被其他船误认为打旗语或灯光信号。

船上的服务设施齐全，有餐厅、阅览室、娱乐室、歌舞厅和录像厅等可供就餐或消闲，也可以去甲板散步，享受浪漫的诗情画意。如果邀请其他乘客一起娱乐，一定要两相情愿，不可强求。房中其他乘客出门时，也不要好奇地去翻动同房乘客的物品。

乘船时要注意小节，如不要在船上四处追逐，忘乎所以；不要在甲板上将收录机放到很大声；不要在客房大吵大嚷；晕船呕吐应该去卫生间；到景点拍照时不要挤抢等。另外，要注意船上的忌讳，如不要谈及翻船、撞船之类的话题，不要在吃鱼时说"翻过来"或说"翻了""沉了"之类的语言。

6.2.7 乘出租车礼仪

乘坐出租车时，应注意以下几个方面的问题。

（1）路边招停不影响公共交通。乘坐出租车时，一般应在出租车停靠站点或既不影响交通又安全的地方叫车。不要在路口，尤其是有红绿灯的路口和有黄色分道线的区域叫车，也不要在公共汽车站或快车道旁叫车。

（2）礼貌上车与下车。一般情况下，乘客应当坐在后排，座次依据上下车是否方便、坐者是否舒适来排；多人乘车时，应由付费或带路的一方坐前面。同女士、长者、上司或嘉宾打车时，应当照顾他先上车，并请其坐在后排座位上。等对方入座后，自己再从车后绕到另一侧上车或于前排就座。出租车到达目的地后，要主动付费，和女士同行的男士更应如此。上下车及开关门时，要前后观察，以防伤及他人。

（3）保持车内卫生。不在车内吸烟，不往车外吐痰、扔杂物，不在车上脱鞋、脱袜或换衣服，不将湿雨伞和雨衣放在乘客座椅上，不要用脚蹬踩座位，更不要将手、腿及脚伸出车窗外。不要将垃圾、废弃物留在车上。

（4）注意交谈的礼貌。在出租车行驶过程中，乘车人之间可适当交谈，但不宜过多与司机交谈，以免司机分神。一般不要谈及车祸、劫车、凶杀或死亡等晦气的事情。

（5）应按计价器付钱，不提无理要求。对出租车司机要谦和、有礼，下车时，应对司机说声"谢谢、再见"，让司机感到温暖和愉快。

6.2.8 乘电梯礼仪

等电梯时，要主动面带微笑地向熟人打招呼。只需轻轻地触摸电梯按钮即可，不要反反复复地按按钮。

进电梯时不要争先恐后，要在出口处的右边等候，以方便其他乘客出电梯。等候电梯里的乘客都出来后，才按顺序进电梯，千万不要拥挤。电梯能够承载多少乘客是有限的，当警铃响的时候，最后上电梯的人或在电梯门口的人应自动下电梯。

上下电梯自然应该排队，要遵循"尊老爱幼""女士优先"的原则。

先进电梯者要靠墙而站，不要以自己的背对着别人，可站成"n"字形。在电梯内要保持身体平衡，尽量不做动作，不要伸长胳膊去按按钮。礼貌的做法是，请靠近楼层显示屏的乘客帮助按按钮："劳驾，请您帮我按第8层，谢谢！"

在大型商场、地铁、火车站、飞机场等公共场所乘滚动电梯时，有一个重要的礼仪规则是：乘客一律靠右站立，上下排成一列纵队，空出左边的小道给有急事的人上下跑动。这是国际惯例，请一定记牢。

> **课堂互动**

以小组为单位，设置商务交际情境，模拟练习步行、乘车、乘飞机的礼仪。

6.3 入住礼仪

6.3.1 预约礼仪

出差前要尽量提前预约宾馆，尤其是到达一些旅游城市或一些业务较繁忙的宾馆，这一工作更是不可缺少，否则，在和客户洽谈生意时就会由于未住上合适、方便的宾馆而带来诸多不便。预订宾馆的方式主要有电话预订、网上预订、电传预订等。根据自己的喜好或业务需要确定要入住的宾馆后，即可拨打宾馆的电话，告知入住和停留的时间，入住的人数，房间的类型，申请入住人员的姓名和到达宾馆的大概时间，并问清楚房费，一旦比预订的时间要晚到达，或者行程临时发生变化需改变行期，应尽快打电话联系，以便宾馆作出合理的安排。

预约时态度要和蔼，文明礼貌，说普通话，声音大小适中，不能因宾馆无法满足自己的要求而大声呵斥，对于宾馆的相关规定也要予以理解。在宾馆按要求订好房间后，要礼貌地表示感谢。如果对房间有特殊要求，可以在预约时提出，以便在宾馆休息时更加舒适和方便。

6.3.2 登记入住的礼仪

进入宾馆大厅后，应到前台登记。当遇到多人办理住宿手续时，应按顺序排队等候，也可暂时在宾馆大厅休息区休息，等候办理住宿登记手续。入住宾馆要出示身份证或其他证件，如结婚证、护照等，认真填写或介绍个人基本信息和资料，并领取房卡或钥匙。问清宾馆每天的结账时间和房费结算方法。一般在中午 12 点以前退房者，不收当天房费，超过 12 点则要交半天或一天房费。

6.3.3 客房礼仪

宾馆客房是客人临时之家，是为客人提供休息的场所。根据工作需要，旅行人员亦可在房间办公、举行小型会议、洽谈业务或会友。不论将客房作为休息场所还是临时办公地点，掌握入住基本规定，对自己、对工作都是十分有益的。要注意以下几个方面。

(1) 讲究文明。因为旅店既是休息的地方，又是工作的地方，所以，在室内着装可相对随便些。但是如果约好客人在下榻饭店的客厅或自己的房间洽谈业务，则要保持仪表端庄，注意自己的职业形象，同时也应遵守前面提到的待客礼仪和日常礼仪，为客人准备好相关的茶水和饮料。

住店的文明还体现在：关房门时注意用力轻一些。深夜回来，如需洗澡，注意动作要轻一些，避免打扰隔壁邻居，如果可能，最好等第二天早晨再洗。如果与别人合住，应该注意出门时随手将门关上，不要在房间里喧哗，以免影响他人休息。休息的时候可以按上"请勿打扰"的标志灯，或在门外挂上"请勿打扰"的牌子。到别的房间找人，应该敲门，经主人许可再进入，不要擅自闯入。

(2) 注意安全。入住宾馆，进入客房后应先阅读房间门后消防逃生路线图，熟悉所在房间的位置和逃生楼梯的方位。之后，要查看一下窗户和侧门是否锁好。如果饭店员工无法将侧门锁好，可以要求换一个房间。旅行期间，尽可能就要将你所带来的贵重物品随身携带。不要把钱或贵重物品留在房间内，要把珠宝、照相机、文件等都锁在饭店的保险箱里。进入饭店房间后，离开房间时，为了安全起见，如果条件允许，你可以让电视机开着。待在房间里的时候，把门关好并上好锁，除非你在等人，否则不要开着门；开门前要先问一声，或从窥孔那儿查看一下来人是谁。如果对方宣称自己是饭店员工，你对此有疑虑，可以给前台打电话进行核实。晚上睡觉前，应将防撬链扣好挂好。房门钥匙要随身携带。不要当众展示你的钥匙，也不要把它放在饭馆的餐桌上、健身房里或者其他容易丢失的地方。门厅的灯可以亮着，可以开着夜灯睡觉，或者开着洗手间的灯睡觉，以便让自己感到安全，或者遇到紧急的情况，可以照亮。

(3) 爱护设施。宾馆客房内备有供旅客生活使用的各种物品，如桌、椅、灯具、电视、空调及洗漱洁具、浴具等设施，使用时应予以爱护，不许用力拧、砸、敲。如果不慎损坏宾馆物品，应主动赔偿，故意破坏房内物品或损坏了物品却不声不响，甚至把房内不属于自己的东西随意拿走等都是违背社会公德的不文明行为。

(4) 保持卫生。在客房内衣物和鞋袜不要乱扔乱放。废弃物应投入垃圾桶内，也可放到茶几上让服务员来收拾，千万不要扔进马桶里，以免堵塞影响使用。吸烟者不要乱弹烟灰、乱抛烟头，以免烧坏地毯或家具，甚至引起火灾。出门擦鞋应用擦鞋器，用枕巾、床单擦鞋是不道德的行为。

(5) 礼貌待人。要注意对待服务员的礼仪：门童为你开门或向你问好，应予以回应或表示感谢。保安人员出于职责打量或盘问你时，要进行合作，不应该口出微词，或不予理睬。当服务员需要进入客房打扫卫生、送报刊时，应表示欢迎，并且道谢，如不方便让其进入，可事先在门外把手上悬挂"请勿打扰"的告示牌，或开启"请勿打扰"指示灯。但离开房间时,应取下告示牌或关闭告示灯。在走廊遇到服务员,尤其是对方首先向你打招呼时,也应向对方问好。客房内设施出现故障或损坏时,可让宾馆维修。维修工人来了之后,应表现大度,切莫口气粗暴,责怪刁难对方。

(6) 同住有礼。和他人同住一个房间要格外注意礼仪,因为这是一个人修养、礼仪方面的全面展现,要讲究以礼为先、以彼为先。在标准的双人间中,在选择床位时,应主动将临窗明亮、噪声较小、房间内侧的床位让与同住的人,而将另一床位留给自己。由于生活习惯不同,彼此陌生的人同住一室必然在生活习惯、作息方式上存在一定的差异,为了能够很好地避免尴尬和矛盾,彼此应及时沟通,并客观真实地向对方介绍自己某些可以示人的生活习惯和作息方式,以期在共同居住过程中能够彼此了解,相互谅解。如,有吸烟习惯的人,应尽量避免在房间内吸烟,致使别人被动吸烟;有打鼾习惯的人,应尽量请同室先休息入睡,以免打扰其休息。与同室攀谈时要围绕对方谈论的话题循序渐进地进行,尽量不提出与对方观点相矛盾的观点,不涉及对方隐私。

6.3.4 离店礼仪

结账离店是出差人员最后一次和宾馆接触,要尽量给人留下一个完美的印象。在准备走之前,可以先给前台打个电话通告一声,如果行李很多,就可以请他们安排服务员来帮你提行李。结完账,礼貌地道谢,并友好地与宾馆工作人员道别。

小贴士
涉外住宿
礼仪禁忌

延伸阅读

请扫描二维码阅读以下内容。

一、礼仪与社会公德   二、旅游文明行为公约

思考练习

1. 如果下星期你打算到南方(如果你现在在南方,那就去北方)出差,打开你的衣橱,谈谈带哪些衣服比较合适。
2. 乘坐自动扶梯时,你一般站在哪一侧?为什么?
3. 列举出十种以上行路时的不文明行为。
4. 小王第一次乘飞机,他异常兴奋,看什么都新鲜,空中的壮观景象更令他震撼,于是,他在空中悄悄打开手机拍下了几张照片。
请问:小王的行为有何不妥?为什么?
5. 自驾车应注意哪些礼仪?
6. 案例分析:

王先生乘车

某公司的王先生年轻肯干,点子又多,很快引起了总经理的注意并拟将其提拔为营销部

经理。为了慎重起见,决定再进行一次考察,恰巧总经理要去省城参加一个商品交易会,需要带两名助手,总经理一是选择了公关部杜经理,二是选择了王先生。王先生自然同样看重这次机会,也想借机好好表现一下。

出发前,由于司机小王乘高铁先行到省城安排一些事务,尚未回来,所以,他们临时改为搭乘董事长驾驶的轿车一同前往。上车时,王先生很麻利地打开了前车门,坐在驾车的董事长旁边的位置上,董事长看了他一眼,但王先生并没有在意。

车上路后,董事长驾车很少说话,总经理好像也没有兴致,似在闭目养神。为活跃气氛,王先生找了一个话题:"董事长驾车的技术不错,有机会也教教我们,如果每个人自己都会开车,办事效率肯定会更高。"董事长专注地开车,不置可否,其他人均无应和,王先生感到没趣,便也不再说话。一路上,除董事长向总经理询问了几件事,总经理简单地做了回答,车内再也无人说话。到达省城后,王先生悄悄问杜经理:"董事长和总经理好像都有点不太高兴?"杜经理告诉他原委,他才恍然大悟,"噢,原来如此。"

会后从省城返回,车子改由司机小王驾驶,杜经理由于还有些事要处理,需在省城多住一天,同车返回的还是四人。这次不能再犯类似的错误了,王先生想。于是,他打开前车门,请总经理上车,总经理坚持要与董事长一起坐在后排,王先生诚恳地说:"总经理您如果不坐前面,就是不肯原谅来的时候我的失礼之处。"并坚持让总经理坐在前排才肯上车。

回到公司,同事们知道王先生这次是同董事长、总经理一道出差,猜测着肯定会提拔他,都纷纷向他祝贺,然而,提拔之事却一直没有人提及。

思考讨论题:

(1) 请指出王先生的失礼之处?
(2) 乘小轿车究竟应该怎样就座?

我的成功从电梯口开始

两年前,我到一家外资化妆品公司参加面试。刚刚走进社会的我,没有丰富的面试经验,也不具备较好的外在条件。面试地点在市中心的写字楼里,看着出入大厅的靓丽都市白领,再瞅瞅自己特地从室友那里借来的略显肥大的套裙,唉!

下午2:30面试,我是提早15分钟到达的,面试在大厦的12层。

电梯来了,大家鱼贯而入,满满当当地挤了十几个,刚要关门,一个西装笔挺的人跑了进来,电梯间里立刻响起了刺耳的警告声,超载了。

大家都把目光投向了那个最后进来的人身上,但他丝毫不为所动。顿时,电梯间陷入了刹那的尴尬之中,虽然还有时间等下一班电梯,但谁也不愿意冒这个险,毕竟大家都想给主考人员留下不错的印象。

我站在靠边的位置,自然地走了出去,转过身,在关门的瞬间,不自觉地冲着电梯中的人微扬了一下嘴角。

考试进行得紧张而顺利,每个人都回家等通知。第三天,我被这家公司正式聘用了。

上班后,我见到了面试那天那个最后跑上电梯的男人。他是我的同事,进公司已经两年了。当我问他那天面试时的详情时,他说,他也只是依照上级老板的意思,在电梯门口等待时机，公司除了要看应聘人与主考人员的交流，还会参考很多因素，如到会场的时间，与周围人的沟通等。

他说："许许多多的测试都是无形之中就完成了的——面试在你一迈进公司的大楼就已经开始了。"

思考讨论题：

(1) 为什么说"面试在你一迈进公司的大楼就已经开始了"？

(2) 从本案例中你学到了什么？

学习情境7
求职应聘

> 莫愁前路无知己，天下谁人不识君。
>
> ——〔唐〕高适

情境导入

面试

凯恩集团正在招聘职员，小林马上就要毕业了，对此她信心百倍，因为她专业对口，而且其他条件也非常符合。面试当天，小林为了给招聘单位留下好印象，决定好好打扮一下自己。在寝室忙了半天，最后选中了一条大花的连衣裙，穿上高跟鞋，戴上项链、耳环、手链，还化了现在最流行的闪亮妆，她想这样一定能在外形上取得优势。面试当天，小林与其他面试者在办公室外等待。当看到发下来的题目时，小林更觉得胜券在握。她松松垮垮地站在门口准备上场，回头看见有一排沙发，便坐在沙发上，跷起二郎腿，悠闲地拿出化妆包开始补妆。面试时，小林看到题目有点陌生，忍不住挠头抓痒，在座位上扭来扭去。面试完毕，结果可想而知。

任务分析

求职礼仪是求职者在求职过程中与招聘单位接待者接触时应具有的礼貌行为和仪表形态规范。它通过求职者在应聘资料、语言、仪态举止、仪表和着装打扮等几个方面体现其内在素质。求职过程中求职者要讲究对人的尊重和礼貌修养，给招聘者留下一个良好的印象，增加招聘单位录用自己的机会。千万不要像本任务"情境导入"中的小林那样，其不良的礼仪表现是不会取得求职成功的。

实训项目

项目名称：举行模拟招聘会。

实训目标：能够做好各项求职准备工作，熟练掌握面试的礼仪，表现出良好的素质和形象。

实训学时：2学时。

实训地点：实训室。

实训准备：模拟招聘企业的有关情况及其需求岗位、面试问题、面试桌椅等。

实训操作：选3~4名学生担任某企业面试考官，其他同学担任求职者。面试考官先介绍单位及岗位需求情况，然后求职者依次进行1分钟自我介绍，面试考官提问，求职者回答问题，最后教师总结、点评。

知识链接

7.1 求职前的准备

7.1.1 搜集就业信息

就业信息是指通过各种媒介传递的有关就业方面的消息和情况，如就业政策、供需双方的情况及用人信息等，它是求职者择业所必须搜集和掌握的材料。

就业信息有两种：宏观信息和微观信息。宏观信息是指国家的政治经济情况，国家或地区社会经济的方针政策规定，国家对毕业生的就业政策与劳动人事制度改革的信息，社会各部门、企业需求情况及未来产业、职业发展趋势所要求的信息。掌握这些信息，就可宏观地把握就业方向。同学们在校期间，要关心国家政策的重大改革，这对确立宏观的择业方向有着重大的意义。微观信息是指某些具体的就业信息。如用人单位的需求情况、发展前景、需求专业、条件、工资待遇等。这些信息是在大学即将毕业时所必需搜集的具体材料。

搜集就业信息的途径主要有以下几种。一是通过学校就业指导办公室和各就业工作服务站搜集。学校收集的信息都会及时传至各系（处），或发布在学校网页的就业信息栏中。二是通过各级政府主管部门和就业指导机构搜集。这些主管部门主要是教育部和省教育厅、人力资源和社会保障厅及各市的教育局、人力资源和社会保障局。这些部门和就业机构的主要职责，就是制定辖区毕业生的就业政策，提供高校毕业生和用人单位的信息，为毕业生就业提供咨询与服务。来自这方面的信息也是真实可信的。三是通过学校老师和亲朋好友搜集。老师在多年的社会实践、教学实习、科研协作中，与一些专业对口的单位联系密切，通过他们了解就业信息，推荐求职，对择业成功有很大帮助。家长、亲朋、好友，在多年的社会交往中，也会给你带来大量的就业信息，希望所有的毕业生要有意识地收集。四是通过各类"双向选择"招聘活动搜集。各人才服务机构、省市就业服务部门、学校每年都会举办各种人才招聘会，为毕业生搜集就业信息提供了更广泛的途径。五是通过有关新闻媒体和网络搜集。新闻媒体特别是网络可为毕业生提供更丰富的就业信息。应届毕业生也可通过网站发布个人简历和求职要求。

求职者搜集到求职信息后，还要善于分析求职信息，这样才能增大求职成功的机会。否则，事到临头，只凭自己的想象和猜测或是被动地服从他人之命，依据社会上的流行看法盲目选择，只会使求职陷入困境。就一则具体的招聘信息来讲，求职者在阅读时一定要从岗位的职责、岗位的硬性要求、招聘单位的具体情况（规模、待遇、前景、地址、联系方式等）、岗位的供需情况、单位的企业文化与人际关系、岗位的细分情况等角度加以分析。只有善于分析阅读招聘信息，才有可能取得应聘的成功。

7.1.2 明确求职途径

（1）招聘会。一般应到由政府人力资源和社会保障部门所属的人才交流机构开办的人才市场或"招聘会"求职,这类部门运作规范、服务周到、信誉高、手续齐全,出现问题,可得到合理保护。

(2) 网上求职。网络突破时空的限制,通过网络求职经济、方便、快捷,避免了人员近距离接触,所承载的信息量大,不仅可以了解职位信息,还可以在网上人才信息库保存个人基本资料,以供用人单位查询。

(3) 实习。目前很多知名企业通过招募实习生的方式来培养和招聘自己的员工。

(4) 报刊招聘广告。这是人们获得就业信息的传统手段,其信息较之网络有更强的真实性,但也有不实招聘信息。如果招聘职位好可能会有很多应聘者。

(5) 人才服务机构、职业介绍所等。通过人才中介来获取职位,今后将成为主流。随着法律的完善,监管到位,通过人力资源中介来获得职位,是个不错的选择。人才服务机构的优势在于信息来源多、专业化等。

(6) 电话求职。了解招聘信息后,可以电话咨询感兴趣的信息,电话求职时要讲究礼仪。

(7) 直接上门找公司负责人或人力资源部经理。这是毛遂自荐的方式。如果看好某企业,可主动上门求职,展示自身的工作实力,让用人单位了解并能够录用自己。

(8) 各院校的就业指导办公室。大学生们到所在院校的就业指导办公室,可以得到许多用人单位的需求信息,也可以得到有关就业政策和择业技巧的指导。

(9) 社会关系。通过亲朋好友(包括老师、同学、师兄、师姐等)获取招聘信息或者推荐,也是一种符合中国国情的求职方式。

7.1.3 撰写面试材料

在双向选择过程中,大部分用人单位安排面试的依据是有关反映毕业生情况的书面材料,通过这些书面材料来判断和评价毕业生的学习成绩、工作潜力。毕业生要成功地向用人单位推销自己,拟定具有说服力和吸引力的求职面试材料是成功的第一步。

面试材料包括毕业生就业推荐表、简历、自荐信、成绩单及各式证书(获奖证书,英语、计算机等各类技能等级证书),已发表的文章,取得的成果等。

(1) 简历。简历主要是针对应聘的工作,将相关经验、业绩、能力、性格等简要地列举出来,以达到推荐自己的目的。由于毕业生就业推荐表栏目和篇幅有限制,多数毕业生更希望有一份个性突出,设计精美、能给用人单位留下深刻印象的简历。

①简历的设计原则。内容真实、简明、无错是简历设计的三个原则。真实原则就是指简历从内容上讲必须真实,比如选了什么课,就写什么课;如果没有选,就不要写。兼职工作更是如此,做了什么,就写什么。不要做了一,却写了三或四。因为在面试时,你的简历就是面试官的靶子,他会就简历上的任何问题提出疑问。如果你学了或做了,你就能答上来,否则你和考官都会很尴尬,你在其眼里的信誉也就没有了,这是很不利的。讲真话,不要言过其实,相信自己的判断力是十分重要的。

小贴士
HR 筛选简历的过程

如果你没有参加任何兼职工作,你可以不写,因为主考官知道你是刚刚要毕业的学生,而学生的本分就是学习。或许你就是重点地学了本专业,没有顾上其他;或许你在学习本专业的同时选择了第二专业或辅修专业;或许你虽然没有在校外兼职,但在校内系里或班里做了大量社会工作。总之，你会有自己的选择，也会珍惜自己的选择，并为自己的选择骄傲。这样你就没有必要为没有兼职工作而苦恼或凭空捏造。请记住，主考官都是从学生过来的，他们会尊重你的选择。

简历，最好简单明了。这是简明原则的又一重要原则。如果简历内容过多，又缺乏层次感，会给人以琐碎的感觉。必要信息如姓名、性别、出生年月、联系电话和地址等一定要写上。相比之下，身高、体重、血型、父母甚至兄弟姐妹做什么工作并不是非常重要的，这些内容纯属辅助信息，可要可不要，至少不应占据重要位置。可以将自己认为重要的信息全部浓缩到第一页上，然后把认为次要的信息，诸如每学期成绩单、获奖证书复印件等信息当作附件。这样的简历主考官只看一页就清楚了，主次分明，非常有效，主考官如果感兴趣，可以继续看附件里的文件。

无错原则是指简历应该没有错误，尽可能在寄出简历之前，一个字一个字地检查一遍，标点符号也不能落下。否则你会被认为是一个粗心的人，在激烈的竞争中可能会被淘汰。

②简历的内容。简历并没有固定格式，对于社会经历较少的大学毕业生，一般包括个人基本资料、学历、社会工作及课外活动、兴趣爱好等，其内容大体包括以下几方面：

• 个人基本材料。主要指姓名、性别、出生年月、家庭住址、政治面貌、身高、视力等，一般写在简历最前面。

• 学历。用人单位主要通过学历情况了解应聘者的智力及专业能力水平，一般写在前面。习惯上书写学历的顺序是按时间的先后，但实际上用人单位更重视现在的学历，最好从现在开始往回写，写到中学即可。学习成绩优秀，获得奖学金或其他荣誉称号是学习生活中的闪光点，可一一列出，以加重分量。

• 生产实习、科研成果和毕业论文及发表的文章。这些材料能够反映你的工作经验，展示你的专业能力和学术水平，将是简历中一个有力的参考内容。

• 社会工作。近几年来，越来越多的用人单位渴望招聘到具有一定应变能力、能够从事各种不同性质工作的大学毕业生。学生干部和具备一定实际工作能力、管理能力的毕业生颇受青睐。社会工作对于仍在求学的毕业生来说，主要包括社会实践活动和课外活动，在应聘时是相当重要的。

• 勤工助学经历。即使勤工助学的经历与应聘职业无直接关系，勤工助学也能够显示你的意志，并给人留下能吃苦、勤奋、负责、积极的良好印象。

• 特长、兴趣爱好与性格。指你拥有的技能，特别是指中文写作、外语及计算机能力。兴趣爱好与性格特点能够展示你的品德、修养、社交能力及团队精神，它与工作性质关系密切，所以用词要贴切。

小贴士
加入个性化因素的简历

• 联系方式。联系地址、电话、邮政编码千万不要忘记写，以免用人单位因联系不到你而失去择业机会。

（2）自荐信。自荐信，即求职信，其基本内容应该包括以下方面。

①写明用人信息的来源及自己所希望从事的工作，否则，用人单位将无法回答。

②愿望动机。这是自荐信的核心内容，说明自己竞争所期望职业的理由和今后的目标。

小贴士
一份简历

③所学专业与特长。将大学所学的重要专业课程写进来，但不要面面俱到，以免使主要的专业课程"淹没"在文字之中。对自己熟悉的、有兴趣的，特别是与期望单位所需人才

职业关系紧密的，可多写一些。

④兴趣和特长，要写得具体真实。

⑤提醒用人单位留意你附带的简历，请求给予同意等。

信函求职在毕业生求职过程中，是最常用的、最主要的方式。求职信由开头、正文、结尾和落款组成。在开头，要有正确的称呼和格式，在第一行顶格书写，如："尊敬的人力资源部负责同志："“尊敬的张教授："等，加一句问候语"您好"以示尊敬和礼貌。正文部分主要是个人基本情况即个人所具备的条件。求职信的核心部分要从专业知识、社会实践能力、专业技能、性格特长等方面使用人单位确信，他们所需要的正是你所能胜任的。结尾部分可提醒用人单位回答消息，并且给予用人单位更为肯定的确认："您给我一个机会，我会带给您无数个惊喜！"结束语后面，写表示敬意的话，如"此致"“敬礼"。落款部分署名并附日期。如果有附件，可在信的左下角注明。

求职信的信封、信纸最好选用署有本学校信息的信封、信纸，忌讳选用带有外单位名字的信封、信纸。字迹清晰工整。如果写一手漂亮的书法，最好手写，因为更多的人相信"字如其人"。如果字写得不好看，就不如用电脑打出来，篇幅要适中，不宜过长，1 000 字左右较为合适。求职信是个人与单位的第一次接触。所以，文笔要流畅，可以有鲜明的个人风格，不可过高地评价自己，也不可过于谦虚。要给用人单位留下较为深刻的印象。最后，要留下自己的联系方式。

在毕业就业推荐表、简历和自荐信后面还应附有成绩单及各式证书、已发表的文章复印件、论文说明、成果证明等。如果本专业比较特殊，还应附一份本专业介绍。

小贴士
一封
自荐信

课堂互动

以小组为单位，现场快速设计一封自荐信或者一份简历，并相互点评。

7.1.4 熟悉面试方法

求职面试的基本方法主要有电话自荐、考试录用、网上应聘等，在各种方法之中也有很多应试技巧，掌握这样一些方法和技巧，会有助于你求职面试取得成功。

(1) 电话自荐。通过电话推荐自己，是常用的一种求职方式，如何充分地利用电话接通后的短暂时间，用最简洁明了的语言清楚地表达自己，能否给对方留下一个深刻清晰的印象，是同学们十分关心的问题。

打电话之前，一定要做好充分的准备工作。首先谈话内容包括了解用人单位的有关情况，尽量做到心中有数，其次要对自己有一个客观、公正的认识。最后要根据用人单位的需求情况，结合自己的特长，列出一份简单的提纲，讲究条理并重点突出地介绍自己，力争给受话人留下深刻印象。另外，还要调整好自己的心态，做好充分的心理准备，努力控制好说话的语音、语调、语速，在短暂的时间里，展现自己积极向上、有理有节的个人良好品质。

电话接通后应有礼貌地询问："请问这是某单位人事处吗？"在得到对方单位的肯定答复后，应作简短的自我介绍，并说明来电意图。求职者一定要言简意赅，并着力表现自身特长，与所求职位相吻合。

(2) 考试录用。笔试是常用的考核方法，笔试限于专业技术要求很强，对录用人员素质要求很高的单位，如一些涉外部门或技术要求高的专业公司等。

参加笔试前，应了解笔试的大体内容。一般而言，用人单位的笔试包括以下几个方面的内容：①对于知识面的考核，包括基础知识和专业知识；②智力测试，主要测试受聘者的记忆力、分析观察力、综合归纳能力、思维反应能力；③技能检测，主要是对其处理实际问题的速度与质量的测试，检验其对知识和智力运用的程度和能力。参加笔试要按要求准时到场，不能迟到。卷面要求整洁，字迹工整，给阅卷老师留下良好的印象。考试过程中，绝对不能作弊或搞小动作，对于这一点，用人单位尤其看重。

（3）网上应聘。网上求职首先要准备一份既简明又能吸引用人单位的求职信和简历。求职信的内容包括：求职目标——明确你所向往的职位；个人特点的小结——吸引人来阅读你的简历；表决心——简单有力地显示信心。

在准备求职信时还要注意控制篇幅，要让人事经理无须使用屏幕的滚动条就能读完；排版要工整；要做到既体现个人特点又不过分吹嘘。对于网上求职来讲，简历的准备相对比较简单，在"中华英才网"等人才网站上都提供标准的简历样本。需要注意的是，学历和工作经历要按时间顺序倒着填，也就是把最近的工作经历和学历写在最前面，以便招聘方了解你目前的状况。在填写工作经历时，很多求职者只是简单列出工作单位和职位，没有详细描述工作的具体内容，而招聘方恰恰就是根据你做过什么来评估你的实际工作能力的。除非应聘美工职位，否则不要使用花哨的装饰或字体。

在网上填写简历，要严格按照招聘方的要求填写，要求网上填写的就不要邮寄打印的简历；要求用中文填写的就不要用英文填写；有固定区域填写的就不要另加附件。发送简历是网上求职最关键的一步，如果是你自己在网上通过E-mail发简历，应该以"应聘某某职位"作为邮件标题，把求职信作为邮件的正文，再把简历直接拷贝到邮件正文中，这样既方便对方阅读，又杜绝了附件带电脑病毒的可能性。如果通过人才网站求职，可以直接把填好的简历发送给招聘单位，网站的在线招聘管理系统还能把个人简历以数据库的方式存储起来，根据求职者的要求，供招聘单位检索和筛选。

7.2 面试的仪表礼仪

7.2.1 妆容适度

求职时，妆容应简洁、大方、淡雅、自然，给人庄重感。对刚毕业的大学生而言，充满朝气的青春之美是任何化妆品都无法取代的。当然，如在此基础上适当加以修饰，增加美感也是可取的行为。

女士妆容要有"度"，宜化淡妆，追求一种雅致的感觉，妆不要过分浓烈，化妆过度，效果会适得其反。例如，口红涂得太红，指甲油颜色太刺眼，香水味刺鼻，都会使人反感。女性求职者"浓妆艳抹"去面试不可取，但"素面朝天"容易给考官一种为人不拘小节甚至懒散的印象，也不足取。

男士要剃须，保证面部清爽，鼻毛不可外漏。男女求职者均要注意保持手部卫生，女性尤其不能留长指甲或染指甲。

7.2.2 发式适宜

发式是仪表的重要方面，求职者应保持头发的清洁，并加以修饰，充分显示自己的生机和活力。

男士的头发，前面不可以遮住眉毛，不可过于凌乱，保证头发整洁无头屑。发型要大方又有朝气，不可求新、求怪，更不能染发。

女士要保证头发柔顺，不毛躁，不凌乱，不染夸张的颜色，发式美观大方，不要太过新潮、前卫，如有职业需要，最好将头发束起。

7.2.3 服装得体

服装得体就是服饰要做到简洁、大方、雅致。男士面试以西装、衬衫、皮鞋为主。可以穿着一套深色的西装，颜色不要过于艳丽，以藏青、深蓝、深灰冷色调为主，做工精细、质量考究的套装为佳，过于艳丽的颜色会给人轻浮之感；女士应以得体大方的职业套装和连衣裙为主。如果穿裙子，不可过短，最好也不要太长，太短容易显得轻浮，太长可能会显得邋遢，裙子长短到膝盖上或者膝盖下为最好。女士可以穿着颜色较为鲜艳和款式较为时尚的服装，但不能穿着奇装异服，不能追求所谓的前卫、新潮、另类。

求职者的装束应与自己的个性相符。女性如拥有一张"娃娃脸"，应选择颜色深沉的套装，给人一种稳重的印象；如果相貌老成，应选择色调柔和的套装，显得充满活力，以免给对方造成跟不上时代节拍的感觉。

服装还要与所谋求的职位相适应。在应聘与艺术相关的行业时，如广告设计、室内装饰或化妆品等，服装应尽量穿得时尚而富有创意，以凸显个性；而应聘企业文化比较传统保守的行业，如金融、保险、国际贸易、法律等，应穿着能展示权威和能力的传统且保守的服装，西装与套装是面试的适宜服装。

7.2.4 配饰得当

配饰在人的整体装束中有着重要地位，配饰用得好，似画龙点睛，使人更加潇洒飘逸；反之，如画蛇添足，就会破坏人的整体形象。领带在男性求职者的配饰中占重要位置，因此在选择领带颜色时要考虑与西装颜色搭配，领带的质地、图案也要与西装颜色和个人的身材、体型协调。在鞋袜方面的处理要注意，鞋子一定要干净，若是皮鞋要擦干净、光亮，鞋带要系好。女性的皮鞋注意要款式简单、大方，鞋跟高度在3~5厘米为佳。注意不要穿走路会发出声音的鞋子。袜子颜色最好与上衣颜色协调，不要过于鲜亮，一般以肉色为佳。去面试的时候要多准备一双袜子，以防袜子钩破产生尴尬。

一般除手表外，不要佩戴过多饰品，且不能佩戴过于炫目、过于怪异的首饰。求职者的妆饰应衬托出自身的青春朝气又不至于浮华浅薄。

> **课堂互动**
>
> 以小组为单位，创设情境，模拟进行面试的仪容仪表装扮练习，小组之间进行相互点评。

7.3 面试过程中的礼仪

面试时首先遇到的就是究竟应何时到达面试地点较为恰当。是准时抵达还是提前到达？若是早到又应以几分钟为宜？在等待的时间中应该注意什么？由于目

小案例
面试过程
中的礼仪

前的交通状况不甚良好，令人无法预计准确的车程时间，所以最好提早出门，比原定时间早5~10分钟到达面谈地点，所谓"赶早不赶晚"。早到可先熟悉这家公司附近环境并整理仪容。但如果早到10分钟以上，千万别在接待区走来走去。因为这样会打扰公司上班的职员，有损他人对自己的第一印象，对后面的面试一点好处也没有。所以此时可向别人询问盥洗室，在那里可再一次检查自己的服装仪容。接下来轮到自己上场面试时，须掌握以下要点。

7.3.1 入座的礼仪

进入考官办公室时，必须先敲门再进入，之后应等主考官示意坐下才可就座。如果有指定座位，则坐上指定的位子；但如果觉得座位不舒适或光线正好直射，可以对主考官说："有较强光线直接照射我的眼睛，令我感觉不舒服，如果主考官不介意，我是否可换个位置？"若无指定位置，可以选择主考官对面的位子坐定，如此方便与主考官面对面交谈。

7.3.2 学会自我介绍

自我介绍是面试实战关键的一步，受"首因效应"的影响，短暂的自我介绍在很大程度上影响求职者在主考人心中的形象。这份介绍将是求职者以前成绩与为人处世的总结，也是接下来面试的基础，招聘者将基于自我介绍和简历进行提问。

求职面试时，个人的学识、能力资历和成绩固然重要，而将这些很好地组织起来，构成扎实而富有新意的介绍词则更为重要。然而缺少这种技巧，在面试中败下阵来的大有人在。恰当的自我介绍，必须掌握以下技巧。

（1）自我介绍要考虑用人单位的需要。招聘者希望从求职者的自我介绍中了解求职者的语言组织能力、口头表达能力，从语音、语气、语调及其他肢体语言中看出求职者的个性、品质、沉稳度、成熟度等，同时还希望从中发现求职者基本材料的真伪。知道招聘者的需要，自我介绍的设计就要求尽可能好地去满足，尤其在内容的安排上，一定要用最精彩的语言，把最有价值的信息传达给招聘者。不要以为自我介绍的设计很容易做，其实很多人做得都不够，大多数人的自我介绍都有较大的改善余地。

用人单位都有自己选择录用人才的基本评价标准，这个标准就决定着每个应试者的命运。例如，大多数用人单位注重考察求职者专业是否对口，现已拥有的专业知识、专业技术能力等，以便一经录用立即上岗，很快产生效益。也有一些公司对求职者"专业不限"，注重其有无发展潜力。自我介绍一定要针对用人单位所需介绍自己，否则说得越多越适得其反。

（2）自我介绍要突出自己的优势。自我介绍时一定要突出自己的优势，即根据应聘职位的需要，谈自己适应招聘要求的最突出之处，并要有相当的可信度。特别是在突出优势时最好能通过实例加以佐证。其实，要在短短的几分钟内详细介绍自己的所有情况是很困难的，也是不必要的。事先准备时应该对先介绍什么、后介绍什么；哪些重点介绍，哪些简略介绍；介绍中强化什么弱化什么，都要有通盘考虑。否则，就会出现优势不突出、详略不分明、不知所云的现象。一般来说，对姓名、年龄、专业、学习、工作经历、毕业学校等可先作介绍，而且简要介绍，不必展开发挥。而对自己的专长兴趣、能力、获奖等情况则应详细介绍，因为这是闪光点和优势，与求职成功有密切联系。为加深主考人员的印象和信任，还应举出具体的典型事例，甚至当场提供证书和实物来加以说明和验证。如果主考人员已看过你的自荐材料，那些已在材料中反映得很清楚的一般性内容可以不再重述，应重点介绍自己的特长、优势，以及材料中未作介绍而主考单位又很看重的内容。如果事先未送自荐材料，此时可当场及时送上一份，请主考人员边看边听，以加深印象。

自我介绍是一扇窗户，能使用人单位透过它了解到求职者的部分情况，也能激起用人单位与求职者进一步接触的浓厚兴趣。所以，自我介绍要充分展示你的专业特长和优势，而且要说得充实，有内容，有个性。但介绍要注意留有余地。一般不宜用表示极端的词来夸耀自己的成绩和长处，不宜将自己说成事事皆能的人，以免使自己进退维谷。例如，求职者介绍说："我非常熟悉这项业务！"主考人员用为难的口气问："这项业务的最新发展动向是什么？"或"那么请你谈谈对××问题可以采用哪些有效措施？"社会情况往往是非常具体而复杂的，尤其是对涉世不深又缺乏实践工作经验的学子来说，更是难以把握，因而要尽量避免使主考人员为难自己。另外，还要尽量避免说那些对择业不利的情况。

（3）自我介绍要条理清楚。自我介绍要用简练的语言将求职愿望以及个人特点、优势表达出来，切忌华而不实、杂乱无章。因为招聘者不会把很多时间浪费在听冗长的介绍上。自我介绍不是你显示文学才华的地方，最好用平实、稳重的语气来说。有些大学生想卖弄文采，结果弄巧成拙，使人反感。因此，自我介绍应开门见山，简明扼要，突出重点。自我介绍不在于长，而在于精，精在内容集中明确、条理清晰、篇幅短小、可信度强。

自我介绍的一般顺序是：第一是基本情况（姓名、专业、学历等，简要说明）；第二是为何选择此专业或为何应聘该职位（言简意赅）；第三是认为自己能够胜任这一职位的理由，如学识、经验、成就、爱好等（重点阐述，有理有据）；第四是表达任职后的想法或决心，也可再一次表达自己想得到这份工作的愿望等（简短有力）。重点阐述中铺排内容的次序也极重要，是否能紧紧抓住招聘者的注意力，全在于编排重要内容的次序和方式。所以，排在头位的，应是你最想他记住的事；而这些事情，一般都是你最得意之处。与此同时，可呈上一些有关的证明材料以增加印象分。

小案例
自我介绍两个案例及评析

7.3.3 交谈的礼节

交谈是求职面试的核心。面试是与面试官交谈和回答问题的过程，在这个过程中要根据自我介绍和交谈内容控制音量的大小、语速的快慢、语调的委婉或坚定，声音的和缓或急促，在抑扬顿挫之中表现出你的坚定和自信。如果装腔作势，会给人一种华而不实，在演戏的感觉。

交谈时要口齿清晰、发音正确，尽量使用普通话。讲话要言简意赅，通俗易懂。不要为了显示自己而只顾使用华丽、奇特的辞藻，这样会很难顾及语言的逻辑和通顺，反而使人感到你用词不当、逻辑思维能力差。此外，急于显示自己的妙语惊人，往往会忽略自己的语言锋芒毕露而显得有些张狂。

小贴士
面试时不可乱说话

交谈过程中要注意掌握和控制语速、语调。一般情况下，语速掌握在每分钟120个字左右为宜，要注意语句间的停顿，不要滔滔不绝，让人应接不暇。语调是表达人们真情实感的重要元素，要通过语调表现出你的坚定、自信和放松。

交谈中还要注意谈话礼貌，不要打断对方的讲话，要集中注意力认真"倾听"对方的讲话。听清和正确理解对方的一字一句，不但要听出其"话中话"，而且要听出其"弦外之音",这样才能做出敏捷的反应。回答问题是面试交谈的重要方面,得体地回答面试官提出的问题是面试取得成功的关键,面试者要对面试官可能提到的问题有充分的准备。

小贴士
关于薪酬问题应答

7.3.4 拥有职业化举止

一家医疗机构为了选拔护士长进行了一次面试。一位应试者在笔试中是佼佼者,但在面试过程中,她不但拍桌子,脚不断地敲打地板,身体还时不时地扭动。她认为自己很有希望,但结果却落选了。她为什么会落选呢?原因就是她缺乏职业化的举止。

许多面试者往往只注重衣着和话语,而忽略了胜过有声语言的形体语言。职业化的举止,就是一种无声却胜过有声的形体语言。形体语言是指人的动作和举止,包括姿态、体态、手势和表情。

在面试中,面试者应该特别注意自己的站姿、坐姿、走姿、握手和表情等。站姿给人的印象非常重要。人们往往认为其简单而忽略它的重要性。站立应当身体挺直、舒展、收腹,眼睛平视前方,手臂自然下垂。这样的站姿给人一种端正、庄重、稳定、朝气蓬勃的感觉。如果站立时歪头、扭腰、斜伸着腿,会给人留下轻浮、没有教养的印象。

面试时的坐姿,不要贪图舒服。许多人养成了瘫坐的习惯,在面试中一下子就表现出来了。正确的坐姿从入座开始,入座的动作要轻而缓,不要随意拖拉椅子,身体不要前后左右晃动,背部要与椅背平行,沉着地静地坐下。落座后,上身要保持直立状态,既不前倾,也不后仰。双手自然下垂,肩部放松,五指并拢。男女的坐姿还有一定的区别:男士可以微分双脚,这样给人以自信、豁达的感觉,双手可以随意放置;女士一般要并拢双膝,或者小腿交叉端坐,这样,给人端庄、矜持的感觉,双手一般要放在膝盖上。

以下这些做法是应该避免的。
- 拖拉椅子,发出很大的声音。
- 一屁股坐在椅子上。
- 坐在椅子上,耷拉着肩膀,含胸驼背,给人萎靡不振的感觉。
- 半躺半坐,男士跷着二郎腿,女士双膝分开、叉开腿等,给人放肆和缺乏教养的感觉。
- 坐在椅子上,脚或者腿自觉不自觉地颤动或晃动。

面试时重要的是自信。这种自信可以通过你的走姿表现出来。现在,越来越多的公司强烈地意识到走姿的重要性。自信的走姿应该是,身体重心稍微前倾,挺胸收腹,上身保持正直,双手自然前后摆动,脚步要轻而稳,两眼平视前方。步伐要稳健,步履自然,有节奏感。需要注意的是,如果同行的有公司的职员或接待小姐,你不要走在他们前面,应该走在他们的斜后方,距离一米左右。

小案例
手插裤兜,帅小伙与名校失之交臂

每个人都会有一些属于自己的习惯动作,比如说,挠头、揉眼睛、玩手指、双手交叉在胸前等,在面试时,这些动作会分散人的注意力,给面试考官留下不好的印象。

中国有句古话"此时无声胜有声"。用你无声的、职业化的举止,向招聘者表明"我是最适合的人选"。

7.3.5 面试需留意的其他细节

正在面试时,千万不要出现不礼貌的行为,因为一些小动作也会被主考官列作评判内容。以下举例说明需留意的细节。

(1) 不嚼口香糖、不抽烟,尤其现在提倡禁烟,更不要在面试现场抽烟。与人谈话时,口中吃东西、叼着烟都会给人不庄重的感觉,也显得不尊重对方。

(2) 不可要求茶点,除非是咳嗽或需要一杯水来镇定自己。

(3) 不要随便动办公室的东西。

(4) 不要谈论个人故事而独占谈话时间。

自己随身携带的物品,不可放置在面试考官的办公桌上。可将公文包、大型皮包放置于座位下右脚的旁边,小型皮包放置在椅侧或背后,不可挂在椅背上。

离座时记住椅子要还原,并向主考官行礼以示谢意。

在一般面试者看来,主考官向你表示面谈结束,求职面试的全过程就结束了。其实不然,这只是面谈的结束,求职还没有结束。此时此刻,作为求职者的你,万万不可大意,认为大功告成或没有希望了。面谈结束后的礼仪同样对你很重要。也许可以扭转你的不利局面,在困境中重新获得生机。你一定要使求职过程结束得完美。

课堂互动

以小组为单位,创设情境,模拟练习求职面试的礼仪,关注细节。

延伸阅读

请扫描二维码阅读以下内容。

一、面试经典问题解答　　　二、面试后的礼仪

思考练习

1. 请根据两个不同单位的招聘广告,为自己编写两份侧重点不同的简历。

2. 如果用人单位通知你明天去面试,你需要做哪些准备?

3. 小吴在招聘会上,遇到了自己十分中意的公司,就和主管攀谈起来,这位主管对其表现也十分满意,但是当小吴把皱巴巴的简历(这是最后一份了)递上去的时候,这位主管面露不悦的神色。

请问:为什么这位主管面露不悦呢?小吴应该怎样解决面临的问题呢?

4. 要恰当地做自我介绍,应掌握哪些技巧?为什么?

5. 在面试中,如果主考人员问以下问题,你如何回答?

(1) 你找工作考虑的因素中最重要的是什么?你有什么优点?

(2) 你认为你适合什么样的工作?如果本公司不录用你,怎么办?

6. 案例分析:

糟糕的应聘者

以下是某企业人力资源部经理对求职者的忠告。

面试从你接到电话通知的那一刻就已经开始了。也许是等待就业的心情比较迫切吧，我在通知有资格参加下一轮面试的面试者时，一般从电话另一头听到的都是一些浮躁的声音，这里摘录了一些我们的对话，供大家参考。

"喂！"

"喂，您好，请问是×××先生吗？"

"你是谁啊？"（当时，我的心里已经不高兴了，但是不会表露出来）"我是××公司的，请问您参加了我们公司的招聘吗？"

"哪个公司？"（肯定是撒大网了）"我们把您的面试时间安排在了明天的×××，地点在×××。"

"我记一下，你们是什么公司？"（噢，我的天）……

这样我就会把我的看法写在他（她）的简历上，供明天面试的时候参考，影响可想而知。

思考讨论题：

（1）应该怎样接通知你参加面试的电话？

（2）你认为面试是从什么时候开始的？为什么？

诚实赢得好职位

某大公司招聘总经理助理，由总经理亲自面试。应聘者小张来到总经理办公室。总经理一见小张就说："咱们好像在一次研讨会上见过，我还读过你发表的文章，很赞赏你所提出的关于拓展市场的观点。"小张一愣，知道总经理认错人了。但转念一想，既然总经理对那人那么有好感，不如将错就错，对我肯定有好处。于是就接着总经理的话说："对，对。我对那次研讨会也记忆犹新，我提出的观点能对贵公司有帮助，我感到很高兴。"

第二个来应聘的是小高，总经理对他说了同样的话。小高想：真是天助我也，他认错人了。于是说："我对您也非常敬佩，您在那次研讨会上是最受关注的对象。"

第三个来应聘的是小孙。总经理再次说了同样的话。但小孙一听就站起来说："总经理先生，对不起，您认错人了。我从来没有参加过那样的研讨会，也没提出过拓展市场的观点。"总经理一听就笑了，说："小伙子，请坐下。我要招聘的就是你这样的人。你被录用了。"

思考讨论题：

（1）小孙为什么会应聘成功？

（2）求职为什么还要遵循做人诚实的基本道理？

面试得来的经验

用人单位在招聘人员时，除了对学历、年龄、性别有专门规定外，还对应聘者的工作经验做了相应的要求。我在刚刚毕业时对此很不屑，工作经验不就是工作中获得的实践知识吗？课本上枯燥、烦琐、复杂的理论知识都难不倒我，那些所谓的实践知识又会有多难掌握呢？但一次普通的面试却改变了我的看法。

这年5月，我前往一家有名的咨询公司应聘，从招聘信息上得知，该公司的主要业务是为本市和外埠企业联系代理商和经销商，并提供办公场所搜寻、公司注册、办公事务代理和会务组织等服务。这家合资公司面向社会招收业务人员时，对应聘者的实际工作经验没作专门规定。我在大学学的是企业管理，条件与公司的各项要求相符，就顺利通过了初试，对接下来的面试我也很有信心。

按照面试单上的地址，我提前来到了公司所在的富华大厦。大厦门口，两名精干的保安站在这里，立在他们前面的不锈钢牌上写着醒目大字：来客请登记。我问其中的一位保安："1616房间怎么走？"保安抓起了电话，过了一会告诉我："对不起，1616房间没人。"不可能吧，我赶忙解释："今天是A咨询公司面试的日子，我这儿有他们的面试通知。"

那位保安看后又拨了几次电话，然后告诉我："对不起，1616没人，我不能让你上去，这是大厦内部的规定"，"我真的是来面试的，公司面试单上写的就是今天。"

"那我再帮你试试看。"时间一秒一秒地过去了，我心里虽然着急，却也只有耐心等待，同时祈祷那该死的电话能够接通。

9点10分，已经超过约定时间10分钟了，保安又一次礼貌地告诉我电话没通。不可能，难道是我记错了？我再次翻开面试单，用磁卡电话拨通了那个印得不起眼的电话号码……电话那头终于传来了久违的声音，对方请我速上16楼1616房，因为内线电话有误，他们还应我的要求告知了保安。

等我忐忑不安地推开经理室，已远远超过了面试的时间。"年轻人，你迟到了15分钟。""但我真的很想加入你的公司，我相信我能够胜任相应的工作。"

"很好，我公司就需要有韧劲的业务人员，为达到目的，百折不回。刚才保安接不通电话，实际上就是我们面试的一部分，以考验你的应变能力，你完成得不错。不过面试还没有结束，我公司准备购置一批电脑，请你到大厦旁边的电脑市场了解一下最新的电脑行情。"

一刻钟后，我将从电脑市场要来的几份价目表交给了经理。"这是零售价，如果批发15台，价格是多少呢？"又过了一刻钟，等我把从销售商那里问到的电脑批发价格告诉经理后，他又问我：电脑的UPS电源怎么卖？另外，打印机、电脑桌有没有优惠？

"那我再去电脑城了解一下。"看到我疲于应付的样子，经理叫住了我，并让秘书递给我一杯茶。"你在面试的第一阶段做得不错，有闯劲，能够突破常规，遇事多想一步。但从后面完成市场调查的任务来看，还显稚嫩。"

"我们做业务必须有良好的观察和思考能力，想法要多、要深、能够快人一步。业务人员不仅要善于动手，还要善于动脑，如果不能做到这一点，就不可能为客户提供有效的信息与咨询服务，为采购商提供质优、价廉、物美的产品，反而会造成人力、物力、财力的浪费。"求职以失败告终，但我将那次宝贵的经验记在日记本上：工作中要注意锻炼自己的领悟力和洞察力，独立思考、多谋善断，凡事比别人多想几步，才能真正取得成功。

在以后的工作中，我及时调整了自己的思维方式，努力提高自己的应变能力和处理问题的水平。我告诫自己：不要一味地苦干蛮干，只埋头拉车而不抬头看路，否则就是原地踏步，明天重复昨天和今天的错误。最近一次同学聚会上，我把同样的话告诉了大家。这时的我，已是一个国际知名品牌的地区代理商了。

思考讨论题：

（1）请仔细阅读这一案例，然后谈谈感受。

（2）你认为企业招聘时最看重求职者的什么素质？

学习情境8
组织会议

> 礼仪的目的与作用在于使得本来的顽固变柔顺，使人们气质变温和，使他敬重别人，和别人合得来。
>
> ——〔英〕洛克

情境导入

嘉宾们即将到来

海达公司的新产品发布会即将开始，总经理秘书小叶正站在会议大厅的入口处，她一边做着最后的检查，一边等着嘉宾们的到来。她检查主席台上放置的名签时，发现有问题，一位嘉宾因故不能前来，名签却没有撤掉，而另一位嘉宾刚才来电话说要来参加新产品发布会，名签却没有准备。这时她的手机又响了，原来是接电视台记者的汽车在路上抛锚了，重新派车已经来不及了。同时，会议秘书组的人员来报，宣传材料不够。此时嘉宾已经陆续到来。

任务分析

会议是指三人以上参加、聚集在一起讨论和解决问题的一种社会活动形式。人们通过会议交流信息、集思广益、研究问题、决定对策、协调关系、传达知识、布置工作、表彰先进、鼓舞士气等。随着社会的发展，人们已经难以想象"没有任何会议"的情形，而会务礼仪正是适应会议工作内容的需要而产生的。

本任务"情境导入"中的案例说明开好一次会议绝非易事，如何有条不紊地做好各项会务工作是每个服务行业从业人员必须面对而又必须做好的事情。

实训项目

项目名称：举行外经贸会议。

实训目的：熟悉会议的流程，能够按照礼仪规范组织会议，会场服务符合规范。

实训学时：2学时。

实训地点：标准会议室。

实训准备：设置好签到台，设定上级领导或院方领导、来宾若干人；安排签到人员、礼仪服务行业从业人员、会议记录员等若干人。

实训步骤：全班学生分成两组，以小组为单位进行。步骤如下。

(1) 会前布置。签到表、座位牌的制作；签到台、座位牌的放置；会场环境布置等。

(2) 签到、引导会议座次。确定签到人员、礼仪服务人员。签到人员演示准确地引导签到和会议座次，要求语言表达符合礼仪规范；与会人员进入会场在引导下签到、就座。

(3) 统计到会人数。签到人员统计到会人数，并报告主席。

(4) 会议组织控制。会议主持人确定，表演要求语言表达流畅、应变协调等；小组发言人角色扮演；自由发言。

(5) 会务服务与材料整理。资料发放规范训练：方位、顺序、姿势、用语等；茶水服务、礼仪训练；会议记录：除会务服务组人员和主持人外，原则上每位学生均作记录；摄影等。

(6) 实训考核。包括学生结果性材料与成绩考核：交会议签到表一份，占30%；会议人数统计表一份，占10%；交会议记录一份，占10%；过程表现，占50%。

知识链接

8.1 商务会议的礼仪

商务会议是商务活动中最重要、最频繁的内容之一。筹办、主持或者参加一次有效的商务会议，遵守商务会议的礼仪规范，对于商务人员来说是十分重要的。在筹办会议时，各方面都要考虑周全。主持会议要体现出会议主持人员对整个会议良好的控制能力；出席会议时，仪态、精神都要与会议的内容、主题吻合。一个重要会议的举行往往是商务人员才华显现的机会，又是其礼仪修养和礼仪业务水平表演的舞台，所以应特别留心。

8.1.1 商务会议的安排

(1) 会场选择。大型会议的会场选择与会议主题的深化有密切关系，对与会者参会的情绪也有很大影响。举办会议首先要选准会场会址。要考虑交通便利、设施齐全、环境安静、停车方便、大小适中、费用合理等因素，使与会者能够方便地到会，安心地开会。

微课
商务会议的安排

(2) 会场布置。对于一般的小型会议，会议室只要清洁、明亮，有足够的桌椅让与会者方便地看文件、做记录、讨论发言就可以了。而大型会议的会场准备则比较复杂，需要体现会议的主题，应注意会场内座位的布局、主席台的布置及其他为渲染和烘托气氛所作的装饰等，一定要讲究科学性、合理性和艺术性。

①会标。会标即会议全称的标题化。应将会议全称用大字书写后挂在主席台的正上方，一般用红底白字，也可以用红底金字。这是会议礼仪十分重要、点睛的一点。它能增强会议的庄重性，揭示会议的主题与性质，使与会者一进会场就被会标引导，容易进入会议状态。

②会徽。会徽是体现或象征会议精神的图案性标志。要选择具有强烈感染和激励作用的图案，重大会议的会徽可向社会征集，也可在单位组织内部征集。会徽图案要简练、易懂、寓意丰富。

③标语。标语当然是会议主题的体现，会场上的气氛往往就是被恰到好处的标语、旗帜等渲染起来的。标语在准备会议文件时就应拟就并报请领导批准。会议标语要集中体现会议精神，使其简洁、上口、易记，具有宣传性和号召力。

④旗帜。会议的旗帜包括主席台上悬挂的旗帜和会场内外悬挂的旗帜。主席台上的旗帜应挂在会徽两边,显得庄严隆重;主席台的两侧插上对应的红旗或彩旗,可增添喜庆气氛。而会场门口和与会者入场的路旁插上红旗或彩旗,使会议的热烈气氛洋溢在会场内外,以衬托会议的隆重。

⑤花卉。花卉是礼仪不可缺少的重要道具,在会场上,花卉还能起到解除与会者疲劳的作用。选用花卉应突出中华民族的文化特色,以梅花、牡丹、菊花、兰花、月季、杜鹃、山茶、荷花、桂花、水仙等十大名花为代表的中国原产花卉,早已被赋予浓重的文化色彩,以这些花为主构成的花卉艺术品如插花、盆景等都能以无声的语言向人们传播中华民族的文化,表现民族精神。因此,越是重大的会议,越应选取有代表性的中国原产花卉作为摆放的主体花卉,并将中国传统艺术花卉的插放造型作为会议花卉的礼仪形式。

⑥灯光。会议场所的灯光应该明亮、柔和,既给人适宜的照明,也可减缓因会议时间过长而带来身体或精神上的疲劳。大型会议的会场灯光应多设计几套,以便于会议颁奖、照相、演出等多种需要。

⑦座位。会场内座位的布局要根据会议的不同规模、主题,选择合适的摆放形式。"而"字形的布局格式比较正规,有一个绝对的中心,因此容易形成严肃的会议气氛,如图8-1所示。一些小型的、日常的办公会议及座谈会等通常在会议室、会议厅进行,可以根据需要将座位摆放成椭圆形、"T"字形、长方形和马蹄形等,这些形式可以使参加会议的人坐得比较紧凑,彼此面对面,容易消除拘束感,如图8-2所示。座谈会、小型茶话会、联谊会等多选择六角形、八角形或者半圆形等布局形式。

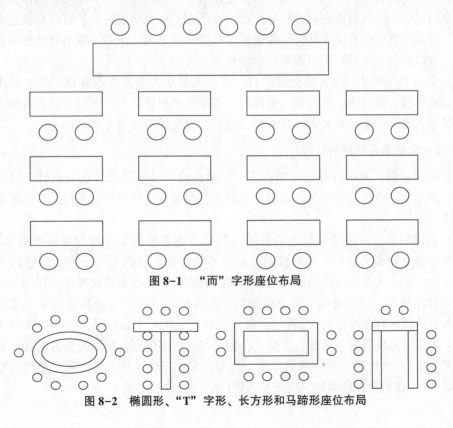

图8-1 "而"字形座位布局

图8-2 椭圆形、"T"字形、长方形和马蹄形座位布局

（3）主席台布置。主席台是会议的中心，也是会场礼仪的主要表现位置。主席台布置应与整个会场布置相协调，并作强调突出。

①座位。主席台座位要满座安排，不可空缺。倘若原定出席的人因故不能来，要撤掉座位，而不能在台上留空。主席台座位若有多排，则以第一排为尊贵。第一排的座位以中间为贵，依我国传统一般由中间按左高右低顺序往两边排开，即第二领导坐在最高领导左侧，第三领导坐在最高领导右侧，以此类推。如果人数正好成双，则最高领导在中间左侧，第二领导在中间右侧，以此类推。但目前国际上流行右高左低，因此安排涉外会议时，也要灵活遵守有关规矩。时下一般处理方式为：开会以左为尊，宴请以右为尊。每个座位的桌前左侧要安放好姓名牌，既方便入座，也便于台下与会者和新闻采访人员辨认熟悉有关人士。主席台座位不要排得太挤，桌上也不要摆放鲜花之类，以免阻碍视线，但要便于主席团成员打开文件、做记录、翻阅讲话稿，并放置笔、茶水、眼镜等物。

②讲台。主席台的讲台应设于主席台前排右侧台口，讲台不能放在台中央，使主席团成员视线受妨碍。讲台上主要放话筒，也可适当摆放一盆平铺的鲜花。讲台桌面要便于发言者打开讲话稿或摆放相关材料。整个主席台的台口可摆放一圈花盆，要选择低矮些的绿色植物。

③话筒。发言席和主席台前排座位应设有话筒，以便于发言者演讲和会议主持人或领导讲话。一般发言席和主持人话筒专用，其他主席台前排就座者合用两三个话筒，并且一般置放于主要领导面前。

④后台。一般在主席台的台侧与后台，主席台应设有就座领导和与会者的休息室，以便于安排他们候会，并尽可能在后台排好上台入座次序，以免造成混乱。有时会议会发生一些小意外，后台还可以供有关人员作商量对策、排除困难之用。主席团成员开会也可利用后台休息室。所以，秘书人员切不可忽视后台的作用。

（4）会议其他用品。为方便会议进行，秘书人员应为会议准备各种工作文具用品，如纸、笔、投影仪、指示棒、黑白板、复印机、数据库和投票箱等。不同会议有各种不同的需求，满足与会者的需求是有关人员在安排会议、布置会场时必须考虑的。

8.1.2　会议准备阶段的礼仪

（1）时间选择。开会时间选择要合适。大型会议尽可能避开公众节假日。同时注意会期不能安排太长，否则会影响与会者的日常工作，当某些紧急事件发生时，可以取消或延期举行会议。

（2）邀请对象。对出席会议的对象的选择要考虑各种因素，与会者既要有参会资格，又要有参与能力和水平修养。如果被邀与会者不能完成会议的有关任务，会感到痛苦或尴尬，使与会成了一次不愉快的经历，对会议组织者来说，这也是礼仪考虑不周的表现。

（3）详尽通知。会议通知的发送要做到：发得早（既便于与会者安排手头工作，又便于与会者为会议内容做准备）；内容细（会议名称、届次、主要议题议程、出席范围、与会者应递交什么材料或做哪些准备，会期、会址等都应详细告知，便于与会者有备而来，从而提高会议效率）；交代明（食宿如何安排、费用多少、交通线路怎样，都要交代清楚，以免造成麻烦）。对特邀贵宾的通知，应派专人登门呈送，以示郑重。

8.1.3 会议召开阶段的礼仪

（1）接站。一般会议都规定了报到日期。在报到日期应安排好接站。在车站、码头、机场等主要交通站点，用醒目的牌子标明"××会议接站"，使与会者一下交通工具就看见接站牌而安心。对所接到的与会者要表示欢迎，并慰问其旅途劳顿。

（2）登记。对到达报到地点的与会者，首先要做好签到、登记、收费、预订返程票、发放会议资料、发放会议身份证件等工作。这一过程应尽量在登记处解决，并应迅速办理，让与会者早点到客房休息。登记时，对与会者的合理要求应尽量予以满足。大型会议的东道主应在会议召开前一天晚上，到会议各住宿地看望与会者，尤其是特邀贵宾和与会领导。

（3）联络。会议进行期间要注意与各小组联络，不要使任何一位与会者感到被冷落。会议简报要对各小组相对均衡报道，不要只将视点聚焦于有大人物、有热点的小组，使其他小组产生不愉快的心绪。

（4）安全。要确保每一个与会者的安全，包括其人身安全、财物安全及食品安全。涉密会议还必须强调文件安全。秘书人员要尊重每一个与会者，但涉及机密时，必须按章办事。

（5）娱乐。若会期较长，在会议期间可安排一些影视节目和文艺演出，以调剂精神。也应鼓励与会者主动参与文体活动。可组织一些自娱自乐的卡拉OK演唱或球类、棋牌活动等，活跃会议气氛，调节与会者情绪。还可适当组织与会者参观游览，使会议节奏张弛得当。

8.1.4 会议结束阶段的礼仪

（1）照相。如果会议有照相环节应早作安排，免得个别与会者提前离开而不能参与。早安排也可使与会者在离会前拿到照片。

（2）材料。发给与会者的材料要有口袋，以便于集中携带。如需要收回的材料要早打招呼，发现有人未交，应尽早查问。不一致的意见不要写到会议的决议或纪要中去。要乐于为与会者提供复印材料、邮寄材料或其他物品等有关服务。

（3）送客。将与会者所订票据交给其本人时，要仔细核对车次、航班或船期，并仔细向与会者交代。若有不对或不周之处，应主动承担责任。如果有人需要照顾而影响到了其他人，应向其他人解释，以争取大家谅解。在每一个与会者离开时，都要热情相送，对集中离开的与会者，要尽可能准备车辆送他们去车站、机场或码头，对贵宾则必须送至机场登机处。

8.2 其他常见会议礼仪

8.2.1 展览会礼仪

组织通过举办展览会，运用真实可见的产品和热情周到的服务，全面透彻的资料、图片介绍和技术人员的现场操作，吸引大量的参观者，使其留下深刻的印象。它是组织重要的公共关系活动之一。举办展览会应做好以下细致全面的工作。

（1）展览会的组织。
①明确展览会的主题。每一次、每一种类型的展览会都应有明确的主题和目的。只有主

题明确，才能提纲挈领，对所有的展品进行有机的排列组合，充分展示展品的风采。否则主题不明，眉毛胡子一把抓，很难把展品、各类资料有机地结合起来，势必影响展览效果。

②搞好展览整体设计。任何一项展览都是一项系统工程，要求必须有一个详细的整体设计。包括：展览场地、标语口号、展览徽章、参展单位及项目、辅助设备、相关服务部门的设置和人员安排、信息的发布与新闻界的联络、对工作人员的培训等，都需要全面设计，周密安排。在任何一个环节上安排不当都会影响整个展览的效果。

③成立对外新闻发布机构。专门机构负责与新闻界进行密切的联系，展览过程中往往会发生许多有新闻价值的事情，这就需要有关人员以敏锐的观察力去挖掘、去分析并写成各种新闻稿件发表，以扩大影响，同时，要组成专门的机构，专门负责新闻发布的计划，如确定发布内容、发布时机、发布形式等，这样效果会更好些。

小贴士
小展位引人注目的八个技巧

④进行展览的效果测定。展览的效果一般体现在观众对展品的反映，对组织形象的认识及对整个展览会从内容到形式的总体看法等方面。为了检验举办各类展览活动的目的是否达到，必须对展览效果进行检测。测定的方法很多，如设立观众留言簿、召开座谈会听取反映、检验公众对展品的留意程度等。

（2）展览会的礼仪。展览会的工作人员应当具备良好的素质，明确办展览的目的和主题，了解展览的知识和技能，具备与展览产品有关的专业素质，还要懂得礼仪，从各自不同的角度影响公众，使公众满意。

①主持人礼仪。主持人是一个展览会的操纵者，应该表现出决定性人物的权威性。在着装上，要穿西服套装、系领带，拿一个真皮公文包，显示出气派的样子，由此使公众也对其主持的展览会和产品产生信赖感。主持人的形象就是组织实力的一种体现。与宾客握手时，主持人应先伸出手去，等宾客先放手后再放手。

②讲解员礼仪。讲解员应热情礼貌地称呼公众，讲解流畅，不用冷僻字，让公众听懂。介绍的内容要实事求是，不弄虚作假，不愚弄听众。语调清晰流畅，声音响亮悦耳，语速适中。解说完毕，应对听众表示谢意。讲解员着装要整洁大方，打扮自然得体，不要怪异和过于新奇而喧宾夺主。要举止庄重，动作大方。

③接待员礼仪。接待员站着迎接参观者时，双脚略开，与肩同宽，双手自然下垂或在身后交叉，这种站姿不仅大方而且有力。站立时切勿双脚不停地移动，表现出内心的不安稳、不耐烦，也不要一脚交叉于另一只脚前，因为这是不友善的表示。接待人员不可随心所欲地趴在展台上或跷着"二郎腿"，嚼着口香糖，充当守摊者。随时与参观者保持目光接触，目光要坚定，不可游移不定，也不可眼看别处，要表示接待员的坦诚和自信。

8.2.2 赞助会礼仪

赞助是指组织对某一社会事业、事件无偿地给予捐赠和资助，从而扩大组织的知名度与美誉度，树立美好形象的活动。赞助会是某项赞助举行时采用的具体形式。赞助活动实施之际，往往需要举行一次聚会，将有关的事宜公告于社会。这种以赞助为主题的赞助会，在赞助活动中，尤其是大型赞助中，大多必不可少。赞助会一般由受赞助者操办，也可由赞助者操办。

（1）场地的布置。赞助会的举行地点，一般可选择受赞助者所在单位的会议厅，也可租用社会上的会议厅。会议厅要大小适宜，干净整洁。会议厅内，灯光亮度适宜。在主席台的正上方，需悬挂一条大红横幅，在其上面，应以金色或黑色的楷书书写"××单位赞助××项目大会"，或者"××赞助仪式"的字样。赞助会会场的布置不可过度豪华张扬，略加装饰即可。

（2）人员的选择。参加赞助会的人员既要有充分的代表性，又不必在数量上过多。除了赞助单位、受赞助者双方的主要负责人及员工代表之外，赞助会应当重点邀请政府代表、社区代表、群众代表及新闻界人士参加。所有参加赞助会的人士，与会时都要身着正装，注意仪表，个人动作举止规范，与赞助会庄严神圣的整体风格相协调。

（3）会议的议程。赞助会的具体会议议程应该周密、紧凑，其全部时间不应超过一小时。会议的议程如下。

①宣布会议开始。赞助会的主持人，一般应由受赞助单位的负责人或公关人员担任。在宣布正式开会之前，主持人应恭请全体与会者各就各位，保持肃静，并且邀请贵宾到主席台上就座。

②奏国歌。此前，全体与会者须一致起立。在奏国歌之后，还可奏本单位自己的标志性歌曲。

③赞助单位正式实施赞助。赞助单位代表首先出场，口头上宣布其赞助的具体方式或具体数额。随后，受赞助单位的代表上场。双方热情握手。接下来，由赞助单位代表正式将标有一定金额的巨型支票或实物清单双手捧交给受赞助单位代表。必要时礼仪小姐要为双方提供帮助。在以上过程中，全体与会者应热烈鼓掌。

④双方代表分别发言。首先由赞助单位代表发言，其发言内容，重在阐述赞助的目的与动机。与此同时，还可将本单位的简况略作介绍。然后由受赞助单位代表发言，集中表达对赞助单位的感谢。

⑤来宾代表发言。根据惯例可以邀请政府有关部门的负责人讲话。其讲话主要肯定赞助单位的义举，呼吁全社会积极倡导这种互助友爱的美德。该项议程，有时也可略去。至此赞助会结束。

会后，双方主要代表及会议的主要来宾，应合影留念。此后，宾主双方稍事晤谈，来宾即应告辞。

8.2.3 联欢会礼仪

联欢会是一个宽泛的概念，它包括各种组织举办的节日联欢会（如新年联欢会、春节联欢会），各种文艺晚会（如歌舞晚会、电影晚会、戏曲晚会、相声小品晚会），游艺晚会等。联欢会对于提高组织凝聚力、向心力，活跃员工的文化生活，加强与外部公众的文化沟通，提高组织形象都起着积极的作用。联欢会重在娱乐，但也不可忽视其礼仪，否则会事倍功半。

（1）联欢会的准备。

①确定主题。为了使联欢会起到"教人"和"娱人"的双重作用，要精心确定联欢会的主题，使其有明确的指导思想和预期的目标。在此基础上选择联欢会的形式，适宜的形式对联欢会的成功意义重大，联欢会的形式可以不拘一格，可以不断创新。

②确定时间、场地。联欢会的时间一般应选在晚上，有时也可根据情况选择在白天。其会议长度一般在两小时左右为宜。联欢会的场地选择非常重要，最好选择宽敞、明亮，有舞

台、灯光、音响的场地。场地应加以布置，给人以温馨、和谐、喜庆、热烈之感。联欢会的座次要事先安排好，一般应将领导安置在醒目位置，其他公众最好穿插安排，以便于交流沟通。

③选定节目。要从主题出发来选定节目，尤其是开场和结尾的节目一定要精彩、有吸引力。节目应多种多样，健康而生动，各种形式穿插安排，不可头重尾轻，更不可千篇一律。正式的联欢会上，要把选定的节目整理编印成节目单，开会时发给观众，为观众提供方便。

④确定主持人。主持人是联欢会的关键人物，应选择仪表端庄，表达能力强，有一定的组织能力、应变能力，熟悉各项事务的人担当主持人。一场联欢会的主持人最好不少于两人（通常为一男一女）。主持人也不可过多，以免给人以凌乱无序之感。

⑤彩排。正式的联欢会一定要事先进行彩排。这样有助于控制时间、堵住漏洞、增强演职人员的信心。非正式的联欢会也要对具体事宜逐项落实，做到万无一失。

(2) 观众的礼仪规范。观众在参加联欢会，观看演出时应严守礼仪规范，这主要包括以下方面。

①提前入场。在一般情况下，在演出正式开始之前一刻钟左右，观众即应进入演出现场，注意不要迟到。入场后要对号入座，在自己的座位上就座时，要悄无声息，坐姿优雅。切勿将座椅弄得直响，或坐姿不端。

②专心观看。参加联欢会观看节目时要专心致志，全神贯注。不能交头接耳，窃窃私语；不能进行通信联络，要自觉关闭手机等移动通信设备，或处于"静音"状态；不要吃东西，不要吸烟，更不能随意走动或大声讲话、起哄等。总之要自觉维护全场的秩序，保持安静，使联欢会顺利进行。

③适时鼓掌。当主要领导、嘉宾入场或退场时，全场应有礼貌地鼓掌。演出至精彩处也应即兴鼓掌，但时间不宜太长，演出结束时可鼓掌以示感谢。对可能表演不佳的演员，要予以谅解，不要鼓倒掌，更不能吹口哨、扔东西等，因为这些做法是非常没有修养的表现。演出结束，全体演员登台谢幕时，观众应起立鼓掌，再次感谢演员的表演，不能熟视无睹，扬长而去。

8.2.4 茶话会礼仪

茶话会是我国传统的聚会方式。非正式的茶话会，一般是民间自发组织或形成的，如一伙熟人聚在一起聊天，这家主人自然会给每位客人敬上一杯茶，大家边喝边说，热热闹闹，十分惬意。谈话一般也没有固定的议题。现在很多的组织也经常利用这一形式进行日常的沟通，所以熟悉茶话会的礼仪是必要的。

(1) 茶话会的准备。正式的茶话会一般有主办单位或主办人，事先要发通知或请柬给被邀请人，其举办地是在会议厅、客厅或花园里。正式茶话会除了备有足够茶水之外，一般还备有水果、糕点、瓜子、糖果等。召开茶话会多在节日，如五一劳动节、五四青年节、中秋节、国庆节、元旦节等，借节日之题而发挥，一般也是采用漫谈形式，无中心议题。在正式茶话会上的中心议题可以是祝贺、发感慨、谈感想、作总结、提建议、谈远景，也可以吟诗唱赋，畅叙友谊，无固定格式，气氛也比较活跃、轻松、自由。

举办茶话会时，除了准备好茶叶之外，还应该注意要擦净茶具。茶具一般以泥制茶具和瓷制茶具为最佳，其次是玻璃茶具和搪瓷茶具。在我国，泡茶一般不加其他东西，但某些民族和有些国家喜欢在泡茶时加上牛奶、白糖、柠檬片等。有的茶话会还准备咖啡等饮料。

正式茶话会有主办人和领导。主办人要负责迎送来宾和招呼，主持会议；有关领导也常常以一个普通与会者的身份发言。茶话会不排座次，宾主可以随意交谈。正式茶话会简便易行，在服饰上也没有什么严格规定或特殊要求。

(2) 茶话会的举行。茶话会开始时，一般由主办人致辞，讲话时应开宗明义地说明茶话会宗旨，还要介绍与会单位代表或个人，为交流和谈话创造适宜的气氛。

茶话会主持人要随时注意来宾在茶话会上的反应，随时把话题引导到大家都感兴趣的或轻松愉快的话题上来。参加茶话会的每一个人都有义务维护茶话会的气氛，不使茶话会冷场，也不可使秩序太乱。

有人讲话时，要专心致志地倾听，不要随意打断他人的话，也不可表现出烦躁、心不在焉，更不要妄加评论他人的话。自己发言的时候，用词、语气、态度要表现出文明礼貌修养，神态要自然有神，仪态要端庄大方。样子过分拘谨或做作会使人不快。发言时口里应停止咀嚼食物，更要防止嘴角上留有残渣来发言。

自由交谈时不要独坐一隅，纹丝不动，而应与左右交谈，尽快找到共同的话题，打破僵局，融洽气氛。

幽默风趣的语言在茶话会上是受欢迎的，但要避免开玩笑，伤害他人自尊；行为举止也不能无所约束。不要随便走动，推推搡搡。

茶话会结束时，来宾应向主人道别，也要和新朋友、老相识辞行。不要中途退场或不辞而别。

茶话会应讲究实效，时间不宜过长，以 1~2 小时为宜。

茶话会不带任务，但追求气氛与聚会的效果。通过与会者的交谈、畅叙和坐在一起喝茶时共同创造的氛围，来感受他人的思想感情，增进相互间的了解和友谊。

小案例
一家名企的茶话会

8.2.5 座谈会礼仪

邀请有关人员就某一个或某些问题召开会议，收集对某一个问题的反映，就某些方面的问题发表看法，这就是座谈的形式。座谈会要注意以下礼仪：

(1) 发送通知。发送会议通知要及时，至少在开会的前一天发到与会者手中，因为座谈会要求与会者发言，早一天接到通知可以做些准备。会议通知上要写明召开座谈会的时间、详细地点、座谈内容、举办单位名称。如果用电话通知，最好找到参加者本人接电话，表示郑重；如果托人转告，则不要忘了告知座谈会的主题，以免与会者懵懂而去，打无准备的仗，引起尴尬，这对与会者将是失礼的。

(2) 会前礼仪。座谈会座位的安排，一般是与会者围圈而坐，主持人也不例外，以便创造一种平等的气氛。如果参加座谈会的人互相不认识，主持人应该一一进行介绍，或引导他们做自我介绍，以融洽会议气氛。

(3) 会中礼仪。座谈会开始时，主持者应首先讲明会议的主题及被邀请者的类别，为什么邀请在座的与会者来参加座谈会，以便使座谈者了解自己与这个座谈内容的联系，明确自己对座谈会的重要性，更积极主动地进入角色。如果开始有冷场现象，主持者可以引导大家先从比较容易作为话题的外围谈起，然后逐步逼近座谈会主题。采取点名的方法请某人先发言，是不得已而为之的。

座谈会请人来参加，就是希望大家能畅所欲言，知无不言，言无不尽。话不在长短，而在于能包容较大的信息量。讲话的时候也不要求非得一个个轮着来，讲完一个算一个，像完成任务似的，而允许你一言，我一语，鼓励大家插话和讨论。但插话时，切忌不着边际地打"横炮"，也不要用反唇相讥、唯我独尊的方法和态度发言。要多用探讨、商榷的口气，即使有争论，也是冷静的，而不用冲动和粗暴的语言。

（4）结束礼仪。座谈会结束时，主持者应总结归纳大家的发言，并对大家发言提供的信息，参与座谈的态度作出肯定，表示座谈对于某项工作有积极的作用。最后，要向大家表示感谢。

8.2.6 新闻发布会礼仪

发布会一般是指新闻发布会，又称记者招待会。政府、企业、社会团体或个人都可公开举行，邀请各新闻媒介的记者参加。举行发布会要注意以下礼仪。

微课
新闻发布会礼仪

（1）发布会的准备。筹备发布会，要做的准备工作很多，其中最重要的，要做好时机的选择、人员的安排、记者的邀请、会场的布置和材料的准备等工作。

①时机的选择。在确定发布会的时机之前应明确两点。一是确定新闻的价值，即对某一消息，要论证其是否具有专门召集记者前来予以报道的新闻价值，要选择恰当的新闻"由头"。二是确认发表新闻的最佳时机。以企业为例，新产品的开发、经营方针的改变或新举措、企业首脑或高级管理人员的更换、企业的合并、逢重大纪念日、发生重大伤亡事故等事件时，都可以举行发布会。如果基于以上两点，确认要召开新闻发布会，要选择恰当的召开时机：要避开节日与假日，避开本地的重大活动，避开其他单位的发布会，还要避开与新闻界的宣传报道重点相左或撞车。选择恰当的时机是发布会取得成功的保障。

②人员的安排。发布会的人员安排关键是要选好主持人和发言人。发布会的主持人应由主办单位的公关部长、办公室主任或秘书长担任。其基本条件是仪表堂堂，年富力强，见多识广，反应灵活，语言流畅，幽默风趣，善于把握大局、引导提问和控制会场，具有丰富的主持会议的经验。

新闻发言人由本单位主要负责人担任，除了在社会上口碑较好、与新闻界关系较为融洽之外，对其基本要求是修养良好、学识渊博、思维敏捷、能言善辩、彬彬有礼。

发布会还要精选一批负责会议现场工作的礼仪接待人员，一般由相貌端正、工作认真负责、善于交际应酬的年轻女性担任。

值得注意的是，所有出席发布会的人员均须佩戴事先统一制作的胸卡，胸卡上面要写清姓名、单位、部门与职务。

③记者的邀请。对出席发布会的记者要事先确定其范围，具体应视问题涉及范围或事件发生的地点而定，一般情况下，与会者应该是与特定事件相关的新闻界人士和相关公众代表。组织为了提高单位的知名度，扩大组织的影响而宣布某一消息时，邀请的新闻单位通常多多益善；而在说明某一活动、解释某一事件，特别是本单位处于劣势而这样做时，邀请新闻单位的面则不宜过于宽泛。邀请时要尽可能地先邀请影响大、报道公正、口碑良好的新闻单位。如果事件和消息只涉及某一城市，只需请当地的新闻记者参加即可。

小案例
"通知"
惹的麻烦

另外，确定邀请的记者后，请柬最好要提前一星期发出，会前还应用电话提醒。

④会场的布置。发布会的地点除了可考虑在本单位或事件所在地举行外，还可考虑租用大宾馆、大饭店举行。如果希望造成全国性影响的，则可在首都或某一大城市举行。发布会现场应交通便利、条件舒适、大小合适。会议地点确定后，应进行实地考察，在会议召开前应认真进行会场布置，会议的桌子最好不用长方形的，要用圆形的，大家围成一个圆圈，显得气氛和谐、主宾平等，当然这只适用于小型会议。大型会议应设主席台席位、记者席位、来宾朋友席位等。

⑤材料的准备。在举行发布会之前，主办单位要事先准备好以下材料。一是发言提纲。它是发言人在发布会上进行正式发言时的发言提要，要紧扣主题，体现全面、准确、生动、真实的原则。二是问答提纲。为了使发言人在现场正式回答提问时表现自如，可在对被提问的主要问题进行预测的基础上，形成问答提纲及相应答案，供发言人参考。三是报道提纲。事先必须精心准备一份以有关数据、图片、资料为主的报道提纲，并认真打印出来，在发布会上提供给新闻记者。在报道提纲上应列出本单位的名称、联系方式等，便于日后联系。四是形象化视听材料。这些材料供与会者利用，可增强发布会的效果。它包括：图表、照片、实物、模型、录音、录像、影片、幻灯片、光碟等。

（2）发布会进行过程中的礼仪。这主要包括以下几项。①做好会议签到。要做好发布会的签到工作，让记者和来宾在事先准备好的签到簿上签下自己的姓名、单位、联系方式等内容，然后由专人将他们引领到会场就座。②严格遵守程序。要严格遵守会议程序，主持人要充分发挥主持者和组织者的作用，宣布会议的主要内容、提问范围及会议进行的时间，会议时间一般不要超过两小时。主持人、发言人讲话时间不宜过长，过长则影响记者提问。对记者所提的问题应逐一予以回答，不可与记者发生冲突。会议主持人要始终把握会议主题，维护好会场秩序，主持人和发言人会前不要单独会见记者或提供任何与会信息。③注意相互配合。在发布会上，主持人和发言人要相互配合。为此首先要明确分工，各司其职，不允许越俎代庖。在发布会进行期间，主持人和发言人通常要保持一致的口径，不允许公开顶牛、相互拆台。当新闻记者提出的某些问题过于尖锐或难于回答时，主持人要想方设法转移话题，不使发言者难堪。而当主持人邀请某位记者提问之后，发言人一般要给予对方适当的回答，不然，对那位新闻记者和主持人都是不礼貌的。④态度真诚主动。发布会自始至终都要注意对待记者的态度，因为接待记者的质量将直接关系到新闻媒介发布消息的成败。作为专业人士，记者希望接待人员对其尊重热情，并了解其所在的新闻媒介及其作品等；希望提供工作之便，如一条有发表价值的消息，一个有利于拍到照片的角度等，记者的合理要求要尽量满足。对待记者千万不能趾高气扬，态度傲慢，一定温文尔雅，彬彬有礼。

（3）发布会的善后事宜。发布会举行完毕后，主办单位须在一定的时间内，对其进行一次认真的善后工作。

①整理会议资料。整理会议资料有助于全面评估发布会会议效果，为今后举行类似会议提供借鉴。发布会后要尽快整理出会议记录材料，对发布会的组织、布置、主持和回答问题等方面的工作进行回顾和总结，从中吸取经验，找出不足。

②收集各方反映。首先要收集与会者对会议的总体反映，检查在接待、安排、服务等方面的工作是否有欠妥之处，以便今后改进。其次要收集新闻界的反映，了解一下与会的新闻界人士有多少人为此次新闻发布会发布了稿件，并对其进行归类分析，找出舆论倾向。同

时，对各种报道进行检查，若出现不利于本组织的报道，应作出良好的应对策略。如果发现不正确或歪曲事实的报道，应立即采取行动，说明真相；如果是自己失误所造成的问题，应通过新闻机构表示谦虚接受并致歉意，以挽回声誉。

课堂互动

以小组为单位，现场组织安排一次小规模的会议活动，注意相关细节。

延伸阅读

请扫描二维码阅读以下内容。

一、会议中的个人礼仪

二、商务谈判的礼仪

思考练习

1. 某职业技术学院为推荐毕业生就业，专门邀请了10家企业的领导进行会谈。请模拟演示这次会谈程序，最后安排企业领导与师生合影。

2. 五湖四海公司为了答谢新老顾客对公司的厚爱，决定在公司会议室举办一次座谈会。如果让你来组织，你将怎样做？

3. 在全班模拟组织一次新闻发布会，以最近学校或系发生的较大的新闻事件为主题，同学们分别扮演发言人、记者、会议服务行业从业人员。

4. 案例分析：

就座

某分公司要举办一次重要会议，请来了总公司总经理和董事会的部分董事，并邀请当地政府要员和同行业知名人士出席。由于出席的重要人物多，领导决定用"U"字形的桌子来布置会议桌。分公司领导坐在位于长"U"字横头处的下首，其他与会者坐在"U"字形桌子的两侧。在会议的当天开会时，贵宾们都进入了会场，按安排好的名签找到了自己的座位就座，当会议正式开始时，坐在横头桌子上的分公司领导宣布会议开始，这时发现会议气氛有些不对劲，有贵宾相互低语后借口有事站起来要走，分公司的领导人不知道发生什么事或出了什么差错，非常尴尬。

思考讨论题：

（1）请指出此案例中的失礼之处。

（2）本案例对你有何启示？

会场的"明星"

小刘的公司应邀参加一个研讨会，该研讨会邀请了很多商界知名人士及新闻界人士参加。老总特别安排小刘和他一道去参加，同时也让小刘见识大场面。

开会这天小刘早上睡过了头，等他赶到，会议已经进行了 20 分钟。他急急忙忙推开了会议室的门，"吱"的一声脆响，他一下子成了会场上的焦点。刚坐下不到 5 分钟，肃静的会场上响起了摇篮曲，是谁放的音乐？原来是小刘的手机响了！这下子，小刘可成了全会场的"明星"……

没多久，听说小刘已经离开了该公司。

思考讨论题：

(1) 小刘失礼的地方表现在哪里？

(2) 参加各种会议应该注意的礼仪？

学习情境9
举行仪式

> 世界上最廉价,而且能得到最大收益的一项物质,就是礼节。
>
> ——〔法〕拿破仑

情境导入

成功的开业庆典

某青年企业家为了庆祝他的第三家金店开业,特地安排了开业庆典活动。秘书人员具体筹备了这个活动。

在新开业的分店中,特别布置了新品陈列区,展出企业独家款式的黄金、珠宝产品。店内所有柜台上都请专人设计了优雅舒适的灯光,既有实用照明作用,又能衬托首饰的艺术品位。

开业庆典过程中,秘书选派了最资深的导购人员陪同嘉宾、介绍饰品,并帮助试戴。这些导购员经验丰富,态度热情礼貌,并统一穿着金店为她们定制的深蓝色西服套裙,取送首饰时还佩戴白色手套。不仅让到场的宾朋都感到了家一般的温暖,还展示了企业工作人员的良好业务素质,增加了宾客对金店的信任度。

开业活动还安排了模特佩戴珠宝首饰走秀的活动,不仅吸引了到场嘉宾的眼球,连路过的人们也驻足观看。走秀活动将开业庆典的气氛推向了高潮。

为了给到场嘉宾留下深刻而美好的回忆,也为了彰显企业实力和特色,这位企业家亲手为每位嘉宾送上了精美的企业名片。

任务分析

仪式是指在人际交往中,特别是在一些比较重大、较庄严、较隆重、较热烈的正式场合里,为了激发起出席者的某种情感,或者为了引起其重视,而郑重其事地参照合乎规范与管理的程序,按部就班地举行的某种活动的具体形式。在现实生活里,你可能接触到的仪式很多,诸如签字仪式、剪彩仪式、交接仪式、庆典等。

当今社会,对组织而言仪式有着重要的作用,它有利于提高组织的知名度和美誉度,塑造组织形象;有利于鼓舞员工的士气,激发员工对本组织的热爱,培育组织员工的价值观念，增强组织的凝聚力；有利于传递组织的信息，使组织赢得更多的成功机会和合作伙伴；有利于沟通情感，传达意愿，增进友情。讲究仪式礼仪是现代交际的一项重要内容，也是组织成功的关键。

仪式活动的筹备和举行需要注意各种细节和诸多方面，成功的仪式活动将为企业形象增光添彩。

实训项目

项目名称：模拟开业庆典活动。

实训目的：掌握各类仪式的礼仪规范，在仪式活动上的表现符合礼仪规范。

实训学时：2学时。

实训地点：门前小广场。

实训准备：布置会场、挂横幅等，另外还要准备致辞等。

实训步骤：将学生分成小组进行，让学生轮流模拟演示各个角色。模拟某企业开业庆典，使仪式落实在某个商业组织上。要求：编制一份庆典程序，仪式按照程序进行；重要领导和来宾名单的单位、职务可由学生自己拟定，分别扮演相关角色；编制一份庆典程序。庆典结束后，学生评析，教师总结。

知识链接

9.1 签字仪式

签字仪式是组织与对方经过会谈、协商，形成了某项协议或协定，再互换正式文本的仪式。它是一种比较隆重的活动，礼仪规范也比较严格。

微课
签字仪式

9.1.1 签字仪式的准备

签字仪式是组织具有"里程碑"意义的大事，应予以充分准备，做到万无一失。

（1）准备待签文本。洽谈或谈判结束后，双方应指定专人按谈判达成的协议做好待签文本的定稿、翻译、校对、印刷、装订、盖印等工作。文本一旦签字就具有法律效力，因此，对待文本的准备应当郑重。

在准备文本的过程中，除了要核对谈判协议条件与文本的一致性以外，还要核对各种批件，主要是项目批件、许可证、设备分交文件、用汇证明、订货卡等是否完备，合同内容与批件内容是否相符等。审核文本必须对照原稿件，做到一字不漏，对审核中发现的问题，要及时互相通报，通过再谈判，达到谅解一致，并相应调整签约时间。在协议或合同上签字的有几个单位，就要为签字仪式提供几份文件样本。如有必要，还应为各方提供一份文件副本。与外商签订有关的协议、合同时，按照国际惯例，待签文本应同时使用宾主双方的母语。

待签文本通常装订成册，并以仿皮或其他高档质料作为封面，以示郑重。其规格一般为大八开，所用的纸张务必高档，印刷务必精美。作为主方应为文本的准备提供准确、周到、快速的服务。

（2）布置签字场地。签字场地有常设专用的签字厅，也有临时以会议厅、会客室来代替的。签字场地的布置要做到庄重、整洁、清净。

一间标准的签字厅，应当在室内铺满地毯，除了必要的签字用桌、椅外，其他一切陈设都不需要，正规的签字桌应为长桌，其上最好铺设深绿色的台布。

按照仪式礼仪的规范，签字桌应当横放。在其后，可摆放适量的椅子。签署双边性合同时，可放置两张椅子，供签字人就座。签署多边性合同时，可以仅放一张椅子，供各方签字人签字时轮流就座。也可为每位签字人都各自提供一张椅子。

在签字桌上，应事先安放好待签文本，以及签字笔、吸墨器等签字时所用的文具。

与外商签署涉外商务合同时，须在签字桌上插放有关各方的国旗。插放国旗时，在其位置与顺序上，必须依照礼宾顺序而行。例如，签署双边性文本时，有关各方的国旗须插放在该方签字人椅子的正前方。如签署多边性合同、协议时，各方的国旗应依一定的礼宾顺序插在各方签字人的身后。

（3）安排签字人员。在举行签字仪式之前，有关各方应预先确定好参加签字仪式的人员，并向其有关方面通报。客方尤其要将自己一方出席签字仪式的人数提前告知主方，以便主方安排。签字人要视文件的性质来确定，可由最高负责人签字，但各方签字人的身份应该对等。参加签字的各方事先还要安排一名熟悉签字仪式详细程序的助签人，并商定好签字的有关细节。其他出席签字仪式的陪同人员，基本上是各方参加谈判的全体人员，按一般礼貌做法，人数最好大体相等。为了表示重视，各方也可对等邀请更高一层的领导人出席签字仪式。

由于签字仪式的礼仪性极强，签字人员的穿着也有具体要求。按照规定，签字人、助签人及随员，在出席签字仪式时，应当穿着具有礼服性质的深色西装套装或西装套裙，并且配以白色衬衫与深色皮鞋。

在签字仪式上露面的礼仪、接待人员，可以穿自己的工作制服，或是旗袍一类的礼仪性服装。签字人员应注意仪态、举止，要落落大方，自然得体，既不要严肃有余，也不要过分喜形于色。

9.1.2 签字仪式的程序

虽然签字仪式的时间不长，但它是合同、协议签署的高潮，其程序规范、庄重而热烈。主要有以下几项。

（1）签字仪式开始。有关各方人员进入签字厅，在既定的位次上坐好。签字者按照主居左，客居右的位置入座，各方其他陪同人员分主客两方以各自职位、身份高低为序，自左向右（客方）或自右向左（主方）排列站于各签字人之后，或坐在己方签字者的对面。各方助签人分别站在己方签字者的外侧，协助翻揭文本，指明签字处，并为业已签署的文件吸墨防洇。

（2）签字人签署文本。签字人签署文本通常的做法是先签署己方保存的合同文本，再签署他方保存的合同文本，这一做法在礼仪上称为"轮换制"。它的含义是在位次排列上，轮流使有关各方有机会居于首位一次，以显示机会均等，各方平等。

（3）交换合同文本。各方签字人，正式交换已经有关各方正式签署的文本，交换后，各方签字人应热烈握手，互致祝贺，并相互交换各自使用过的签字笔，以示纪念。这时全场人员应该鼓掌，表示祝贺。

（4）共同举杯庆贺。交换已签订的合同文本后，礼仪小姐会用托盘端上香槟酒，有关人员，尤其是签字人当场干上一杯香槟酒，这是国际上通用的旨在增添喜庆色彩的做法。

（5）有秩序退场。接着请各方最高领导者及客方先退场，然后东道主再退场。整个签字仪式以半小时左右为宜。

9.2 开业仪式

开业仪式，是指在单位创建、开业，项目完工、落成，某一建筑物正式启用，或是某工程正式开始之际，为了表示庆贺和纪念，而按照一定的程序所隆重举行的专门的仪式。筹备和举行开业仪式始终应按照"热烈、隆重、节约、缜密"的原则进行。

9.2.1 开业庆典的筹备

（1）做好开业庆典的舆论宣传工作。此类工作包括两个方面。一是选择有效的大众传播媒介进行集中性的广告宣传。企业可在报纸、电台、电视台广泛发布广告或在告示栏中张贴开业告示，其内容多为开业庆典举行的日期及地点、开业之际对顾客的优惠、开业单位的经营范围及特色等，以引起公众的注意。开业广告或告示发布时间在开业前的3天内为宜。二是邀请有关的大众传播界人士在开业庆典举行之时到场进行采访、报道，以期对本单位作进一步的正面宣传。

（2）做好来宾邀请工作。开业庆典影响的大小，往往取决于来宾的身份高低与数量多少。在力所能及的条件下，要力争多邀请一些来宾参加开业庆典。地方领导、上级主管部门与地方职能管理部门的领导、合作单位与同行单位的领导、社会团体的负责人、社会名流、新闻界人士，都是邀请时应予优先考虑的重点。其中新闻界人士是邀请的首要对象。

（3）发放请柬。请柬应提前一周发出，便于被邀者及早安排和准备。请柬的印制要精美，内容要完整，文字要简洁，措辞要热情。被邀者的姓名要书写整齐，不能潦草马虎。一般的请柬可派人送达，也可通过邮局邮寄。给有名望的人士或主要领导的请柬应派专人送达，以表示诚恳和尊重。

（4）布置现场。现场应突出喜庆、热闹的气氛，营造出一种隆重而令人振奋的氛围。开业庆典多在开业现场举行，需要较为宽敞的活动空间，所以正门之外的广场、正门之内的大厅、展厅门前等处均可作为开业庆典的举行地点。按照惯例，举行开业典礼时宾主一律站立，故一般不布置主席台及座椅。为显示隆重与敬客，可在来宾尤其是贵宾讲话之处铺设红色地毯，并在场地四周悬挂横幅、标语、气球、彩带、宫灯。此外，还应当在醒目之处摆放来宾赠送的花篮、牌匾等。

（5）准备开幕词、致辞。仪式开始，组织的负责人致辞，向来宾表示感谢，并介绍本组织的经营特色和服务宗旨等。上级领导和来宾可在会上致辞祝贺，在祝贺中应多讲一些祝愿的话，但要注意限制发言时间。开幕词、致辞要言简意赅、热情庄重，起到密切感情、增进友谊的作用。

（6）做好接待服务工作。接待人员在会场门口接待来宾，待来宾签到后，引导来宾就位。重要来宾须由本单位主要负责人亲自出面接待，其他来宾可由本单位的礼仪小姐负责接待。若来宾较多，应准备好专用的停车场、休息室，并应为其安排饮食。

（7）做好礼品馈赠工作。开业庆典赠予来宾的礼品应具有以下三大特征。①宣传性。可在礼品及其外包装上印上本单位的企业标志、广告用语、产品图案、开业日期等。②荣誉性。要使之具有一定的纪念意义,让拥有者对其珍惜、重视,并为之感到光荣和自豪。③独特性。它应当与众不同,具有本单位的鲜明特色,使人爱不释手。

(8) 拟定典礼程序。从总体上来看,开业庆典大都由开场、过程、结局三个阶段构成。

小案例
嘉宾为何
不高兴?

①开场。奏乐,邀请来宾就位,宣布仪式正式开始,介绍主要来宾。

②过程。这是开业庆典的核心内容,它通常包括本单位负责人讲话、来宾代表致辞、启动某项开业标志等。

③结局。包括开业庆典结束后宾主一道进行现场参观、联欢、座谈等。它是开业庆典必不可少的内容。

(9) 做好各种物质准备。

①用品准备。如来宾的签到簿、本单位的宣传材料、待客的饮料等。

②设备准备。对于音响、录音、录像、照明等设备及开业典礼所需的各种用具、设备,必须事先认真检查、调试以防在使用时出现差错。一般在开会前一小时应再验收一下。

9.2.2 参加开业庆典的礼仪

(1) 主办方礼仪。这主要包括以下内容。

①仪容整洁。出席典礼的人员事前要做适当修饰。女士要适当化妆,男士应梳理好头发,刮净胡须。

②服饰规范。最好着统一式样的服饰。如果着装不统一,也至少要保证男士穿深色西装或中山装,女士穿深色西装套裙或套装。

③准备充分。请柬的发放应及时,无遗漏;安排好座位、座次;安排好来宾的迎送车辆等。

④遵守时间。不得迟到、无故缺席或中途退场。仪式应准时开始,准时结束。

⑤态度友好。见到来宾要主动热情地问好,对来宾提出的问题应予以友善的答复。当来宾发表贺词后,应主动鼓掌表示感谢。不能随意打断来宾的讲话,提出挑衅性质疑,或是对来宾进行人身攻击。来宾致辞中如有不能接受的内容,当场一般不加理睬,如果敌意过于明显,应以委婉而简短的语言引开话题。

小案例
言行之中
见德行

⑥行为自律。主办方人员不得嬉笑打闹,不要东张西望,表现出心不在焉的样子。

(2) 宾客礼仪。这包括以下内容。

①准时参加。如果有特殊情况不能到场,应尽早通知主办方,说明理由并表达歉意。最好送贺礼。贺礼可以选择花篮、牌匾、楹联等,以表示对开业方的祝贺,并在贺礼上写明庆贺对象、庆贺缘由、贺词及祝贺单位。

②恭致祝贺。致贺词要简短精炼,以贺顺利、发财、兴旺的吉利话为主,不能随意发挥。

③广交朋友。到场后应礼貌地与周围的人打招呼,可通过自我介绍、互换名片等方式结识更多的朋友。

④礼节性支持。如鼓掌、合影、跟随参观、写留言等。

⑤礼貌告辞。仪式结束后应和主办人握手告别,并致谢意。

9.2.3 开幕仪式礼仪

开幕仪式是开业仪式常见的形式之一，通常它是指公司、企业、宾馆、商店、银行等正式启用前或各类商品的展示会、博览会、订货会正式开始之前，所正式举行的相关仪式。每当开幕仪式举行之后，公司、企业、宾馆、商店、银行等将正式营业，有关商品的展示会、博览会、订货会将正式接待顾客与观众。一般举行开幕式时要在比较宽敞的活动空间中进行，如门前广场、展厅门前、室内大厅等处。

开幕式的主要程序为：宣布仪式开始，全体肃立，介绍来宾，邀请专人揭幕或剪彩。揭幕时揭幕人行至彩幕前恭敬地站立，礼仪小姐双手将开启彩幕的彩索递交对方。揭幕人随之目视彩幕，双手拉起彩索，展开彩幕。全场目视彩幕，鼓掌并奏乐；在主人的亲自引导下，全体到场者依次进入幕门；主人致辞答谢；来宾代表发言祝贺；主人陪同来宾参观，开始正式接待顾客或观众，对外营业或对外展览宣告开始。

9.2.4 奠基仪式礼仪

奠基仪式是指一些重要的建筑物如大厦、场馆、亭台、纪念碑等，在动工修建前，正式举行的庆贺性活动。其举行地点应选择在动工修建建筑物的施工现场，一般在建筑物的正门右侧，在奠基仪式的举行现场设有彩棚，安放该建筑物的模型、设计图、效果图，并使各种建筑机械就位待命。

用来奠基的奠基石应是一块完整无损、外观精美的长方形石料。在奠基石上文字应当竖写，在其右上款，写上建筑物的名称，正中央应有"奠基"两个大字，左下款刻有奠基单位的全称及举行奠基仪式的具体年月日。奠基石上的字，大多用楷体刻写，并且最好用白底金字或黑字。在奠基石的下方或一侧，还应安放一只密闭完好的铁盒，内装与该建筑物相关的资料及奠基人的姓名。届时，它将同奠基石一道被奠基人等培土掩埋于地下，以志纪念。

奠基仪式的程序为：仪式正式开始、介绍来宾、全体起立；奏国歌；主人对建筑物的功能、规划设计等进行介绍；来宾致辞道贺；正式进行奠基，奠基人双手持握系有红绸的新锹为奠基石培土，再由主人与其他嘉宾依次为之培土，直至将其埋没为止。奠基时应演奏喜庆乐曲或敲锣打鼓，营造良好的气氛。

9.2.5 落成仪式礼仪

落成仪式礼仪也称竣工仪式，往往指本单位所属的某一建筑物或某项设施建设、安装工作完成之后，或是某一纪念性、标志性建筑物，诸如纪念碑、纪念塔、纪念堂等建成之后以及某种意义特别重大的产品生产成功之后，所专门举行的庆贺性活动。落成仪式一般应在现场举行，如新落成的建筑物之外，纪念碑、纪念塔的旁边等。参加落成仪式要注意情绪，在庆贺工厂大厦落成、重要产品生产等时应表现出欢乐和喜悦，在庆祝纪念碑、纪念塔落成时应表现出庄严而肃穆。

落成仪式的程序是：宣布仪式开始；全体起立，介绍各位来宾；奏国歌，并演奏本单位标志性乐曲；本单位负责人发言，以介绍、回顾、感谢为主要内容；进行揭幕或剪彩；全体人员向刚刚落成的建筑物行注目礼；来宾致辞；全体人员进行参观。

9.3 剪彩仪式

剪彩仪式是有关的组织为了庆贺其成立开业、大型建筑物落成、新造的车船和飞机出厂、道路桥梁落成首次通车、大型展销会展览会的开幕而举行的一种庆祝活动。

剪彩作为一种庆典，可以在开业典礼中举行，也可举行专门的剪彩仪式，以期引起社会各界的重视。剪彩仪式起源于美国。据说美国人做生意保留着一种习俗，即一清早必须把店门打开，为了使人们知道这是一个新开张的店铺，还要特地在门前横系上一条布带。因为这样做既可以防止店铺未开张前闯入闲人，又起引人注目、标新立异的作用。等店铺正式开张时才将布带取走。1912年，美国的圣安东尼奥的华狄密镇上有一家大百货公司将要开张，老板威尔斯严格地按照当地的风俗办事，在早早开着的店门前横系着一条布带，万事俱备，只等开张。这时，老板威尔斯十岁的女儿牵着一只哈巴狗从店里匆匆跑出来，无意中碰断了这条布带。这时在门外等候的顾客及行人以为正式开张营业了，蜂拥而入，争先恐后地购买货物，真是生意兴隆。不久，当老板的一个分公司又要开张时，想起第一次开张时的盛况，又如法炮制。这次是有意让小女把布带碰断，果然财运又不错。于是，人们认为让女孩碰断布带的做法是一个极好的兆头，因而争相效仿，广为推行。此后，凡是新开张的商店都要邀请年轻的姑娘来撕断布带。后来，人们又用彩带取代色彩单调的布带，并用剪刀剪代替用手撕，有时还用金剪子。这样一来，人们就给这种正式做法取了个名——"剪彩"。剪彩的人通常是德高望重的社会名流甚至是国家元首。具体地，剪彩要遵循以下礼仪规则。

微课
剪彩仪式

9.3.1 邀请参加者

参加剪彩仪式的人员主要分为：主办单位负责人和组织仪式的人员；上级领导、主管单位负责人、知名人士、记者等来宾；主办单位企业的员工；有关管理人员和技术人员。通过参加仪式，参加者身临其境，感受项目或展览的重要，从而形成深刻难忘的印象。对仪式的参加者应做好接待工作。当宾客到达时，接待人员要请宾客签到，然后引领他们到指定的位置上。

9.3.2 做好准备工作

剪彩仪式的主席台要事先布置好，主席台要蒙好台布，摆放茶水和就座人员的名签。为了增添热烈而隆重的喜庆气氛，可以邀请礼仪小姐参加仪式。礼仪小姐可从本组织中挑选，也可到礼仪公司聘请。对礼仪小姐要求仪容、仪表、仪态文雅、大方、端庄。着装宜选择西式套装或红色旗袍，穿高跟鞋，配长筒丝袜，化淡妆，并以盘起发髻的发型为佳。人员确定后，要进行必要的分工和演练。剪彩仪式的用品如剪刀、白纱手套、托盘应按剪彩者人数配齐，系有花结的大红缎带约2米，馈赠的纪念性小礼品也应准备好。

9.3.3 剪彩者形象

剪彩者是剪彩仪式的主角，其仪表举止直接关系到剪彩仪式的效果和组织形象。因此作为剪彩者，要有荣誉感和责任感，衣着大方、整洁、挺括，容貌要适当修饰，剪彩过程中要保持稳重的姿态、洒脱的风度和优雅的举止。

9.3.4 仪式开始

仪式主持人在宣布仪式开始时，声音要高亢。然后，向到会者介绍参加剪彩仪式的领导人、负责人与知名人士，并对他们表示谢意，同时，也对在场的其他与会者表示感谢。感谢还要用掌声表示，主持人把两手高举起一些，以作为对在场各位鼓掌引导的暗示。仪式上可以安排简短发言，言简意赅，充满热情，两三分钟即可，发言者一般为东道主的代表，向东道主表示祝贺的上级主管部门、地方政府及其他协作单位的代表。

9.3.5　进行剪彩

主持人宣布正式剪彩之后，剪彩者应在礼仪小姐的引导下，步履稳健地走向剪彩位置，如有几位剪彩者时应让中间主剪者走在前面，其他剪彩者紧随其后走向自己的剪彩位置。主席台上的人员一般要尾随至剪彩者之后 1~2 米处站立。当礼仪小姐用托盘呈上白手套、新剪刀时，剪彩者可用微笑表示谢意并随即接过手套和剪刀。剪彩前要向手拉缎带的礼仪小姐点头示意，然后，全神贯注、表情庄重地将缎带一刀两断。如果几位剪彩者共同剪彩，要注意协调行动，处在外端的剪彩者应用眼睛余光注视处于中间位置的剪彩者的动作，力争同时剪断彩带。还应与礼仪小姐配合，让彩球落于托盘中，剪彩者在放下剪刀后，应转身向周围的人鼓掌致意，并与主人进行礼节性的谈话，然后在礼仪小姐引导下退场。

9.3.6　参观庆贺

剪彩后，一般要组织来宾参观工程、展览等。有时候要宴请宾客，共同举杯庆祝。

小案例
剪彩利落
才能讨到
好彩头

课堂互动

以小组为单位，现场组织安排一次仪式活动，注意相关细节。

延伸阅读

请扫描二维码阅读以下内容。

一、爱国主义教育中仪式礼仪的运用　　二、中国传统书院的仪式活动

思考练习

1. 寻找机会参加一次企业的仪典活动，并谈谈你的切身感受。

2. 中国五湖四海饮料公司将迎来一批来自美国的华尔集团商务考察团，五湖四海饮料公司准备向华尔集团订购两条先进的罐装流水线设备。在这次考察活动中要进行谈判，将签订合同，举行签字仪式。请模拟这次签字仪式。

3. 某商场开业，你作为迎宾组负责人，将如何组织开展工作（不是工作计划，要能模拟出实施场面）。

4. 某车展开幕，本次车展来了许多知名宾客进行参观，你作为本次车展的解说员，将为这些知名宾客进行解说，你将如何开展工作（这些知名宾客以演员、歌手为主，可以让一些同学扮演宾客）。

5. 案例分析：

狼狈不堪的签约仪式

今年1月，宏达公司与B公司经过多轮磋商，达成了合作意向，他们决定16日上午10点在嘉元宾馆举办正式的签约仪式。准备由宏达公司总经理秘书王芳主持。由于王芳最近工作比较忙，所以准备签约仪式的时候比较紧张。到了这天，她提前半小时到了会场，突然发现合同文本忘记在办公室了，她赶快请办公室文员小李拿上合同，从后勤处要了一辆车火速赶往签约现场。幸好当天交通状况比较好，没有堵车，合同在会议开始前5分钟送到了，总经理秘书王芳悬着的心终于落下来了。可在主持人宣布签约仪式开始时，王芳发现她忘记安排助签人了，所以她自己临时上阵担任助签人，而她的着装与签约仪式的气氛不是很协调，导致场面有点尴尬。

思考讨论题：
（1）举行仪典活动应做好哪些准备？
（2）签约仪式对助签人有何要求？

电子活页：行业服务

行业服务礼仪通常是指礼仪在服务行业的具体应用，是服务人员在工作岗位上，通过言谈、举止、行为等，对顾客表示尊重和友好而应遵守的行为规范。也就是说，服务人员在自己的工作岗位上向服务对象提供服务的标准的、正确的做法。这里主要介绍一下酒店服务礼仪和导游服务礼仪。

一、酒店服务礼仪

1. 酒店礼貌服务　　2. 酒店岗位服务礼仪　　3. 酒店员工问候礼与应答礼

二、导游服务礼仪

1. 导游讲解礼仪　　2. 导游迎送礼仪　　3. 导游沟通协调礼仪

学生工作页

形体训练

任务一	简述酒店礼貌服务的基本要求
任务二	进行酒店接待服务训练。每7名学生一组,分别扮演前台服务员、散客、VIP客人、团队客人等,轮换角色操作入住登记手续服务的流程。要求前台服务员根据客人的不同要求,合理分配客房,快速高效地为客人办理入住登记手续。最后,评出"最佳前台服务员"
任务三	模拟导游。由学生扮演导游和游客在校园进行导游带团的服务礼仪演示,师生现场观摩评议
任务四	由教师预先设计数个景点,写在纸上,学生抽取,对景点进行讲解
任务五	请以"我看酒店服务"为题写一篇小文章,谈谈你对酒店服务的看法
任务六	请以"我看导游服务"为题写一篇小文章,谈谈你对导游服务的看法
班　级		学　号		姓　名	

学生自评

我的心得：

建议或提出问题：

教师评价

学习领域 3
掌握沟通技巧

学习情境 10　有效倾听
学习情境 11　交谈艺术
学习情境 12　电话沟通
学习情境 13　书面沟通
学习情境 14　网络沟通
学习情境 15　工作沟通

学习情境10

有效倾听

> 世界上有60亿人口，如果我们都找到两大武器：倾听和微笑，人与人就会更加接近。
>
> ——〔美〕乔·吉拉德

情境导入

"我还要回来！"

美国知名主持人林克莱特一天访问一名小朋友，问他说："你长大后想要当什么呀？"小朋友天真地回答："嗯……我要当飞机驾驶员！"林克莱特接着问："如果有一天，你的飞机飞到太平洋上空，所有引擎都熄火了，你会怎么办？"小朋友想了想："我会先告诉坐在飞机上的人都绑好安全带，然后我挂上降落伞跳出去。"

当现场观众笑得东倒西歪时，林克莱特继续注视着这孩子，想看他是不是自作聪明的家伙。没想到，接着孩子的两行热泪夺眶而出，这才使得林克莱特发觉这孩子的悲悯之情远非笔墨所能形容。于是林克莱特问他说："为什么要这么做？"小孩的答案透露出一个孩子真挚的想法："我要去拿燃料，我还要回来！我还要回来！"

任务分析

看了"情境导入"中的这个故事，你是不是在反思自己也曾像那些笑得东倒西歪的观众一样，从来不听人把话说完，然后就发表自己的评论？事实上，不仅仅是你，很多人经常犯这样的错误。倾听讲话看似是平常小事，但通过这种小事，不仅可以看出一个人是否有礼、有心，还能看出他是否有水平。有人曾向日本的"经营之神"松下幸之助请教经营的诀窍，他说："首先要细心倾听他人的意见。"松下幸之助留给拜访者的深刻印象之一就是他很善于倾听。一位曾经拜访过他的人这样记述道："拜见松下幸之助是一件轻松愉快的事，根本没有感到他就是日本首屈一指的经营大师，反而觉得像是在同中小企业经营者谈话一样随便。他一点也不傲慢，对我提出的问题听得十分仔细，还不时亲切地附和道'啊，是吗'，毫无不屑一顾的神情。见到他如此的和蔼可亲，我不由得想探询：松下先生的经营智慧到底蕴藏在哪里呢？调查之后，我终于得出结论：善于倾听。"

苏格拉底说："自然赋予人类一张嘴、两只耳朵，也就是说要我们少说多听"，此话颇有一点意思。我国古代就有"愚者善说，智者善听"之说。倾听，可以从谈话对方获得必要的信息，领会对方的真实意图。如果不能认真地倾听，就无法了解和满足对方的需求，和谐的人际关系也只能是空谈。况且倾听本身还是尊重他人的表现。因此应充分重视倾听的功能，讲究倾听的方式，追求倾听的艺术。

实训项目

项目名称：倾听训练。
项目形式：集体参与。
项目时间：10分钟。
项目场地：教室。
项目材料：任何一则包含一些数字或确切事件的新闻。
项目程序：
1. 事先从报刊上选取一则200~300字的故事，注意最好是有简单情节的故事，而不是评论性文章。在课上漫不经心地向学员提起，告诉他们你要为他们念一段很有意思的故事。
2. 大声朗读这则故事。
3. 结束后，你会发现学员们对这个故事毫无兴趣，露出厌倦和疲累的表情。
4. 这时拿出一个精致的礼品，说："故事念完了，现在我会就这个故事的内容提几个问题，谁能答对，我就把这个礼物送给他。"
5. 然后问5~7个问题，都是一些关于故事的时间、地点、名字和简单情节的问题。
6. 尽管问题简单，你会发现几乎没有一个人能全部答对。

实训分享：
1. 既然大家都是具有一定素质的人，都听了这个故事，为什么没有人能记得非常清楚？
2. 不认真听的原因是什么呢？该怎样改进倾听技巧？
3. 如果事先把奖品拿出来，学员们的倾听效果会不会不一样？这是为什么？在没有物质刺激的情况下，应怎样提高自己的倾听效果？

知识链接

10.1 何为倾听

倾听，貌似简单，其实不易。"听"的繁体字为"聽"，它由"耳""王""十""目""一""心"六个字组成，代表着"听"首先是用耳朵接受他人的声音，但仅此却远远不够，还需"十目一心"地仔细观察对方说话的神态、用心揣摩对方的话中之话。只有这样，才能真正感受到对方所要传递的信息。倾听是一种本能，也是一门技术，更是一门艺术，它源自本能，修自后天。

一般来讲，倾听有五个层次。一是听而不闻。如同耳边风，左耳进右耳出，完全没有听进去。二是敷衍了事。"嗯"……"喔"……"哎"……"好好好"——略有反应其实是心不在焉。三是有选择地听。只听符合自己心意的，与自己意思相左的一概自动过滤掉。四是专注地听。有些沟通技巧的训练会强调"主动式""回应式"的聆听，以复述对方的话表示确实听到，即使每句话都进入大脑，但是否都能听出说话者的本意、真意，仍值得怀疑。五是同理心的倾听。一般人聆听的目的是作出最贴切的反应，而不是想了解对方。所以同理心的倾听的出发点是为了"了解"而非为了"反应"，也就是透过交流去了解别人的观念、感受。

在职场沟通中应重视倾听，尽可能做到高层次的倾听，避免低层次的倾听。但事实上并不是所有倾听都能达到理想效果，因为倾听存在着各种各样的障碍，它们会直接或者间接地影响倾听的效果。

10.2 倾听的障碍

10.2.1 来自环境的倾听障碍

环境干扰是影响倾听最常见的因素之一，交谈时的环境各种各样，时常转移人的注意力，从而影响倾听效果。有学者做过试验，一个人同时听到两个信息时，他会选择其中的一个，放弃另一个。这样的话，就很容易忽略另外的信息。具体来说，环境障碍主要从两方面施加对倾听效果的影响。

（1）干扰信息传递过程，消减、歪曲信号。如在嘈杂的课堂上，老师的声音几乎被学生的吵闹声淹没了，坐在后排的同学根本就听不到老师在说什么，这跟一个安静的课堂所能达到的效果是迥然不同的。

（2）影响沟通者的心境。也就是说，环境不仅在客观上会影响倾听的效果，而且在主观上也会影响倾听的效果，这正是人们很注重挑选谈话环境的原因。比如领导在会议厅里向下属征询建议，大家会十分认真地考虑后再发言，如果换作在餐桌上，下属可能就会更随心所欲地谈谈想法，有些自认为不成熟的念头也在此得以表达。反之亦然。在咖啡厅里上司随口问问你西装的样式，你会轻松地聊上几句，但若上司特地走到你的办公桌前发问，你多半会惊恐地想这套衣服是否有违公司仪容规范。这是由于在不同的场合、不同的氛围下，人们的情绪和心理压力就会有很大差别的缘故。

10.2.2 倾听者自身的倾听障碍

倾听者本人在整个交流过程中具有举足轻重的作用，倾听者理解信息的能力和态度都直接影响倾听的效果。但由于每个人都有自己的思想和经验，难免在倾听时加上自己的感情色彩，在无形中树立了障碍，无法准确理解别人传递的信息，从而影响了沟通。来自倾听者自身障碍表现在以下方面。

（1）注意力不集中。倾听者受到内部或外部因素的干扰而无法集中注意力，这是最常见的阻碍倾听的因素。当疲倦时、胡思乱想时、对说话者所传递的信息不感兴趣时，都很难集中注意力。

（2）打断说话者。倾听者打断说话者也是阻碍倾听的因素之一。在回应说话者之前，应该先让他把话说完。对说话者缺乏耐心甚至粗鲁地打断他们，这是对说话者本人及其信息不尊重的表现。

（3）缺乏自信。倾听者缺乏自信也是阻碍倾听的因素之一，这是因为缺乏自信会令倾听者产生紧张的情绪，而这种情绪一旦占据了思维，就会使倾听者无从把握说话者所传递的信息。也正是为了掩饰这种紧张情绪，许多人总是在应当倾听时擅自发言，打断说话者。

（4）过于关注细节。阻碍倾听的另外一个因素是倾听者过于关注细节。如果倾听者尝试记住所有的人名、事件和时间，那么就会觉得倾听"太辛苦"了。这种紧紧抓住信息中的细节而不抓要点的做法非常不可取，这样做就可能完全不能理解说话者的观点。

（5）排斥异议。有些人喜欢听和自己意见一致的人讲话，偏心于和自己观点相同的人。这种拒绝倾听不同意见的人，不仅失去了许多通过交流获得信息的机会，而且在倾听的过程中注意力就不可能集中在讲逆耳之言的人身上，也不可能和这些人愉快交谈。

（6）心存偏见。倾听者心存偏见会在很大程度上阻碍倾听。偏见让倾听者无法对说话者所传递的信息保持开放和接纳的心态。这是因为，偏见使倾听者在倾听之前就已经对说话者或他所传递的信息作出了判断。

小案例
龟兔赛跑

（7）太注重说话方式与个人外表。人们倾向于根据一个人的长相或讲话的方式来判断一个人，因此听不到他真正说了什么。有些人常被说话者的口音和个人外表及行为习惯扰乱心绪，从而影响了倾听效果。

（8）厌倦。由于大脑思考的速度比说话的速度快很多，前者至少是后者的3～5倍（据统计，人们每分钟可说出125个词，理解400～600个词），很容易使倾听者感到厌倦。因为人们可以接纳一个人说的话，但同时还有很多空余的"大脑空间"，人们很想中断倾听过程，去思考别的一些事情。"寻找"一些事做，占据大脑空闲的空间，这是一种不良的倾听习惯。

10.3　有效倾听的策略

10.3.1　创造良好的倾听环境

（1）选择合适的场所。场所合适与否直接关系到沟通双方的心理感受。在公众场合下，应避免在噪声比较大的地方交谈，如施工场所、十字路口。应尽量寻找安静、舒适、典雅、有格调的咖啡厅、茶室等，同时力求避免电话、手机和他人的干扰。如果是在家中聚会，务必要将电视音量关小，保证室内空气清新、舒适，假如临近街道，可以将门、窗关紧。

（2）选择恰当的时间。公共场所都有自己的人群聚集高峰期，像公园、商场、风景区，节假日人比较多，咖啡厅晚上人流不息，而餐馆则在中午、下午6点以后客人较多。选择场所时还应考虑时间的不同对谈话双方的影响也将不同。

（3）保持一定的距离。说话者跟听话者感情好，私下交谈时则相互挨得近，恋人更是如此。但如果在正式场合，不论亲疏，都应保持一定的距离。过远，则不容易听清；过近，则容易使说话者感到紧张。

10.3.2　良好的心理准备

倾听，要求倾听者要有良好的精神状态，集中精力，随时提醒自己交谈到底要解决什么问题，聆听时应保持与谈话者的眼神接触，但在时间的长短上应适当，如果没有语言上的呼应，只是长时间盯着对方，会使双方都感到局促不安。另外，要努力保持大脑的清醒，保持身体警觉有助于使大脑处于兴奋状态。

倾听时，应该保持开放的心态，这是提升倾听技巧的指导方针之一。这样做不但使你能考虑到事情的各个方面，还能减少你与说话者之间的防御意识，而防御意识会极大地阻碍你们之间的良好沟通。回应说话者时，即使你不同意对方的观点，也应对其信息保持积极的态度。

10.3.3 正确的态势语言

人的身体姿势会暗示出他对谈话的态度，自然开放性的姿态，代表着接受、兴趣与信任。根据达尔文的观察，交叉双臂是日常生活中最普遍的姿势之一，一般表现出优雅，富于感染力，让人看上去自信心十足。但这常常自然地转变为防卫姿势，当倾听意见的人采取这种姿势，大多是持保留的态度。向前倾的姿势是集中注意力、愿意听倾诉的表现。所以说二者是相容的。倾听时交叉双臂跷起二郎腿也许是很舒服，但往往让人感觉这是种封闭性的姿势，容易让人误认为是不耐烦或高傲。

10.3.4 提升倾听的技巧

（1）对主题或说话者产生兴趣。这样做有助于倾听者以积极的态度进行倾听。倾听时，你的目标应当是从每个说话者那里获取知识，但如果你对他们的话不感兴趣，就很难集中注意力。因此，应当消除自己对主题或者对说话者的偏见，使自己对其产生兴趣。倾听时，应该关注说话者提供的信息，而不是他们的外表、性格或是说话方式，不要因为这些因素而对他们传递的信息加以定论，应该根据他们提供的论据来判断信息的价值。另外，也不要仅仅因为说话者的出色表达就立即对他们作出肯定的判断。出色的表达并不意味着说话者传递的信息有价值。因此，应该等到说话者完整地传递了信息之后，再作出判断。

（2）积极关注自己不熟悉的信息。要提升自己的倾听技巧，还应该学会积极关注自己不熟悉的信息。如果在倾听时遇到此类信息，就更需要高度集中注意力。因为如果不这样做，就有可能抓不住信息中的重点。当对方传递的是自己不熟悉的信息时，可以采取下列方法来改变自己：

①不要因为信息复杂而气馁；
②使自己对学习产生兴趣；
③提问以确认说话者的观点。

（3）专注于说话者的主要观点。倾听时，一定要专注于说话者的主要观点，为了全面理解讲话者的言辞中包含的内容和情感，倾听者要集中精力努力捕捉信息的精髓。这样做不仅能避免让说话者强烈的情感影响了你的情绪，而且能集中精神理解讲话者所述观点中的重点。

（4）不要过早下结论。要提升自己的倾听技巧，倾听者在倾听时就不要过早下结论。当你不同意说话者的看法时，最自然的反应就是立即不再理会他所传递的信息。尽管你不需要同意说话者的所有观点，但是在下结论之前，还是应该听完他的话。因为只有听完了全部的信息，才能彻底地检验并公正地评估说话者的观点、论据和论证过程。

（5）复述说话者所传递的信息。通过复述，倾听者可以确定自己是否完全理解了该信息。复述时，倾听者可以用自己的话向说话者概括信息的主要内容，这样能减少对信息的误解和错误的推测。

（6）不到必要时，不打断他人的谈话。善于听别人说话的人不会因为自己想强调一些细枝末节、想修正对方话语中一些无关紧要的部分、想突然转变话题，或者想说完一句刚刚没说完的话，就随便打断对方。经常打断别人说话就表示你不善于倾听，个性激进、礼貌不周，很难与他人沟通，所以除了在不得不说的情况下，是不应打断对方谈话的。

（7）尊重说话者的观点。每个人都有自己的观点，要鼓励别人说出自己的看法，而不能因为自己的主观意愿，否定自己不同意的观点，如果无法尊重说话者的观点，那可能会错过很多学习的机会，而且无法和对方建立起融洽的关系。

（8）换位思考。站在对方的角度去考虑他所说的话，以客观的心态去面对说话者，用心去感受说话者的心情，感受他的喜悦或悲伤，这也是做到最高层次倾听的体现。这样做可以避免因心理定式和偏见等产生的障碍。

（9）倾听者不应该过于拘谨。倾听者在倾听时过于拘谨使倾听变成了一种被动行为，此时，倾听者绝不会表达自己的观点，他们根本不参与交流，常常只是以"很好"和"我明白你的意思"之类的话来回应说话者。倾听者在倾听时过于拘谨可能是因为害羞，也可能仅仅出于不想给说话者带来麻烦，无论是什么原因，他们的行为都会阻碍有效的沟通。要避免在倾听时过于拘谨，应当遵循以下原则：

①乐于表达自己的想法；
②通过提问参与对话；
③回答问题要干脆；
④与说话者进行眼神交流。

10.3.5 善于运用其他形式沟通

毕竟只是用听的话，所记住的信息有限，这时候就需要借助一些其他的方式来帮助自己更好地记忆。比如做笔记，这样能更有效地记住对方所说的话。做笔记时也能有选择地记下自己认为更重要的信息，从而避免因为什么都要记下而费时费力。

课堂互动

情景对话分析

某搬家公司通过在报纸上刊登广告来招揽业务，但生意来了之后反倒不愿做了。请分析下面的情景对话：

小王：您好，请问是××搬家公司吗？

搬家公司接线员：是的，请问您是哪里？

小王：我是广州点石成金咨询有限公司。

搬家公司接线员：咨询公司？做什么的？

小王：我公司主要做电话营销技巧培训。今天，我给你打电话是因为……

搬家公司接线员：我们不需要培训。（哐啷！没等小王说完，电话就被粗暴地挂断了。）

问题：

（1）搬家公司接线员犯的错误是什么？

（2）小王犯的错误是什么？

（3）请同学们就所学内容及自己平时的经验，相互交流在倾听时的积极做法。

（4）请同学们就所学内容及自己平时的经验，相互交流在倾听时的消极做法。

延伸阅读

请扫描二维码阅读以下内容。

 一、提高倾听能力的技巧

 二、管理者倾听的艺术

思考练习

1. 请总结一下你在倾听时存在哪些不良习惯，你准备怎样克服。
2. 为什么沟通过程中倾听占有十分重要的位置？请谈谈你的体会。
3. 两个同学为一组，每个同学准备一篇有一定信息量的约 800 字的文章，一位同学将文章读给另一位同学听，倾听者要注意运用以上技巧使自己保持专注。文章宣读完毕，首先由倾听者陈述自己获得的信息，宣读者检查对方信息是否准确无误。其次角色互换，再进行一轮。最后双方谈谈自己倾听中的感受。
4. 听辨训练

1) 以下问题，哪种回应你认为最恰当？

①一位亲密的朋友对你说："老板说我工作效率太低，如果我不改进的话就要炒我鱿鱼。"

a. "我想你得拼命工作了。"
b. "你不应该怕他，你可以再找一份工作。"
c. "听上去这份工作对你很重要，你不愿意丢掉它吧？"

②邻居抱怨说："看来我别无选择，只有让我妈妈搬来和我一起住了。"

a. "你应该这样想：她养大了你，现在该你回报她了"
b. "我想你心里肯定很高兴又能和她住在一起了。"
c. "你是担心这样做会对你的生活产生影响吧？"

2) 情境会话

一天，同一栋楼里的林伯伯见到小明的妈妈，说："你家小明真刻苦，每天晚上 11 点多，我们都睡觉了，还听见他在弹钢琴，孩子真不容易啊！"林伯伯的言外之意是什么？

假如你是小明的妈妈，你打算说些什么呢？

5. "听"的能力训练

尽管"听"是人们与生俱来的能力，但是它并不是一件容易的事情。以下练习就是最好的说明。

练习 1：教师对学生说："请拿出一支铅笔，一张纸。在纸上画一条约 10 厘米长的垂直线。把你姓氏的第一和最后一个字母写在直线的上方和下方。"注意不要强调最后一个句子中的两个"和"字。教师会发现大多数人会把第一个字母写在线上方而最后一个字母写在线下方。

练习 2：教师让学生迅速回答下列问题：

"有的月份 31 天，有的月份 30 天。那么有多少个月份有 28 天？"不少学生会回答：

"一个。"而事实上所有的月份都有28天。

问题：

（1）以上两个小练习分别说明了倾听中的什么问题？

（2）从以上练习中应该汲取哪些倾听经验？

6. 案例分析：

善于倾听的乔·吉拉德

有一次，一个客人到乔·吉拉德那里去买车，乔·吉拉德向他推荐了一款新型车，一切都进行得非常顺利，眼看就要成交了，突然间这个顾客说："我不要了。"明明这个顾客很注意这部车，为何突然间变卦？乔·吉拉德对此一直懊恼不已，百思不得其解。

当天晚上11点，他实在忍不住拨通了这位顾客的电话。

"您好，今天我向您推销的那一款车，眼看就要签字了，不晓得您为什么突然间走了？很抱歉，我知道现在已经11点了，但我检讨了一整天，实在想不出错在哪里，因此我特地打电话来向您请教。"

"真的吗？"

"真的。"

"是肺腑之言吗？"

"是肺腑之言。"

"很好，你在用心听我说话吗？"

乔·吉拉德回答："是的，我用心在听您说话。"

于是这个顾客说："可是今天下午你并没有用心在听我说话呀，就在签字之前我提到我的儿子即将进某所大学就读，我还提到我儿子的运动成绩及他将来的抱负，我以他为荣，但是我发现你没有任何的反应。"

乔·吉拉德记得这个顾客的确是曾说过这件事，但当时他根本就没有注意听，也没有在乎。

"你根本就不在乎我说什么，我看得出来，你正在听另外一个推销员讲笑话，这就是你失败的原因。"

从此，乔·吉拉德明白了销售人员永远要学会倾听，去倾听对方的谈话内容，尊重对方的心绪，这样就成功了一半。他最终成为世界级推销大师。

思考讨论题：

（1）请分析乔·吉拉德推销失败的原因。

（2）本案例对你有哪些启示？

7. 心理小测验：

你是一个善于倾听的人吗？

①你喜欢听别人说话吗？

a. 喜欢，我从别人的谈话中可以得到许多信息

b. 我不会花太多的时间听人说话，现在很多人说话都是口是心非

c. 我不大关心别人说什么

②为了要完整地弄清事情，你是否会广泛地听取各方意见？

a. 我可没那么好的耐心

b. 我会尽量多地听取意见

c. 方便的话，会这样

③有人在跟你说话时，你会注视着对方吗？

a. 会的，我会一直给对方以应有的尊重

b. 如果对话题不感兴趣，我会东张西望，表现出不耐烦

c. 我根本就不知道讲话时该看着对方

④当别人希望通过谈话来缓解压力时，你会

a. 尽量鼓励他说下去

b. 忍不住地要抢话题

c. 不耐烦地打断他的话

⑤无论说话者是不是你喜欢的人，你都会认真地看着对方

a. 会的，我觉得这是对人基本的尊重

b. 对不喜欢不欣赏的人不会这样，我不会有那么好的涵养

c. 只能保持一会儿这样的状态

⑥当别人的谈话不入你的耳，你会

a. 由他去，不理他

b. 听他讲完后再回敬他

c. 不耐烦地打断他

⑦当你觉得对方说话比较幼稚时，你会

a. 毫不客气地打断他

b. 不搭理他

c. 告诉他比较成熟的观点

⑧当你和比你矮许多的人说话时，你会

a. 尽量地蹲下来，和对方平视

b. 仍站着和他居高临下地说话

c. 看都不看他，直视前方

⑨当对方说讨你喜欢的话时，你会

a. 理所当然的高兴

b. 冷静地思考一下此话的真实性

c. 觉得他真会哄人

⑩你对说话者不论中不中听，都会分析一下吗？

a. 能理解就理解，不能理解就算了

b. 会的，因为人们经常会说一些言不由衷的话

c. 不用，他说他的，我做我的，否则多累

⑪别人正在跟你说话时，你突然想起要打一个电话，于是你

a. 告诉对方，你忽然有一个很急的电话要打，请他等会儿再说

b. 把对方晾在一边，只顾自己打电话

c. 打断对方，也不解释什么，拿起电话就打

⑫当对方的谈话中有一些是你听不懂的话时，你会

a. 能懂就懂，不懂就算了

b. 仔细地询问一下，直到弄明白

c. 觉得重要的就问，不重要的就算了

⑬当对方说话有些犹豫时，你会

a. 鼓励他别急，耐心地等待他说完

b. 不耐烦地打断他

c. 尽量忍耐

⑭当你有听不明白的话时，你是否会重复说话者说过的话，弄明白了再问问题？

a. 干脆什么也不问

b. 没弄明白就问问题

c. 会的，这样不会造成误会

⑮当你不是很明白对方的意思时，你是不是会把你理解的意思说出来，让他证实？

a. 多想想就是

b. 按自己的理解方式办事就行

c. 一般我会跟对方证实一下

评分规则

学习情境11

交谈艺术

> 交谈是了解一个人最好的方法。
>
> ——〔古希腊〕狄摩西尼

情境导入

经理室的对话

小王是一家科教设备公司的推销员,他希望通过勤奋的工作来创造良好的业绩。一天他急匆匆地走进一家公司,找到经理室,于是就有了如下的一段对话:

小王:您好,李先生。我叫王乾,是科教设备公司的推销员。

经理:哦,对不起,这里没有李先生。

小王:你是这家公司的经理吧?我找的就是你。

经理:我姓于,不姓李。

小王:对不起,我没听清你的秘书说你是姓李还是姓于,我想向你介绍一下我们公司的彩色复印机……

经理:我们现在还用不着彩色复印机。

小王:噢,是这样。不过,我们还有别的型号的复印机,这是产品目录,请过目。(接着,掏出香烟和打火机)你来一支。

经理:我不吸烟,我讨厌烟味,而且,我们公司是无烟区。

小王:……

任务分析

美国前哈佛大学校长伊立特曾说:"在造就一个有修养的人的教育中,有一种训练必不可少,那就是优美、高雅的谈吐。"交谈是交流思想和表达感情最直接、最快捷的途径。在社交中,像本任务"情境导入"中发生的语言冲突并不鲜见。有的人不注意交谈的规范和要求,或用错了一个词,或多说了一句话,或不注意词语的色彩,或选错话题等而导致交往失败或影响人际关系。因此,在交谈中必须遵从一定的礼仪规范,才能达到双方交流信息、沟通思想的目的。

实训项目

项目名称：交谈场景训练。

实训目标：掌握交谈的技巧。

实训学时：2课时。

实训地点：教室。

实训背景：新学期开始，班上一位同学因为家境贫寒，生活拮据，产生自卑感，不愿和大家交往，性格有点孤僻。一次，班级组织大家去春游，大家都踊跃报名，只有他一声不吭地待在寝室里。班主任让你找他谈话，动员他参加这次集体活动。你面对他打算从哪里谈起？

实训方法：

（1）选几位同学扮演这位有点自卑的同学，每人将自己最希望别人和你交谈的话题写在纸条上。

（2）其他同学扮演"你"，通过2分钟的准备，上前搭话，进行交谈。

（3）打开纸条看看自己的搭话和对方此时想要听的话有多大的联系。

知识链接

11.1 交谈的基本要求

语言作为人类的主要交际工具，是沟通不同个体心理的桥梁。说话的语言艺术包括以下几个方面。

微课
交谈的
基本要求

11.1.1 准确流畅

在交谈时如果词不达意、前言不搭后语，很容易被人误解，达不到交际的目的。因此在表达思想感情时，应做到口音标准、吐字清晰，说出的语句应符合规范，避免使用似是而非的语言。应去掉过多的口头语，以免语句割断；语句停顿要准确，思路要清晰，谈话要缓急有度，从而使交流活动畅通无阻。

语言准确流畅还表现在让人听懂，因此言谈时尽量不用书面语或专业术语，因为这样的谈吐让人感到太正规，受拘束或是理解困难。古时有一笑话说的是有一书生，突然被蝎子蜇了，便对其妻子喊道："贤妻，速燃银烛，你夫为虫所袭！"他的妻子没有听明白，书生更着急了："身如琵琶，尾似钢锥，叫声贤妻，打个亮来，看看是什么东西！"其妻仍然没有领会她的意思，书生疼痛难忍，不得不大声吼道："快点灯，我被蝎子蜇了！"真乃自作自受。

11.1.2 清晰明了

口头传播的一大特点是传播速度快。据有关专家考证，口头语言留在人们记忆里的时间一般不超过七八秒钟，十秒钟以后，记忆就会逐渐模糊，直至残缺不全。这就要求人们在讲话时尽量使用明确精练、通俗易懂的语言，避免使用那些模棱两可、似是而非、晦涩难懂的语言。

说话要力求简单明了。生活中常有这样的情形，有的人不顾场合地点，说起话来口若悬河，滔滔不绝；有的人车轱辘话来回说，生怕别人不解其意，或是说话中插入一些不必要的交代，节外生枝，不着边际。结果，主干被枝蔓掩盖了。主要的信息被大量的次要信息淹没了，听者如坠入五里雾中，不知所云。

此外，应当特别注意同音异义字的使用，以免发生误会。在汉语中，容易引起歧义的词语并不少见。例如"全部（不）及格""治（致）癌物质"，等等。遇到这类容易引起误解的词语，说话人可以换一种表达方式，交代清楚，如"全部都及格""导致癌症的物质"。这样对方就不会有疑问了。

11.1.3 委婉表达

交谈是一种复杂的心理交往，人的微妙心理、自尊心往往起重要的控制作用，触及它，就有可能产生不愉快。因此，对一些只可意会不可言传的事情、人们回避忌讳的事情、可能引起对方不愉快的事情，不能直接陈述，只能用委婉、含蓄、动听的话去说。常见的委婉说话方式如下。

避免使用主观武断的词语，如，"只有""一定""唯一""就要"等不带余地的词语，要尽量采用与人商量的口气。

先肯定后否定，学会使用"是的……但是……"这个句式。把批评的话语放在表扬之后，就显得委婉一些。

间接地提醒他人的错误或拒绝他人。

11.1.4 掌握分寸

谈话要有放有抑有收，不过头，不嘲弄，把握"度"；谈话时不要唱"独角戏"，夸夸其谈，忘乎所以，不让别人有说话的机会；说话要察言观色，注意对方情绪，对方不爱听的话少讲，一时接受不了的话不急于讲。开玩笑要看对象、性格、心情、场合，一般来讲，不随便开女性、长辈、领导的玩笑，一般不与性格内向、多疑、敏感的人开玩笑，当对方情绪低落、心情不快时不开玩笑，在严肃的场合、用餐时不开玩笑。

11.1.5 幽默风趣

交谈本身就是一个寻求一致的过程，在这个过程中常常会出现不和谐的地方而产生争论或分歧。这就需要交谈者随机应变，凭借机智抛开或消除障碍；幽默还可以化解尴尬局面或增强语言的感染力。它建立在说话者高尚情趣、较深的涵养、丰富的想象、乐观的心境、对自我智慧和能力自信的基础上，它不是要小聪明或"卖嘴皮子"，它应使语言表达既诙谐，又入情入理，体现一定的修养和素质。

小案例
还没插秧呢

11.1.6 适时赞美

善于发现他人的优点，恰到好处地赞美他人能促进人际关系的和谐，有利于交谈的顺利进行。但赞美别人也要讲究技巧，赞美要适时并要给人真诚之感。例如当看到对方理了新发型、换了新衣服，如果适时地给予赞美，立刻能使对方感到愉悦，如"新发型真时尚啊！""你的新衣服真不错！"但赞美时也要注意语言表达，如果告诉对方："你的新衣服真不错我从来没看到你穿得这么漂亮！"那么这句赞美将适得其反。

赞美千万不要过分地恭维他人，那样只会让人觉得虚情假意。赞美应因人而异，要了解不同人群喜欢听什么样的赞美。男人喜欢别人称赞他幽默风趣、有风度、有才华；女人渴望别人注意自己年轻、漂亮、时尚；老人喜欢别人欣赏自己

小贴士
回应他人赞美的艺术

身体健康、养生有道、经历丰富；孩子则爱听别人表扬自己聪明、懂事。

11.1.7 声音优美

每个人的声音都是有感情的，也是有色彩的。而如何让自己的声音富有吸引力，展现出独特的个人魅力，这也是一门艺术。

首先要注意音调的高低变化。无变化的声音是单调的，如同催眠曲，令人进入精神凝滞状态，更达不到讲话的目的。因此，与人交谈时，应根据谈话内容的变化，适当调整音调的高低，给人抑扬顿挫的感受。

其次要控制好音量。谈话时，音量的控制也非常重要。太大的声音会令人反感，以为你在那里装腔作势；音量太小会使人听不清楚，以为你怯懦。一般来说，应根据听者距离的远近来调节自己的音量，达到最适合的状态。

最后要注意说话语速。说话时一直保持同一种语速会使人产生听觉上的疲劳，容易昏昏欲睡，打不起精神。因此，在与人交谈时，应该把握说话的语速，不要太快或太慢，应追求一种有快有慢的音乐感。在主要的语句上放慢速度作强调，在一般的内容上稍微加以变化。

11.2 使用礼貌用语

使用礼貌用语，是人类文明的标志，也是全世界共同的心声。使用礼貌用语不仅会得到人们的尊重，提高自身的信誉和形象，而且还会对自己的事业起到良好的辅助作用。在我国，政府有关部门向市民普及文明礼貌用语，基本内容为十个字："请""谢谢""你好""对不起""再见"。在实际的社会交往中，日常礼貌用语远不止这十个字。归结起来，主要可划分为如表 11-1 所示几个大类。

表 11-1 礼貌用语一览表

序号	礼貌用语类型	举 例
1	问候用语	您好！各位好！小姐好！××先生好！××主任好！早上好！中午好！下午好！晚安！各位下午好！××经理早上好
2	欢迎用语	欢迎！欢迎光临！见到您很高兴！恭候光临！××先生，欢迎光临！欢迎再次光临！欢迎您又一次光临本店
3	送别用语	再见！回头见！慢走！走好！欢迎再来！保重！一路平安！旅途顺利
4	请托用语	请稍候！请让一下！劳驾！拜托！打扰了！请关照！请您帮我一个忙！劳驾您替我看一下这件东西！拜托您为这位女士让一个座位
5	致谢用语	谢谢！××先生，谢谢！谢谢，××小姐！谢谢您！十分感谢！万分感谢！多谢！有劳您了！让您替我们费心了！上次给您添了不少麻烦
6	征询用语	您需要帮助吗？我能为您做点什么？您需要点什么？您需要哪一种？您觉得这件工艺品怎么样？您不来一杯咖啡吗？您是不是很喜欢这种方式啊？您是不是先来试一试？您不介意帮助您吧？您打算预订雅座，还是散座？这里有三种颜色
7	应答用语	是的。好。很高兴能为您服务。好的，我明白您的意思。请不必客气。这是我们应该做的。请多多指教。过奖了。不要紧。没关系。不必，不必。我不会介意
8	赞赏用语	太好了！真不错！对极了！相当棒！非常出色！您真有眼光！还是您懂行！您的观点非常正确，看来您一定是一位内行。哪里，哪里，我做得还很不够。承蒙夸奖，真是不敢当。得到您的肯定，的确让我们很开心

续表

序号	礼貌用语类型	举例
9	祝贺用语	祝您成功！一帆风顺！心想事成！身体健康！生意兴隆！全家平安！节日快乐！活动顺利！新年好！春节快乐！生日快乐！旗开得胜，马到成功
10	推托用语	您可以到对面的商场去看一看。我可以为您向其他专卖店询问一下。下班后我们酒店还有其他安排，很抱歉不能接受您的邀请
11	道歉用语	抱歉。对不起。请原谅。失礼了。失言了。失陪了。失敬了。失迎了。不好意思。多多包涵。很惭愧。真的过意不去

此外，还要拒绝不文明语言。表 11-2 中的语言在交谈中均不宜采用。

表 11-2 不文明语言示例

粗话	为了显示自己为人粗犷，出言必粗，如把爹妈叫"老头儿""老太太"；把吃饭叫"撮一顿"，在交际中使用这种粗话是很失身份的
脏话	讲脏话，即口带脏字，讲起话来骂骂咧咧，出口成"脏"；讲脏话的人，非但不文明，而且自我贬低，低级无聊
黑话	黑话，即流行于黑社会的行话，讲黑话会令人反感厌恶，难以与他人进行真正的沟通和交流
荤话	荤话，即说话者把艳事、绯闻、男女关系之事挂在口头，说话"带色""贩黄"不仅表明说话者品位不高，而且对交谈对象也不够尊重
怪话	有些人说话或怪里怪气，或讥讽嘲弄，或怨天尤人，或黑白颠倒，或耸人听闻，专要以自己的谈吐之"怪"而令人刮目相看；爱讲怪话的人，难以令人对其产生好感
气话	气话，即说话时闹意气、泄私愤、图报复，大发牢骚，指桑骂槐；在交谈中说气话，不仅无助于沟通，而且还容易伤害人、得罪人

11.3 有效选控话题

所谓话题，是指人们在交谈中所涉及的题目范围和谈话内容。换言之，话题是一些由相对集中的同类知识、信息构成的谈话资料及其相应的语体方式、表述语汇和语气风格的总和。在人际沟通中，学会选择和控制话题，就能使谈话有个良好的开端。

微课
有效选控话题

11.3.1 交谈中宜选的话题

在交际中，首先，应选择既定的话题，即交谈双方业已约定，或者一方先期准备好的话题，如征求意见、传递信息、研究工作等。

其次，选择内容文明，格调高雅的话题，如，文学、艺术、哲学、历史、地理、建筑等，这类话题适合各类交谈，但忌不懂装懂。

再次，选择轻松的话题，这类话题令人轻松愉快、身心放松，适用于非正式交谈，允许各抒己见，任意发挥。主要包括文艺演出、流行、时装、美容美发、体育比赛、电影电视、休闲娱乐、旅游观光、名胜古迹、风土人情、名人轶事、烹饪小吃、天气状况，等等。

又次，选择时尚的话题，即以此时此刻正在流行的事物作为谈论的中心，这类话题变化较快，不太好把握。

最后，选择话题时还要注意选择自己擅长的话题，尤其是交谈对象有研究、有兴趣的话题。比如，青年人较多关注足球、通俗歌曲、电影电视的话题，而老年人较熟悉健身运动、饮食文化之类的话题；公职人员多关注时事政治、国家大事，而普通市民则更关注家庭生活、个人收入等；男人多关心事业、个人的专业，而妇女对家庭、物价、孩子、化妆、衣料、编织等更容易津津乐道。

在交谈时要注意交谈的话题有所忌讳。在交谈中，若双方是初交，则有关对方年龄、收入、婚恋、家庭、健康、经历这一类涉及个人隐私的话题，切勿加以谈论。

值得注意的是，为了更好地与人交谈，平时应扩大话题储备。人们的经历、职业、兴趣、学习状况不同，每个人所掌握的话题状况各不相同，都有一定的局限性，因此必须尽量扩大话题储备，增大知识储备。对于掌握话题广度影响最大的是自身的学习状况和进取精神。一个人如果有理想、有追求，思想境界高，而且肯下功夫学习，爱读书学习，并关注社会现实生活，有较多的朋友，把看到、听到的东西，有意识地加以记忆和积累，就会变得学识渊博，时事政策、天文地理、政治外交、文艺体育、花鸟鱼虫、音乐美术几乎无所不知，由于视野开阔，谈资和知识面自然会比别人宽得多。

11.3.2　控制话题的方法

在职场中，交谈一般是有主题的。在实际交谈中，有时候会出现话题偏转的情况，为了使交谈达到既定的沟通目标，交谈的一方有必要运用巧妙的方法控制话题。

（1）提醒法。交谈中，一旦发现对方偏离话题，可以提醒对方，使交谈重新回到既定主题上，提醒的方法因人而异，对于同龄、相熟的人，可以有礼貌地直接提醒对方已经偏离主题了。如："我们跑题了，言归正传，刚才说到集团公司要开展职工健美操比赛的事……"

对于年长者或者地位较高的人，直接打断对方的话语进行提醒是不礼貌的行为，可以在适当的时候，比如对方就某个内容谈话结束的时候，提醒转入正题，如："您刚才说得非常有意义，希望以后有机会再向您请教。××贸易公司的事情还需要您进一步做出明确的指示……"

（2）引导法。在实际交谈中，常常有人说到自己擅长的事情的时候，滔滔不绝，不知不觉偏离了谈话的主题。遇到这种情况，谈话的另一方要有意识地加以引导，使话题重新回到既定主题。例如一位记者采访一位刚获得世界冠军的运动员，想请她谈谈此时的心理感受：

记者：您好，您刚获得了该项目的金牌，请问您现在是什么心情？

运动员：我非常激动。我这次来比赛，我的家人也特意来为我助阵。看，他们在看台上，那边是我的父母，旁边穿蓝色衣服的是我的丈夫，前边站着的是我的女儿……

记者：获得冠军后，您有什么话想对他们讲？

运动员：我想说"谢谢"。特别是我的女儿，她经常为我打气，还是我的忠实"粉丝"，我很爱我的女儿……

记者：除了感谢您的家人以外，您有什么话想对您的教练和同事讲？

（3）转移法。交谈过程中，有时候需要及时转换话题，常用以下几种技巧：一是自然转换。一个话题谈到一定时候，谈兴低落了，就适时停止表示意见，自然地引出另一个话题来。二是问题转移。在交谈中，适当提出一个问题来，把谈兴引向另一方面。三是答非所问。有些话题不便发表意见，可在回答中转移话题，引出另外的内容。

11.4 掌握闲谈技巧

在交际场合中，闲谈可以帮助你与别人建立亲密的关系、缓和紧张气氛。会帮你树立一个平易近人的良好形象，让别人从你的闲谈中感受你的见多识广，彼此的性格并建立私人关系。你自己也可以从闲聊的过程中知晓各种有益的商业信息，人们往往在不经意的闲谈中获得有用的信息。闲谈能反映一个人的知识、修养、追求与爱好。善于闲谈的人往往能得到别人的喜欢，获得更多的朋友，也让别人获得信息，收获快乐。

11.4.1 闲谈的技巧

（1）选择话题。注意话题的安全性。在闲谈的时候一定要选择安全的话题，例如谈一谈孩子、天气状况、文化动态、交通堵塞、物价、环境问题、社会或城市的毛病等话题，不要涉及他人的收入、小道消息、私生活等话题，要避开办公室的有关公事，另外，最好找到双方共同感兴趣的话题，不要一味只顾自己高兴，而冷落了他人的参与，这是不礼貌的，也是缺乏交际技巧的表现。

（2）适时发问。在交谈中适时发问可以引导交谈按照某个目的继续进行，调整交谈的气氛，同时，必须在事先没有准备的情况下根据对方的身份、地位、场合、关系来决定你的提问，而使问题更得体。精妙的提问能使你获得需要的信息、知识和利益，并且证明你十分重视对方的谈话，从而激起对方的兴趣，向你提供更多的信息。

（3）注意反应。闲谈中要注意察言观色，当你提出问题后，对方避而不答或转移话题，那就要换一个对方感兴趣的话题了。

（4）闲谈的语言要求。要注意礼貌待人，不要出语伤人，要注意机智幽默。闲谈中临场发挥的特点决定了双方都要保持高度的机智性和灵活性。注意调节气氛。幽默的人往往容易受到人们的欢迎。

11.4.2 闲谈中的注意事项

（1）不要随便打断对方的讲话。有的人有这样的毛病，总喜欢打断对方的谈话，这是不尊重对方的表现，应该是等对方把话说完，再进行发言。

（2）避免行话、术语。不论是在跨国际交流还是在本国的交流中，一定要注意不要使用行话、术语和方言。

（3）不要胡乱幽默。在闲谈的时候，不要使用双方从来没有使用过的幽默，因为在你认为可笑的事情，在别人尤其是外国人，就不一定理解你的幽默，所以，当一方已经笑得前仰后合的时候，而另一方却不知道怎么回事，这种场合是很尴尬的。所以，谈话的时候，在谈话刚开始或只有几分钟的时候，最好不要讲难懂的幽默。

（4）不要与别人抬杠、争执。在商务交往中，和气生财，和气才能保证广交朋友，而不要与人发生无谓的争执，不要争强好胜，否则是不礼貌的。

（5）避免搬弄是非。在正式的商业场合中，一言一语都会成为影响商务交往的重要信息，不能搬弄是非，不要传播小道消息。朋友对你说的心里话，不要当作闲谈的资料去到处宣扬，这样做是不道德的。

11.5 弥补言行失误

如果在与人交往中不注重礼仪，可能由于举止言行的某一个失误，导致终生遗憾。那么，在言行出现失误的时候，公关人员该怎样弥补这一过失呢？

11.5.1 及时纠正

古语说："亡羊补牢，未为迟也！"每个人的言行不可能永远正确，当你出现一时失误，应及时纠正，这才是明智之举。

一次，某国总统访问巴西，由于旅途疲乏，年岁又大，在欢迎宴会上，他脱口说道："女士们，先生们！今天，我为能访问玻利维亚而感到非常高兴。"有人低声提醒他说溜了嘴，总统忙改口道："很抱歉，我们不久前访问过玻利维亚。"尽管他并未去过玻利维亚。当人们还来不及反应时，他的口误已经淹没在后来的滔滔的大论之中了。这种方法，在一定程度上避免了当面丢丑，不失为补救的有效手段。

11.5.2 及时移植

及时移植，就是把错话移植到他人头上。如说："这是某些人的观点，我认为正确的说法应该是……"这就把自己已出口的某句错误纠正过来了。对方虽有某种感觉，但是无法认定是你说错了。

11.5.3 及时引申

迅速将错误言辞引开、避免在错中纠缠。就是接着那句错误的话之后说："然而正确说法应是……"或者说："我刚才那句话还应作如下补充……"这样就可将错话抹掉。

11.5.4 借题发挥

借题发挥就是错话一经出口，在简单的致歉之后立即转移话题，有意借着错处加以生发，以幽默风趣、机智灵活的话语改变场上的气氛，使听者随之进入新的情境中去。曾有一个新毕业的大学生去某合资公司求职，一位负责接待的先生递过来名片。大学生神情紧张，匆匆一瞥，脱口说道："滕野先生，您身为日本人，抛家别舍，来华创业，令人佩服。"那人微微一笑："我姓滕，名野七，地道的中国人。"大学生面红耳赤，无地自容，片刻后，神志清醒，诚恳地说道："对不起，您的名字使我想起了鲁迅先生的日本老师——滕野先生。他教给鲁迅许多为人治学的道理，让鲁迅受益终身。希望滕先生日后也能时常指教我。"腾先生面带惊奇，点头微笑，最终录用了他。

11.5.5 将错就错

将错就错这种方法就是在错话出口之后，能巧妙地将错话续接下去，最后达到纠错的目的。其高妙之处在于，能够不动声色地改变说话的情境，使听者不由自主地转移原先的思路，不自觉地顺着你之思维去思考。

某次婚宴上，来宾济济，争着向新人祝福。一位先生激动地说道："走过了恋爱的季节，就步入了婚姻的漫漫旅途。感情的世界时常需要润滑。你们现在就好比是一对旧机器……"其实他本想说"新机器"，却脱口说错，令举座哗然。一对新人更是不满之意溢于言表，因为他们都曾各自离异，自然以为刚才之语隐含讥讽。那位先生的本意是要将一对新人比作新机器,希望他们能少些摩擦。但话既出口,若再改正过来,反而不美。他马上镇定下来,略一思索,不慌不忙地补充一句:"已过磨合期。"此言一出,举座称妙。这位先生继而又深情地说道:"新郎新娘,祝福你们永远沐浴在爱的春风里。"大厅内掌声雷动,一对新人早已笑若桃花。

这位来宾的将错就错令人叫绝。错话出口,索性顺着错处续接下去,反倒巧妙地改换了语境,使原本尴尬的失语化作了深情的祝福,同时又道出了新人之间情感历程的曲折与相知的深厚,颇有些"点石成金"之妙。

11.6 避免冷场发生

与人交谈,一个话题谈完了,如果两个人不善言谈,而另一个话题又没接上,那么,就有可能出现"冷场"的尴尬局面,别人会显出局促不安的神态,你也会无所适从,怎么办?一般来说,冷场分为两种情况:一种是单向交流中,听的人毫无兴趣,注意力分散;另一种是双向交流中,听者毫无反应,或仅以"嗯""噢"之类应付。不管是哪种情况出现的冷场,根本原因都在于听者不愿听说话人所说的话,听者仅仅出于纪律的约束或处世的礼貌而扮演一个"接受"的角色。发言者既要发言,必须实施控制,避免冷场的发生。避免和控制的办法如下:

11.6.1 发言简短

单向交流中那种应景式讲话,越短越好。如某商场举行开业仪式,邀请了市内各方面的人士参加。总经理只说了两句话:"女士们,先生们:热忱欢迎各位光临!现在我宣布:××商场正式开业!"

双向交流中,任何一方都不要滔滔不绝地"包场",要有意识地给对方留下发言的时间和机会。自己一轮都讲不完,应待对方有所反应后再讲,不要一轮就讲得很长。

11.6.2 交换话题

单向交流的话题变换是暂时的,变换话题的目的是吸引听者的注意力,调动他们的兴趣。这一目的达到后,仍要回到原有话题的轨道。比如,教师在讲课过程中发现学生精力分散、东张西望、打瞌睡、窃窃私语、在桌上乱画,可以暂停讲授,穿插几句应景、时髦、诙谐的话;或者简短地讲个与教学多少相关的典故、趣闻,学生的精力便会集中起来,之后,再继续讲课。双向交流的话题变换是不定的,根据现场情况随时进行。比如,你与别人谈今日凌晨看的一场世界杯足球赛电视直播,可别人并不喜欢足球,也没有在半夜爬起来观看,对你所议显得毫无兴趣,出现冷场。这时,你就应及时将话题转到其他方面去。

11.6.3 中止交谈

任何人在交谈时都不希望听者不愿接受。但若这种情况出现,你又采取了诸如简短发言、变换话题等控制手段,仍然不能扭转冷场的局面,那就应中止交谈。没有人接受的交谈是无意义的,既白白消耗自己的精力,又无端浪费别人的时间。

小贴士
交谈的禁忌

课堂互动

以小组为单位,创设交谈情景,分角色进行交谈这一沟通技巧的训练。

延伸阅读

请扫描二维码阅读以下内容。

一、吸引对方听你说话的技巧

二、寻找与陌生人交谈的突破口

思考练习

1. 交谈中你觉得哪些话题特别容易引起对方的兴趣?
2. 交谈中要注意使用哪些礼貌用语?
3. 设想你分别与一位老人、一名小学生进行交谈,你将如何选择交谈的话题?
4. 公司职员小王接待了一位老人,这位老人想反映产品质量问题,但由于年纪偏大,表达不是很清楚,而且一说就是老半天。面对这种情况小王应该如何处理?
5. 2~3名同学一组,每组同学相互谈谈自己在与他人交谈时,有过哪些沟通的不良体验?造成了什么后果?对自己有什么启发?
6. 选择以下话题与你的同学进行交谈练习:
   (1) 你最崇拜的人是谁,最崇拜他什么?
   (2) 假如你中彩票得到500万元大奖,你将如何使用这笔钱?
   (3) 假如你是所在的高职院校的校长或院长,最想做的是什么?
   (4) 假如你有机会周游世界,你会如何安排行程?
   (5) 假如你能回到十年前,这十年你如何安排?
   (6) 你一生中最快乐的事是什么?发生在什么时间?
7. 案例分析:

初入职场的秘书

小王是刚刚工作的秘书,可谓初入职场。一次奉命接待一名公司的客户。客户来到公司,小王看见了,上来就说:"陈先生,我们经理让你上去。"这位陈先生一听,心想:我又不是你的下属,凭什么让我上去就上去,哪有这样做生意的?一气之下就对小王说:"你们要想做生意,自己来找我,我回宾馆了。"

思考讨论题:
(1) 初入职场的秘书小王错在哪里?如果是你,遇到这种情况你会怎样做?
(2) 请讨论一下与人见面交谈时应该注意哪些礼仪?

8. 心理小测验:

你善于与人交谈吗?
(1) 你是否时常觉得"跟他多讲几句话也无意思"?
   A. 强烈肯定   B. 有时   C. 绝对否定
(2) 你是否觉得那些太过于表现自己感受的人是肤浅和不诚恳的?
   A. 强烈肯定   B. 有时   C. 绝对否定

(3) 你与一大群人或朋友在一起时,是否时常觉得孤寂或失落?
　　A. 强烈肯定　　　B. 有时　　　C. 绝对否定
(4) 你是否觉得需要有时间一个人静静地才能清醒一下和整理好思绪?
　　A. 强烈肯定　　　B. 有时　　　C. 绝对否定
(5) 你是否只会对一些经过千挑百选的朋友才吐露心思?
　　A. 强烈肯定　　　B. 有时　　　C. 绝对否定
(6) 在与一群人交谈时,你是否时常发觉自己在东想西想一些与交谈话题无关的事情?
　　A. 强烈肯定　　　B. 有时　　　C. 绝对否定
(7) 你是否时常避免表达自己的感受,因为你认为别人不会理解?
　　A. 强烈肯定　　　B. 有时　　　C. 绝对否定
(8) 当有人与你交谈或对你讲解一些事情时,你是否时常觉得很难聚精会神地听下去?
　　A. 强烈肯定　　　B. 有时　　　C. 绝对否定
(9) 当一些你不太熟悉的人对你倾诉他生平遭遇以求同情时,你是否觉得不自在?
　　A. 强烈肯定　　　B. 有时　　　C. 绝对否定

评分规则

学习情境 12
电话沟通

> 良好的礼貌是由微笑的牺牲组成的。
>
> ——〔美〕爱默生

情境导入

AB 汽车客户满意度回访

李新是 AB 汽车特约维修中心的客户经理,在最近一段时间,他通过电话回访进行客户满意度的调查。今天早上他一到公司,就开始了电话拜访。

场景一:
"是陈强吗?"
"我是,哪位?"
"我是 AB 汽车特约维修中心的。"
"有事吗?"
"是这样,我们在做一个客户满意度的调查,想听听您的意见。"
"我现在不太方便。"
"没有关系,用不了您多长时间。"
"我现在还在睡觉,您晚点打过来好吗?"
"我待会也要出去啊,再说这都几点了,您还睡觉啊,这个习惯不好啊,我得提醒您。"
"我用得着你提醒吗?你两小时后再打过来。"
"您还是现在听我说吧,这对您很重要,要不然您可别怪我。"客户挂断。

任务分析

电话是人们开展社交活动不可缺少的工具,在日常生活和工作交往中,都要利用电话与别人取得联系和交谈。据美国《电话综述》(*Telephone Review*) 中介绍说,一个人一生平均有 8 760 小时在打电话。在录像电话还没普及之前,人们通过电话给人的印象完全靠声音和使用电话时的习惯,要想有"带着微笑的声音"或者通过电话赢得信任,就必须掌握使用电话的礼节与技巧。

电话的使用，直接反映出电话使用者的素质。本"情境导入"中那位 AB 汽车特约维修中心的客户经理李新的表现就使人清楚地感受到了这点。

在日常工作生活中，大家肯定会遇到这样的情况：休息的时候被无关紧要的电话吵醒；在公共场所看到有人大声地用电话说着什么；会场上电话铃声此起彼伏；电话拨通后，听到"喂，喂，找哪位？""有什么事儿？"……由此可见，电话沟通必须讲究规范，不会打电话、不会接电话会影响人际交往的效果。

实训项目

项目名称：自编小品"打电话"活动。
实训目标：掌握电话沟通的基本规范和技巧。
实训学时：2 学时。
实训地点：实训室。
实训准备：电话等。
实训方法：将学生 3~5 人分为一组，每组学生自设场景，自编小品表演打电话（手机）。表演后，师生点评。

知识链接

12.1 电话沟通的基本要求

目前大部分电话能传输的信号是声音，但这一信号载体却包含着许多信息。说话人想做什么，要做什么，是高兴还是悲伤，还有对另一方的信任感、尊重感，彼此都可以清晰地得知。这些都取决于电话的语言与声调。因此，电话语言要求礼貌、简洁和明了，以准确地传递信息。

12.1.1 态度礼貌友善

当你使用电话交谈时，不能简单地将对方视作一个"声音"，而应看作是面对一个正在交谈的人。尤其是对办公人员来说，面对的是组织的一名公众，如果你们是初次交往，那么，这样一次电话接触便是你给公众的第一次"亮相"，应十分慎重。因此，在使用电话时，多用肯定语，少用否定语，酌情使用模糊用语；多用些致歉语和请托语，少用些傲慢语、生硬语。礼貌的语言、柔和的声音，往往会给对方留下亲切之感。正如日本一位研究传播的权威所说："不管是在公司还是在家里，凭这个人在电话里的讲话方式，就可以基本判断出其'教养'的水准。"

12.1.2 传递信息要简洁

电话用语要言简意赅，将自己所要讲的事用最简洁、明了的语言表达出来。因为通话的一方尽管有诸如紧张、失望而表情异常的体态语言，但通话的另一方不知道，他所能得到的判断只能是来自他听到的声音。在通话时最忌讳发话人吞吞吐吐，含糊不清，东拉西扯。正确的做法是：问候完毕对方，即开宗明义，直言主题，少讲空话，不说废话。

12.1.3 控制语速和语调

通话时语调温和，语气、语速适中，这种有魅力的声音容易使对方产生愉悦感。如果说话过程语速太快,则对方会听不清楚,显得应付了事;太慢,则对方会不耐烦,显得懒散拖沓;语调太高,则对方听得刺耳,感到刚而不柔;太低,则对方会听得不清楚,感到有气无力。一般说话的语速、语调和平常的一样就行了,即使是长途电话,也无须大喊大叫,把麦克风放在离嘴两三寸的地方,正对着它讲就行了。另外,通电话时,周围有种种异样的声音,会使对方觉得自己未受尊重而变得恼怒,这时应向对方解释,以保证双方心情舒畅地传递信息。

12.2 接打电话的技巧

12.2.1 接电话的技巧

(1) 快速、礼貌地接听电话。接电话首先应做到迅速接听,力争在铃响三次之前就拿起话筒,这是避免让打电话的人产生不良印象的一种礼貌行为。电话铃响过三遍后才作出反应,会使对方焦急不安或不愉快。正如日本著名社会心理学家铃木健二所说:"打电话本身就是一种业务。这种业务的最大特点是无时无刻不在体现每个人的特性。""在现代化大生产的公司里,职员的使命之一,是一听到电话铃声就立即去接。"接电话时,也应首先自报单位、姓名,然后确认对方,如:"您好!这是××公司营销部。"如果对方没有马上进入正题,可以主动请教:"请问您找哪位通话?"

(2) 仔细聆听并积极反馈。作为受话人,通话过程中,要仔细聆听对方的讲话,并及时作答,给对方以积极的反馈。通话时听不清楚或意思不明白时,要马上告诉对方。在电话中接到对方邀请或会议通知时,应热情致谢。

(3) 规范地代转电话。如果对方请你代转电话,应弄明白对方是谁,要找什么人,以便与接电话人联系。此时,请告知对方"稍等片刻",并迅速找人。如果不放下话筒喊距离较远的人,可用手轻捂话筒或按保留按钮,然后再呼喊接话人。如果你因别的原因决定将电话转到别的部门,应客气地告知对方,你将电话转到处理此事的部门或适当的职员。如:"真对不起,这件事是由财务部处理,如果您愿意,我帮您转过去好吗?"

(4) 认真做好电话记录。如果要接电话的人不在,应为其做好电话记录,记录完毕,最好向对方复述一遍,以免遗漏或记错。

(5) 特殊情况的处理。一是电话铃响时,如果你正在与客人交谈,应先向客人打招呼,然后再去接电话。如果发觉打来的电话不宜为外人所知,可以告诉对方:"我身边有客人,一会儿我再给您回电话。"不要抛下客人,在电话中谈个没完,这样身边的客人会有被轻视的感觉。二是不要在听电话时与旁人打招呼、说话或小声议论某些问题。如果通电话时有人有急事来找你,应先对电话那端的人说声:"对不起。"如果为回答通话对方的提问,需向同事请教时,可说声"请让我核实一下"。三是如果使用录音电话,应事先把录音程序整理好,把一些细节考虑周到。不要先放一长段音乐,也不要把程序搞得太复杂,让对方莫名其妙、不知所措。四是如果对方打错了电话,应当及时告知,不要讽刺挖苦,更不要表示出恼怒之意。如果来电人需要把电话打到别的部门,你可以说:"您要找的人在××部门,电话号码是××"。

接电话的顺序、基本用语、注意事项如表12-1所示。

表 12-1　接电话的顺序、基本用语、注意事项

顺序	基本用语	注意事项
1. 拿起电话听筒并告知自己的姓名	● "您好，平安保险××部××"（直线）"您好，××部×××热线"（内线） ● （上午10点以前）"早上好" ● （电话铃响3声以上才接时）"让您久等了，我是××部×××"	● 电话铃响3声之内接起； ● 在电话机旁准备好记录用的纸笔； ● 接电话时，不使用"喂"回答； ● 音量适度，不要过高； ● 告知对方自己的姓名
2. 确认对方	● "×先生，您好！" ● "感谢您的关照"等	● 必须对对方进行确认； ● 如果是客户来电，要对其表达感谢之意
3. 听取对方来电用意	"是""好的""清楚""明白"	● 必要时应进行记录； ● 谈话时不要离题
4. 进行确认	"请您再重复一遍""那么明天在×××见，9点钟"，等等	● 确认时间、地点、对象和事由； ● 如果是留言，必须记录下通话时间和留言人
5. 结束语	"清楚了""请放心""我一定转达""谢谢""再见"等	—
6. 放回电话听筒		轻轻放下电话

12.2.2　打电话的技巧

（1）选择适宜的通话时间。打电话的时间应尽量避开上午7时前、晚上10时以后的时间，还应避开晚饭时间。有午休习惯的人，也请不要用电话打扰他。电话交谈所持续的时间也不宜过长，事情说清楚就可以了，一般以3~5分钟为宜。因为在办公室打电话，要照顾到其他电话的进、出，不可过久占线，更不可将办公室的电话或公用电话当作聊天的工具，这是惹人讨厌的行为。

微课
打电话的技巧

（2）通话之前做好准备。通话之前应该核对对方公司或单位的电话号码、公司或单位的名称及接话人姓名。写出通话要点及询问要点，准备好在应答中使用的备忘纸和笔，以及必要的资料和文件。估计一下对方情况，决定通话时间。

（3）注意通话的礼节。接通电话后，应主动友好，自报一下家门和证实一下对方的身份。应先说明自己是谁，除非通话的对方与你很熟悉，否则就该同时报出你的公司及部门名称，然后再提一下对方的名称。打电话要坚持用"您好"开头、"请"字在中，"谢谢"收尾，态度温文尔雅。若你找的人不在，可以请接电话的人转告，如："对不起，麻烦您转告×××……"然后将你所要转告的话告诉对方。最后别忘了向对方道一声谢，并且问清对方的姓名。切不可"咔嚓"一声就把电话挂了，这样做是不礼貌的，即使你不要求对方转告，你也应该说一声："谢谢，打扰了。"打电话结束时，要道谢和说声再见，这是通话结束的信号，也是对对方的尊重。注意声音要愉快，听筒要轻放。一般来讲，应该打电话的人先放下电话，接电话的人再放下电话。但是，假如是与上级、长辈、客户等通话，无论你是通话人还是发话人，都最好等对方先挂断。

小贴士
拨打电话的空间环境考虑

(4) 特殊情况的处理。这包括四种情况：一是通话中如有人无意闯入房间，可以示意请此人坐下等候，或此人自觉退出房间等候。否则，你可向电话那端的人说声"对不起"，简短和来人打招呼后（如可以说："等我打完这个电话后再和你谈"）继续通电话。如果办公室有客人来时电话铃响了，可以暂时不接，除非你一直在等这个电话。如果属于这种情况，则应向来客说明。二是如果需要留言请对方回电，就要请对方记下你的电话号码。这样对方回电就不必再去查电话号码簿，即使对方是熟人，双方经常通电话，也要告诉对方回电的号码，同时别忘了告诉对方回电的合适时间。如果对方是在外地，则最好说明自己将于何时再打电话，请其等候，不可以让对方花钱打长途电话找你。三是如果要找的人不在，则应对代接你电话的人说："谢谢，我过会儿再打"或"如果方便，麻烦您转告××"或"请告诉他回来后给我来个电话，我的电话号码是××"。切不可"咔嚓"一下就挂断电话。四是如果出现线路中断，打电话的一方应负责重拨，接电话的一方应稍候片刻。重拨越早越好，接通后应先表示歉意，尽管这并非自己的过错，可以说："对不起，刚才线路出了问题。"即使通话即将结束时出现线路中断，也要重拨，继续把话讲完。如果在一定时间内打电话的一方仍然未重拨，接电话的一方也可以拨过去，然后询问"刚才电话断了，不知您是否还有没讲完的事。"

打电话的顺序、基本用语、注意事项见表 12-2。

表 12-2　打电话的顺序、基本用语、注意事项

顺序	基本用语	注意事项
1. 准备		● 确认拨打电话对方的姓名、电话号码； ● 准备好要讲的内容、说话的顺序和所需要的资料、文件等； ● 明确通话所要达到的目的
2. 问候、告知自己的姓名	"您好！我是五湖四海公司××部的×××。"	● 一定要报出自己的姓名； ● 讲话时要有礼貌
3. 确认电话对象	● "请问××部的××× 先生在吗？" ● "麻烦您，我要找×× ×先生。"	● 必须确认接电话的是否为你要找的人； ● 确认是你要找的人接的电话后，应重新问候
4. 电话内容	"今天打电话是想向您咨询一下关于××的事……"	● 应先将想要说的结果告诉对方； ● 如果是比较复杂的事情，应提醒对方做记录； ● 对时间、地点、数字等进行准确的传达； ● 说完后可总结所说内容的要点
5. 结束语	"谢谢""麻烦您了"，"那就拜托您了"，等等	语气诚恳、态度和蔼
6. 放回电话听筒	—	等对方放下电话后再轻轻挂掉电话

12.3　使用手机的技巧

无论是在社交场所还是在工作场合，肆意地使用手机，已经成为礼仪的最大威胁之一。

在国外，如澳大利亚电信的各营业厅就采取了向顾客提供《手机礼节》宣传册的方式，宣传手机礼仪。在使用手机的时候应该注意以下几个方面。

12.3.1 置放到位

在一切公共场合，手机在没有使用时，都要放在合乎礼仪的常规位置。不要在没有使用的时候放在手里或是挂在上衣口袋外。放手机的常规位置有：①随身携带的公文包里，这种位置最正规；②上衣的内袋里，有时候，可以将手机暂时系在腰带上，也可以放在不起眼的地方，如手边、背后、手袋里，但不要放在桌子上，特别是不要对着面正在聊天的客户。

12.3.2 注意场合

在会议中或和别人洽谈的时候，最好是把手机关掉，或调到振动状态。这样既显示出对别人的尊重，又不会打断发言者的思路。而那种在会场上让手机铃声大作的人，其实给人的印象只能是缺少教养。注意手机使用礼仪的人，不会在公共场合或座机电话接听中、开车中、飞机上、剧场里、图书馆和医院里接打手机，就是在公交车上大声地接打电话也是有失礼仪的。公共场合特别是楼梯、电梯、路口、人行道等地方，不可以旁若无人地使用手机，应该把自己的声音尽可能地压低，而绝不能大声说话，同时不要妨碍他人通行。在一些场合，如在看电影时或在剧院，打手机是极其不合适的，如果一定要回话，采用静音的方式发送手机短信是比较适合的。

12.3.3 考虑对方

给对方打手机时，尤其当知道对方是身居要职的忙人时，首先想到的是，这个时间他（她）方便接听吗？并且要有对方不方便接听的准备。在给对方打手机时，注意从听筒里听到的回音来鉴别对方所处的环境。如果很静，应想到对方在会议上，有时大的会场能感到一种空阔的回声；当听到噪声时对方就很可能在室外，开车时的隆隆声也是可以听出来的。有了初步的鉴别，对能否顺利通话就有了准备。但不论在什么情况下，是否通话还是由对方来定为好，所以"现在通话方便吗？"通常是拨打手机的第一句问话。其实，在没有事先约定和不熟悉对方的前提下，很难知道对方什么时候方便接听电话，所以，在有其他联络方式时，还是尽量不打对方手机好些。

在餐桌上，关掉手机或是把手机调到振动状态还是必要的，避免正吃到兴头上的时候，被一阵烦人的铃声打断。不要在别人注视自己的时候查看短信。一边和别人说话，一边查看手机短信，是对别人的不尊重。当与朋友面对面聊天时，不要正对着朋友拨打手机，避免发射高频的电流对他产生辐射，让对方心中不愉快。使用手机时必须牢记"安全至上"，否则不但害人，还会害己。注意不要在驾驶汽车时，使用手机电话或查看寻呼机内容，以防止发生车祸；不要在病房、油库等地方使用手机，免得它们所发出的信号有碍治疗，或引发火灾、爆炸；不要在飞机飞行期间使用手机，否则极可能使飞机"迷失方向"，造成严重后果。

另外，现在有不少人，特别是年轻人喜欢使用彩铃。有些彩铃很搞笑，或很怪异，与千篇一律的铃声比较起来，确实有独特之处。但是彩铃是给打电话的人听的，如果你需要经常用手机联系业务，最好不要用怪异或格调低下的彩铃，以免影响自己和单位的形象。

课堂互动

以小组为单位,设计社交情景,模拟练习接打电话(手机),注意礼仪要求。

延伸阅读

请扫描二维码阅读以下内容。

一、电话沟通的优势和弊端　　二、应对特殊电话的技巧

思考练习

1. 日常生活中,你在打电话时遇到哪些不礼貌的情况?
2. 结合生活实际谈谈你接打电话的体会。
3. 李经理正在与一位客户进行电话交谈,这时另一位重要客户来到办公室拜访。如果你是李经理,正确的做法应该是什么?
4. 如果发现自己拨错了电话,你应该怎样解决?
5. 张女士正在国家大剧院音乐厅听一场由著名大师指挥的交响乐。音乐演奏到高潮时,全场鸦雀无声,听众正凝神谛听,突然手机铃声响起,在宁静的大厅中显得格外刺耳。演奏者、观众的情绪都被打断。大家纷纷回头用眼神责备这位不知礼者。请问使用手机时应注意哪些事项?
6. 案例分析:

对方看到你打电话的表情

日本有一个特别有名的销售员,有人结合他的经历写了一本书,叫《史上最伟大的推销员》。这个推销员的伟大之处在哪儿呢?他的工作中又有哪些有趣的故事?

有一天晚上,他回到家后,比较累了,决定先睡一觉。但他定了一个闹钟,同时告诉他老婆,晚上10点的时候,一定要把他叫起来,因为他跟一个很重要的客户约好在10点半的时候打电话。

到10点的时候,不等他老婆催他,他听到闹钟就醒了,然后去洗手间洗漱,接着又是刮胡子,又是穿衬衫、打领带的,还穿上了西装和皮鞋。最后拿了个本子,在电话机旁正襟危坐,一到10点半就准时给对方打电话。

业务倒是谈得很顺利,十几分钟就搞定了。但是他这番举动让他老婆感到很奇怪:不就是打一个电话吗?有必要搞得跟个神经病似的吗?大半夜的还要起来精心打扮一通,好像现在不是晚上,而是星期一一大早。

你猜他是怎么解释的?他跟他老婆说,如果我很邋遢、很懒散的话,对方虽然看不到我的样子,如果我自己的精神面貌不好,会通过我的语气传达给对方。经过这么一番打扮,我看起来正式多了,人也精神多了。虽然看不见对方,我也要尊重对方,我相信,对方一定能感受得到!

一个人的成功与伟大，从来都不是无缘无故的。他凭借着这样的好心态赢得了众多的客户，很多客户觉得，不管什么时候和这个推销员打电话，都会感觉他精神百倍，好像全心全意地在做这件事。客户要是感觉到你是全心全意的，哪怕只是对待一次通话，他也会觉得受到了极大的尊重。

　　思考讨论题：
　　（1）与客户进行电话沟通时，怎样让客户觉得你是尊重他（她）的？
　　（2）本案例对你有什么启示？

学习情境13

书面沟通

> 烽火连三月,家书抵万金。
>
> ——〔唐〕杜甫

情境导入

办学广告纠纷

上海曾发生过这样一起办学广告纠纷:有一个中外合作办学项目涉及收费标准问题。以前一直写一年收学费 10 000 元,由于一部分学生一次性缴费有困难因而校方考虑在新的一学年里将收费改为一学期收费 5 000 元。但广告登出时却将一学期收费 5 000 元误写为一年收费 5 000 元。随即报名者纷纷涌来。这一书写差错造成了很严重的后果。尽管校方作出了解释,但仍然有许多人投诉,使得这一纠纷持续了三年。

任务分析

书面沟通是一种传统的沟通方式,一直作为可靠的沟通方式为大家所采用,每一个管理者在工作中都不可避免地要运用文字来沟通信息,"口说无凭,落笔为准"就充分地说明了书面沟通在现实生活中的重要作用。所谓书面沟通,就是利用书面文字作为主要的表达方式,在人们之间进行信息传递与思想交流,如企业在处理日常事务时经常使用的信函、计划书、各类报告等都是重要的书面沟通方式。

上述案例表明:书面沟通在日常管理工作中具有非常重要的作用。书写的内容要准确并经得起反复推敲,要具有严密性,才能保证传递的信息是正确的。

实训项目

项目名称:信函的写作。

实训目标:掌握信函的撰写礼仪。

实训学时:1学时。

实训地点:教室。

实训背景:奥新公司拟赞助红星小学 30 名农民工子弟(贫困生),款额为每人每学年

1 000元，并对贫困生的学习成绩和道德品质有相应的要求。

实训方法：请代该公司就此事给红星小学拟写一封函。要求如下：

（1）每位学生独立完成函的写作，完成后相互交流、讨论；

（2）函要求格式规范，内容正确，字迹清楚，表达准确；

（3）有条件的学校，可以要求学生利用计算机完成函的写作任务；

（4）教师结合学生撰写函的情况，在全班总结讲评。全班评出最佳表现者。

知识链接

13.1 书面沟通概述

13.1.1 书面沟通的优点和缺点

书面沟通在人们日常生活和企业管理中扮演着重要的角色，具有其他沟通形式所不可替代的作用。概括起来，书面沟通的优点和缺点如表13-1所示。

微课
书面沟通
概述

表13-1 书面沟通的优点和缺点

书面沟通的优点	书面沟通的缺点
可供阅读，可长期保存，并可作为法律凭证，失真性相对较少	耗费时间较长，在同等的时间内进行交流，口头比书面所传达的信息要多得多
可以反复推敲、修改，直到满意为止，使下属直抒胸臆，放开思想，避免由于言辞激烈与上级发生正面冲突	发送者无法确保接受者对信息的理解是否符合其本意，容易产生沟通障碍
内容易于复制，有利于大规模的传播	缺乏内在的反馈机制，不能及时地提供信息反馈，信息反馈速度慢
讲究逻辑性和严密性，说理性更强，信息能够被充分、完整地表达出来，减少了情绪和个人观点等因素对信息传达的影响	无法运用情境和非语言要素，对于有些"只可意会，不可言传"的内容，运用书面沟通很难解释清楚

13.1.2 书面沟通的原则

书面沟通通常遵循"7C"原则：完整（completeness）、准确（correctness）、清楚（clearness）、简洁（conciseness）、具体（concreteness）、礼貌（courtesy）、体谅（consideration）。

完整是指书面沟通应完整表达所要表达的内容和意思，何人、何时、何地、何事、何种原因、何种方式等都要交代清楚。

准确是指主题准确，观点准确，运用的理论和方法准确，语言表达准确，数据准确，结论准确。

清楚是指思路清楚、层次清楚等。特别是选用的所有语句都应该能够非常清晰明确地表达真实的意图，避免双重意义的表示或者模棱两可。

简洁是指在无损于礼貌的前提下，用尽可能少的文字清楚表达真实的意思，让人一目了然，易于理解。清楚和简洁经常相辅相成，摒弃行文中的陈词滥调和俗套，可以使交流变得更加容易和方便。

具体是指内容要具体而且明确,不能丢三落四。

礼貌是指文字表达的语气上应表现出一个人的职业修养,客气而且得体。最重要的礼貌是及时回复对方,最感人的礼貌是从来不怀疑对方的坦诚。相互交往中肯定会发生意见分歧,但礼貌和沟通可能化解分歧而不影响双方的良好关系。

体谅是指在书面沟通时,始终应该以对方的观点来看问题,根据对方的思维方式来表达自己的意思,只有这样,与对方的沟通才会有成效。

13.1.3 书面沟通的一般过程

书面沟通的过程实际上就是写作的过程,通常管理写作一般要经过五个步骤,如图13-1所示。

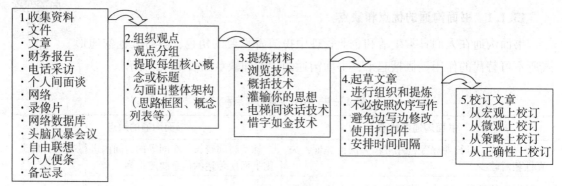

图13-1 书面沟通的一般过程

(1)收集资料。互联网和计算机技术的飞速发展,为信息资料的收集提供了便利条件,尤其是网络搜索、大型检索数据库的日益增多,使得信息资料的收集快捷而容易。

收集资料的途径很多,主要有文件、文章、书籍、统计数据、电话访谈、互联网检索、数据库检索、头脑风暴会议、实地调研等。

目前最为快捷的资料收集方法是运用百度等进行检索;其次是到国家、地方和大学、企业的图书馆进行查阅,或通过其购买的数据库进行检索;最后是直接进入政府统计网站、企事业单位网站进行检索。

(2)组织观点。这一步是将收集的大量零散资料按照其重要程度、逻辑关系、时间或历史的发展过程、核心概念等进行分类或分组,分组之后再进行筛选,归纳出每组内容的关键问题及标题,最后有策略地进行编排,厘清层次结构和逻辑顺序。

组织观点最重要的是提炼出核心观点,也就是中心思想,然后确定标题或主题,再确定子观点、论据、结论等。

(3)提炼材料。提炼材料是把已有信息资料根据确定的子观点进行取舍。取舍的方法有以下几种。①根据每个子观点需要进行提炼。②根据现有资料去提炼新的观点。③有选择地根据沟通对象的需要提取。④利用多种方法进行提取。比如,设想读者只是浏览,因此材料必须高度概括与提炼,立即能够引起读者的关注与兴趣;或是概括你的观点,或是灌输你的观点,或是利用"电梯间谈话"技术即化繁为简,或是采用"惜字如金"技术。

(4)起草文章。起草文章,首先要审标题、结构、中心思想、论点和论据等是否清晰、合理,有无需要调整之处,然后再根据自己对主题的理解,参考已有资料进行写作。起草文章注意不要在乎写作顺序，思考成熟了，就可以动笔；不要边写边改，写完一部分或全文后再进行修改，这样可以避免过早删去可能有用的内容；最好使用计算机，以随时保存，修改比较方便；起草后如果时间允许，不要马上送交有关部门，而是要暂时放一放，安排一定的时间间隔。过一段时间后再重新审阅时，可能会发现有些内容需要修改、完善或删除等。

（5）校订文章。校订文章是管理写作的必要环节，因为在管理写作过程中可能会有观点、结构、逻辑、内容、格式、符号、图表等多方面的问题。因此，校订文章时确保文章准确是首要条件。

校订实际上就是对写作内容进行编辑、修改，具体方法既可以从策略上、宏观上、微观上、正确性上进行修改，也可以就写作内容的正确性与有关部门或领导进行协商后修改，最后定稿。

13.2　常见的书面沟通方式

13.2.1　往来信函

（1）信函的一般礼仪要求

信函通常指信件。它一般包括社交信函、商务信函、公务信函等。信函的格式和要求，各个国家有不同的标准。这里先介绍一下中国的信函及其礼貌用语。

信是一种按照习惯的格式把要说的话用文字等符号写下来，给指定对象阅读的一种文书。信又称书信、信件等，是人们在社交活动中经常采用的一种交际工具。

书信可分为社交书信和公务书信两种。社交书信一般指私人间来往的信件；公务书信指用在公务活动中的各种信件，如介绍信、证明信、保证书、申请书等。函：原义是指信的封套，后转义将别人寄来的信件尊称为"函"。函目前是我国行政机关确定的公文的一种，是平行机关或不相隶属机关之间商洽工作、询问和答复问题时使用的一种公文。

上级机关对下级机关有所询问或答复询问时也可以用函。函可分为公函、便函两种。公函是指按照正规公文手续处理较重要问题时所使用的函件，它有完备的公文格式。便函则是指处理一般性事务时所使用的函件，它行文较自由，格式要求不太严格。

信函的格式通常包括称呼、正文、署名与日期及信封等几部分。

①称呼。称呼表明发信函者与收信函者之间的关系，要求在第一行顶格写，称谓要使用礼貌用语，并加上冒号，表示下面有话要说。

②正文。正文是信函的主要内容。正文通常包括问候语、起始语、正文主体、结束语、祝颂语五部分。

• 问候语。正文通常以问候语开头。问候对方是书信中的一种礼节礼貌，它体现出发信函者对收信函者的一种关切。书面问候语与口头问候语有所不同，书面问候语一般比较简洁文雅，常用的书面问候语有"您好""近好""新年好"等，问候语一般在称呼之下另起一行前空两格书写，并自成一段。

• 起始语。起始语是在正文开始之前的引子。通常是表达双方之间互通信息情况、情感、思念、钦佩、关切、问安、祝贺、致谢、志哀等。试举几例如下。

表情感：惠书敬悉，甚以为慰；久不通函，甚是为念；数封手书，热情诚挚之情溢于言表。

表思念：见信如面，分手多日，别来无恙；鸿雁传书，千里咫尺，海天在望，不尽依依。

表钦佩：奉读大示，向往尤深；新作拜读，敬佩之至。
表时令问候：春光明媚，想必合家安康；气候多变，起居何似？
表问安：闻君贵体欠安，甚念。
表自述：贱体初安，可请勿念。
表贺喜：喜闻足下新婚宴尔，特申祝贺。
表致谢：承赐忠喜，心感至极。
表致歉：久未通信，甚以为歉。
表志哀：惊悉×老不幸逝世，不胜哀悼。

- 正文主体。这是发信函者要书写的中心内容。无论中心内容是什么，在书写时都要注意语言的表述，一要真诚，这是书写信函的关键；二要得体，符合双方的关系及实际；三要简洁，即语言精练、简洁，字迹工整、清楚，切不可字迹潦草；四是表述要准确。信函的内容一旦跃然纸上，发给对方，便是"君子一言，驷马难追"，故对表述内容要仔细考虑，三思而后写，切不可草率下笔，自寻烦恼。

- 结束语。结束语通常用于总结全篇，表达书写者的情感和意图等。俗话说"编筐编篓，全在收口"，有礼貌的结束语会令人回味。结束语的内容常用于请托、承诺、婉辞、请教、商讨、馈赠礼物、邀约、催办、附言、代言及其他客套用语等。举例如下。

表请托：拜托之处，乞费神代办，不胜感激。
表承诺：托付之事，不敢忘怀，敬请放心。
表婉辞：所托之事，能力所限，无法奉命，尚希见谅。
表请教：拙作幼稚，恳请大加斧正。
表商讨：相见以诚，请恕不谦。
表赠物：千里鹅毛，聊表寸心。
表邀约：祈望一会，共叙友情。
表催办：如蒙速复，不胜感激。
表情感：言不尽思，再祈珍重。

- 祝颂语。祝颂语是对对方的一种祝福、祈愿。祝颂语可分为两部分，第一部分是一般祝颂语，常紧接正文之后书写或另起一行空两格书写；第二部分是特殊祝颂语（专门祝颂语），一般要根据具体情况来选择使用，常另起一行顶格书写。祝颂语是一种礼貌用语，常用的祝颂语如表 13-2 所示。

表 13-2 常用的祝颂语

一般祝颂语	专门祝颂语	针对对象、环境等
此致、此祝、此询 此贺、此问	敬礼、礼、日安、近安、近祺 刻安、日绥、近绥、时绥、顺意 万事如意、万事皆佳	一般性问候
祝好 敬祝、敬贺、敬询 敬候、恭祝、恭请	大安、金安、崇安、荣寿 春安、夏安（暑安）、秋安、冬安、春祺、夏祺、秋祺、冬祺 新喜、春喜、新年好	长辈、尊者 四季 新年、新春

续表

一般祝颂语	专门祝颂语	针对对象、环境等
恭问、恭贺 恭候	撰安、撰祺、著安、著福、文安 文祺、教安、教祺、编安、编祺	作家、学者、教师、编辑等知识分子
顺祝、顺贺、顺询	学安、学祺、进步	学生
顺问	勋祺、勋祉、戎绥、戎安	军人
顺颂	痊安、愈安、健康、早愈	病人
肃颂、肃清、谨祝	旅安、客安、行安、游安	出门远行者
谨贺、谨问、谨请	俪安、俪祉	夫妇
即颂、即请	阖家欢乐、阖府康福、合家安好	全家人

③署名与日期。署名和日期一般都写在祝颂语下一行末端处。署名占一行，日期另起一行，在末端处紧接上一行署名下书写。

署名也有谦称、敬称等。如果是写给朋友、同学的信函，可直接署上自己的名字或用习惯的自称，如：王刚、小王、刚等。如果是写给父母长辈的信函，通常在署名前加上相应的自称，如：小儿（小女）、儿子（女儿）等。如果是长辈给晚辈的信函，一般只署自称，如：爸爸、妈妈或者说父字、母字等。如果是夫妻间的书信，则可随意，或署名，或自称，或爱称皆可。如果是普通的私交信函，则应郑重起见，以示尊重。如果是学生给老师的信函，则可署"您的学生×××"，后面还要写上"敬上""谨上"等，以示尊敬。如果是公务信函，则可在署名前加上单位或内部科室名称，然后再署全名，有的也可在名称前署上自己的职务、职称等。

微课
商务信函写作

日期一项则书写当日时间或确切时刻，也可在日期一栏加上写作地点，如2011年4月30日于半壁斋。

④信封。中国的信封上有国家统一标准、统一格式。信封上的内容包括收信人的邮政编码、收信人的详细地址、收信人姓名、寄信人详细地址、寄信人姓名及寄信人邮政编码。中国的标准信封长220毫米，宽110毫米，下面左上角为邮政编码和收信人详细地址，右上角为贴邮票处，中间为收信人的姓名和详细地址，下面为寄信人详细地址、姓名、右下角为寄信人邮政编码。

信封上的邮政编码和地址、人名一定要写准确，地址须写省、市、单位或区（县）街道的全称，不能写简称，字迹要工整、清楚、不能潦草，以便于邮政人员辨识及微机检索。

（2）商务信函写作。在现代商务活动中，商务信函依然是商务通信的基础和重要内容之一，传真件、E-mail等通信文件的书写依然要遵循和借鉴书信写作规范，书面商务信函仍然是普遍承认的具有法律效力的经济交往工具，因此，商务信函的地位仍然很重要。商务信函的写作规则如下。

①格式正确。商业信函应使用印有公司抬头的专用纸，质量应尽可能优良。这种纸张一般只能用于公司业务，不书写私人信件，以免收信人在阅读全文之前分不清来函的性质。所有信函的结构，大体都分三部分，即开头、正文与结尾。开头是收信者和主题；正文用于说明和讨论问题的细节；结尾则说明发信人将采取何种行动或希望对方采取何种行动及落款和日期。信函格式应美观大方。不可密密麻麻一大片，令人看后生厌，要留足页边。段落要有

长有短，句型要参差有致。重点地方不妨加框，采用列表形式，或使用黑体字、斜体字，给人以美感。

②称谓得体。称谓也叫称呼语，信函的称呼语要准确，符合寄信人与收信人的特定关系，要正确表现收信人的身份、性别等。称呼语使用不当，可能会得罪人，也可能使收件人没兴趣往下看信件的具体内容。

要正确使用对方的姓名与头衔，这是一个重要的礼节问题。一般平时对对方称呼什么就写什么。在格式上，称呼语在信的第一行起首的位置单独成行，以示尊重。如果是自己尊敬的领导和长辈要写成"尊敬的某某"，写给非亲属的长辈、业务伙伴一般在姓氏、名字或姓名后加职务、学衔或职称，如张经理、卫国书记、赵志坚博士、王工程师等。中国人习惯称职务，欧美人一般愿意被称呼学衔，如果不知道对方的姓名和头衔，在发函前最好先打电话询问收信人的姓名与头衔。

一般称女性为"小姐"，公函上常用。如果对方喜欢被称作"夫人"，那就称呼"夫人"，如果弄不清称呼"夫人"还是"小姐"时，不妨统称"女士"，不是万不得已不写"亲爱的先生/小姐"和"致有关人士"之类称呼，这等于告诉对方，你连他是谁，是男是女尚不清楚。如打听不到收信人的姓名，可以用职务等中性名称代替，比如称对方为经理、代表之类，并在前面加上其公司或部门的名称。如果从姓名上判断不出对方的性别，可称其全名，在前面加上"尊敬的"而略去"先生""小姐"等字样。

③内容得当。正文是商务书信的主体，即写信人要说的话，要交代的事情。正文一般从信的第二行前面空两格开始。书信尽管内容写法各不相同，但是都要表情达意，以具体准确为原则，要字迹工整、言之有物、语句通顺，还要措辞得体，根据收信人的特点和写信人与收信人的关系来进行措辞。应避免写错字或打字错误，这不仅不礼貌，还会给人粗心的印象。恰当驾驭语言文字能产生影响力，即使是书面联系也能对他人的感受和行动产生久远的影响，并能通过语言文字的魅力给对方留下好印象。有时即使对方不同意你的意见或建议，也会对你流利的书法、通畅的文字和彬彬有礼的态度留下深刻的印象。

写信的目的是让人看懂，因此写信时应做到清晰易懂、开门见山、直截了当，以便收信人看过一遍就能完全领会你的意思。信写完后应仔细检查并阅读一遍，如果读起来感觉欠佳，那对方收到后阅读的效果也不会好，应重新进行修改。通信不像打电话或面对面交谈，你的文字和语句没有声调，对方看不见你的表情，听不见你的声音，弄不好就会产生误解。一些无伤大雅的幽默可以使信函更活泼、更亲切，但切记要慎用，以防误用而无意中伤害他人，使人产生误解和不快。一般来讲，信件还是以简明为宜，不要啰嗦，尽可能不浪费他人的时间。

内容要丰富，但应尽量简练，避免重复，重复表述相同的意思容易引起混乱。用词也应尽可能简练。例如，"未解决的问题"可以写成"问题"；"预先提出警告"可以简单地写成"警告"等。为了少用词语，有时可列出所有要点，并在每行之前标以序号，既清楚又醒目。要多用常用词。词汇越丰富，用词就越准确。但不可使用只有在大辞典中才能找到的生僻、晦涩的词，这样，对方会认为你在故弄玄虚，卖弄学问；也要避免使用对方不懂的行话。各行各业都有其独特的行话，非本行业的人极难明白其中真正含义；同样，一些文绉绉的老式用语，也以不用为宜，免得被人视为"老古董"。如"于兹附上"可写成"内附"，"望予俯允"可写成"请求"，"前举"可写成"上述"，"惠予通告"可写成"请告知"，等等。

④语言规范。不宜使用含有性别歧视或易产生歧义的词语。要从收信人的角度突出说明："他为什么要关心此事？""这事与他有什么关系？"以及"这对他有什么好处？"让读信人一开始就进入角色。要开门见山，把最重要的内容写在最前面，对收信人可能提出的问题应尽量先做回答。这样，即使收信人看了一半时中断阅读，也会了解书信的基本内容。书信中使用反面或否定的语言显得粗鲁，极易使人产生受责备的感觉，因此，要尽量使用正面、肯定的词语。用正面且有礼的表达方式可以增加亲切感，使人更容易接受。如：有利、得益、慷慨、成功、务请、为您骄傲等都是正面词语，而失误、遗憾、软弱、疏忽、马虎、无能、错误等都是反面词语。比如，要求对方及时送来报告，写成"请按时将报表寄来"，比"这份报表不可延误"来得婉转。还要正确使用过渡词语，如"因此""所以""此外""例如""仍然""然而""其结果是""更有甚者"等，可使文字显得流畅，但不宜滥用，以免啰嗦。注意使用正确的语法、拼写和标点，在这些方面出差错会给人以不好的印象，虽然这些都是小节，不能据此对一个人作出判断，但让人找出错误说明写稿人工作马虎，也显得对对方不够尊重。自己拿不准的地方不妨查查相关资料。

此外，商务信函的语气要亲切、直接、自然，像面对面说话一样。

⑤结尾讲究。商务信函的结尾部分一般要有结束语、致敬语、署名或签名，以及日期。结束语如："特此函告""专此说明"等，致敬语如："此致敬礼""顺致发财"等。署名、签名可并用，也可签名单独用，函件一般还需要加盖公章。人们很重视亲笔签名，有人接到信后还要仔细辨认是亲笔签名还是签章。

⑥仔细审校。使用电脑写信时最好打印出一份草稿以便审校，因为有些错误从荧屏上看不出来。如能有人代为审校，那效果会更好。另外，审校时最好能大声念读，如果听起来不顺耳，则接信人阅读时肯定也不会满意。为避免出错，商务信函写好后最好先核查一遍再寄出。信件在寄出之前，在可能的情况下，最好"晾"上一两个钟头，或等到第二天上班或午饭以后再投递，以便能在冷静下来时再看一遍，看看还有没有不妥之处。比如用词是否得体？表达是否清楚？要设身处地地替接信人考虑。

小贴士
信函的行款规范

13.2.2 贺信

贺信是表示祝贺、赞颂的专用礼仪性书信，一般用于对他人表示祝贺。现在贺信已成为表彰、赞扬、庆贺对方在某个方面所作贡献或所取得成就的一种常用形式，它还兼有表示慰问的功能。

（1）贺信的基本格式。贺信一般由标题、称谓、正文、结尾和落款五部分构成。

①标题。标题在第一行居中，字体可稍大，其构成的方式有以下四种：一是由单独文种名构成，即在第一行正中书写"贺信"二字；二是发信主体加文种名，如"××集团公司贺信"；三是接受者加文种名，如"给××公司的贺信"；四是由发信主体、接受者、文种名构成，如"××集团公司给××研究所的贺信"。

②称谓。顶格写明被祝贺单位或个人的名称或姓名。写给个人的，要在姓名后加上相应的礼仪称谓，如"先生""女士"等，称呼之后要用冒号。

③正文。正文部分主要表述三个方面的内容：一是开头，写明祝贺的原因。二是根据需

要来确定写作的内容。如果是祝贺对方取得成绩,要分析对方取得成绩的原因和意义;如果是祝贺会议的召开,要说明会议的内容和重要的意义。这部分是贺信的中心部分。三是祝颂词,要由衷地表达自己真诚的祝贺和祝福,也可写些鼓励的话,提出希望或共同理想等心愿。

④结尾。贺信仍用"此致敬礼"等表示敬意的话结尾。格式上也要求占两行,"此致"空两格单独占一行,"敬礼"顶格单独占一行。

⑤落款。空一行写上发文单位的名称或个人姓名,再另起一行署上成文的时间,其位置在贺信的右下方。

(2)贺信的写作要求。贺信要主题明确,中心突出。在写作上,要求结构完整,层次清楚,语言简练,表达精确,行文流畅,体现其公文庄重大气的特点。情感真挚但不要言过其实,评价要恰当。

13.2.3 感谢信

感谢信是商界人士为了表达对对方的邀请、问候、关心、帮助和支持的感谢之情的礼仪专用书信。它适用于任何给予自己关心、帮助的个人和企事业单位、社会团体等。感谢信既要表达出真诚的谢意,又要起到表扬先进、弘扬正气的作用。

(1)感谢信的格式和写法。感谢信通常由标题、称谓、正文、结尾和落款共五部分构成。感谢信的标题写法通常有以下几种形式:①单独由文种名称组成,如"感谢信";②由感谢对象和文种名称共同组成,如"致×××公司的感谢信";③由感谢双方和文种名称组成,如"×××公司致×××研究所的感谢信"。

感谢信的称呼要写在开头顶格处,要求写明被感谢的机关、单位、团体或个人的名称,然后加上冒号。

感谢信的正文从称呼下移一行空两格开始写,要求写上感谢的内容和感谢的心情。

感谢信的结尾要写上敬意的话。

感谢信的落款要署上发文单位名称,并署上成文日期。感谢信范例如下。

(2)感谢信的写作规范。

①内容真实,赞誉恰当。感谢信的内容必须真实,不可夸大溢美;赞誉对方时措辞要恰当,不能过于拔高,以免给人一种失真的印象。

②用语适度,叙事精练。感谢信的内容应以重要事迹为主,详略得当,要求语言精练、简洁,不可过分雕饰,否则会给人一种模糊的感觉。

小贴士
感谢信例文

13.2.4 请柬

请柬是一种礼貌性的书面通知,在我国古代,人们每遇到重大事件,均以文字请友邀亲,用来表示敬意和隆重的书面邀请就是所谓的请柬或柬帖。如今,人们举行宴会、酒会、茶话会、招待会、舞会、婚礼,以及各种专题性的活动,如博览会、订货会、展销会、联欢会、新闻发布会等,都用柬帖邀请各界宾朋。当然,邀请宾朋的方式很多,如打电话、写信等,但是柬帖这种邀请方式更加正式、礼貌,显示了对所邀宾朋的重视和尊重,是一种比较流行且很受欢迎的社交方式。

请柬的形状、大小可根据各自喜好自行确定,没有统一标准。请柬最好自己设计、制作,极具纪念意义。其基本格式包括以下几个部分:①封面。颜色、图案可自行设计,封面上写明"请柬"二字。②称谓。与信函称谓基本相同。③正文内容。主要包括活动性质、规格、活动时间、地点及其他有关事项。④祝颂语。与信函的祝颂语基本相同，但较之于信函要更为简单。最常用的祝颂语是"敬请光临"。⑤署名和日期。与信函相同。

请柬范例如下：

请　柬

×××总裁先生：

　　谨定于2024年4月16日至4月22日，在会展中心召开××集团机械设备展销会，并于4月16日中午12点30分在××大酒店举行开幕典礼。
　　恭请届时光临。
××集团公司总经理金××鞠躬

2024 年 4 月 9 日

　　请柬是一种比较正规、隆重的文书，是一种具有特殊意义的书信，常被应邀者当作纪念品收藏。因此，发请柬者一定要注意请柬的设计、制作，因为它代表着对所邀者的真诚、重视，也体现着你自身的形象。请柬上的文字最好由发柬者自己书写。请柬一般应提前4~10天寄出或亲自送达，以便受邀请者及早做出应邀与否的决定或准备。

小案例
庆典活动发出请柬没人来的原因

课堂互动

　　以小组为单位，各自起草一份请柬，邀请有关领导出席相关活动，事由、时间、地点自拟。

13.2.5　实习报告的写作

　　根据学习过程、结果以及体会书写出来的材料就是实习报告。实习报告写作要把握如下要求。

　　(1) 实习报告的资料收集。从开始实习的那天起，就要注意广泛收集资料，并以各种形式记录下来（如写工作日记等）。丰富的资料是写好实习报告的基础。主要收集这样一些资料：比如单位组织学习，内容是什么，什么学习方式、学习后的效果如何，是否有助于自己思想的提高；专业知识在工作中如何灵活运用；观察周围同事如何处理问题、解决矛盾。实习是观察体验社会生活，将学习到的理论转化为实践技能的过程，所以既要体验还要观察。从同事、前辈的言行中去学习，观察别人的成绩和缺点，以此作为自己行为的参照。

　　(2) 实习报告的写作。第一部分是以实习时间、地点、任务作为引子，或把实习过程的感受、结果用高度概括的语言概括出来以引出报告的内容。第二部分是写实习过程（实习内容、环节、做法）。既要写出将学校里学到的理论、方式方法变成实践的行为；又要观察、体验在学校没有接触过的东西，它们是以什么样的方式方法，以怎样的形态或面貌出现的，将这些东西写出来。第三部分写实习体会、经验教训、今后努力的方向等。也可以以实习体会、经验为条目来构架全文。例如，在实践中发现自己的优势：团队协作意识强；善于根据自己的知识、能力挑战新工作；事后善于总结等。从实践中看到自己的缺陷：专业知识不够扎实；动手能力差等。用这些体会把自己实践的过程和内容串联起来。

（3）实习报告写作要求。报告必须写自己的实习经历，可参考别人的资料，但不能抄袭。如有引用或从别处摘录的内容要标明出处。实习报告开头要有内容摘要和关键词；语言要求简练，符合公务文书的要求。字数要在3 000字以上。

小贴士
实习报告例文

【小训练】

你最近参加校外实习了吗？请撰写一篇实习报告。

延伸阅读

请扫描二维码阅读以下内容。

一、调查报告的写作技巧　　二、工作总结的写作方法与要领

思考练习

1. 你认为书面沟通中最重要的原则是什么？
2. 如何保证写作简洁？
3. 信函写作的一般要求是什么？
4. 商务信函的礼仪规则有哪些？
5. 贺信、感谢信和请柬的写作要求各是什么？
6. 利用假期时间去打工，回来后写一份实习报告。字数不少于2 000字。
7. 请代海全公司写一份邀请宏达公司总经理参加本公司十周年庆典的请柬。要求格式规范，文字简洁明了，写清楚活动的时间、地点、内容。
8. 星光公司经过三年的改革，终于扭亏为盈，企业进入良性发展阶段，为日后的可持续发展打下了良好的基础。在岁末年初之际，海辰公司拟向星光公司的领导和员工发一封贺信，请你代为拟写此贺信。要求：格式正确，内容完整，文字标点规范。
9. 案例分析：

出色的秘书

王芳在一家外企公司做秘书。她因为出色的工作能力和工作技巧多次被提升，现在已经成为公司的首席秘书。

一天，她所在公司的经理突然收到一封非常无礼的信，信是由一位与公司交往很深的代理商写来的。经理怒气冲冲地将她叫到自己的办公室，让她记录自己口述的回信："我没有想到会收到你这样的来信，尽管我们之间已有那么长时间的往来，但事已如此，我不得不终止我们之间的一切业务联系，并且按照惯例，我要将这件事公之于众！"然后经理让她立即将信打印寄走。

王芳这时十分冷静，她按照经理的要求把信打印出来了，不过并没有马上把信寄走。当天快下班的时候，她才将打印出来的信递给已心平气和的经理："经理，可以把信寄走了

吗?"平静下来的经理自然不会让这封充满火药味的信发出去。王芳以自己出色的工作能力,为公司挽救了一个大客户,她也因此得到了数额不菲的奖励。

思考讨论题:

(1) 此案例对你有哪些启发?
(2) 如何才能真正做好文书工作?

一张回执,整整折腾了六次

江梅从外语学院分配到 W 国使馆当翻译,上班第一天,大使就给她来了个下马威。

那天,江梅刚到办公桌前坐下,就接到了 F 国举办国庆招待会的请柬,让 W 国大使出席。大使让江梅回复:同意出席。江梅按请柬回执上的电话号码,打电话告诉了对方。过了一会儿,大使像不放心似的,把江梅叫过去,问刚才的事是怎样处理的。江梅老老实实地回答:已给对方打过电话。大使不高兴了,说打电话的方式不够礼貌,现在你处理的每一件公务,都关系到我所在国家的声誉,你必须小心谨慎,严格按规定处理。于是江梅郑重其事地写了一份回执,送给大使过目,大使仍不满意,说光注明出席还不行,还要写一句颇为热烈的祝贺词。她照办了,满怀信心地又一次呈给大使,没想到大使仍挑出了毛病:你没有说清什么时间去。江梅马上加上了"按原定时间到会"的字句,大使一看,连声地"No,No"不止,说在外交文件上,不能用"原定时间"的说法,必须复述对方规定的时间、地点,以示正规和对该事务的重视。当江梅第五次修改后,长长地出了一口气,心想这回可是天衣无缝、尽善尽美了。谁知,没过几分钟,大使又一次传她:"鉴于前任大使与 F 国私交甚好,我准备提前五分钟到达,请按这个意思再改一次回执。"江梅心里暗暗叫苦:哇!一张回执,整整折腾了六次!

思考讨论题:

(1) 为什么一张回执,整整折腾了六次?
(2) 本案例对你有何启示?

发请柬

王华是天地公司的销售秘书。这天,销售部经理交给她一项任务:为了庆祝公司成立四周年,将举办大型客户联谊会,以宣传公司形象、增进与各地客户的联系。届时,将举办一系列的庆典活动。销售部经理列出了邀请名单,让王华负责拟请柬并按照名单发送。

王华急忙上街买了精美的请柬若干,按照名单填写好之后,急忙寄出。由于填写请柬时忘记了写上每人的桌号,并且有几个信封由于匆忙装错了,所以到庆典当天,宴会厅里好多客人找不到自己的座位,有些客人由于收到了不是寄给自己的请柬而没有出席,使得这次庆典活动的效果大打折扣。公司领导对此十分恼火,王华心里则惴惴不安,她不知道会有怎样的命运在等待着自己。

思考讨论题:

(1) 发送请柬应该注意什么?
(2) 怎样才能避免王华犯的错误?

学习情境14
网络沟通

> 网络交流的双方互不认识,但是,不要认为这样就可以在网络上为所欲为了,否则,迟早会被网络"踢"出来。
>
> ——〔美〕戴尔·卡耐基

情境导入

消除网络沟通误解

周六班级组织外出参观活动,这与一名学生的兴趣班时间冲突了。这名学生的家长很矛盾,她内心想让孩子去上兴趣班,又拗不过孩子,便征询老师的意见。老师只给出简单的回复:"不让她去,难道她会开心吗?"正是这样一个反问句,一下子把双方沟通的路给堵死了。家长马上回复:"你们参观的目的是什么?难道非去不可吗?"这里,本来双方思考时就不在同一个频道,老师的反问句更使矛盾一触即发。老师总想用一句话让家长顿悟,想用最强烈的表达方式快速解决问题,但结果往往会适得其反。网络另一端的家长也是一个有个性的人。假如双方之前已有积怨,老师用键盘敲出的反问句便会火上浇油。所以网络沟通中反问句,一定要慎用!发现家长有不满情绪时,很多老师会立刻自我澄清,抑或据理力争,更有甚者会与家长相互指责。这些做法其实是很不高明的,它不仅解决不了问题,还会降低老师的威信,甚至可能陷老师于被围观、被曝光的尴尬境地。正确的做法应该是首先静观其变,以不变应万变,多用同理心,多站在家长的角度考虑问题,积极进行沟通。该家长将其与班主任的聊天截图发给学校年级组长王老师,王老师就很好地通过网络沟通消除了家长的误解,理顺了家长的情绪。以下是双方的网络对话:

学生家长:我也想尊重孩子,但是兴趣班已经坚持很久了,也挺不容易的。你们的活动也没提早通知,我被弄得措手不及。

王老师:您说得很有道理。要不就向班主任请个假,不去参观了吧?

学生家长:可孩子想与同学一起去参观。

王老师:您是一个好妈妈,能替孩子着想,细心周到。那就和孩子再商量商量吧。

学生家长:惭愧!那我和孩子再商量一下,之后给你们答复吧。

王老师：好的（微笑），记得早点儿回复，组织一次活动要做很多准备工作，比如，分小组，安排车辆、中餐、购买保险，进行安全教育、纪律教育、礼仪教育……

学生家长：好的，谢谢王老师。

双方通过网络沟通，聊顺了，问题自然而然也就解决了。

任务分析

网络沟通就是以互联网为工具，以文字、声音、图像及其他以多媒体为媒介的沟通方式。这里所指的网络沟通的主体是企业等组织，计算机网络是沟通媒介，对象是企业等组织的内部和外部公众。网络沟通是电子沟通的一种，需要借助计算机网络来实现相互间的沟通，主要手段包括建立企业网站、电子邮件传递等，设立领导信箱、讨论区，建立信息管理系统，搭建即时通信工具等平台。网络沟通突破了时间与空间的界限，使人与人之间的沟通不再受时空的限制，人们步入了一种新型的沟通环境之中。

实训项目

项目名称：制定网络沟通行为规范。

实训目标：明确网络沟通的基本规则和礼仪。

实训学时：2 学时。

实训地点：教室。

实训方法：将全班学生分组，4~6 人为一组，要求其结合所学网络沟通的知识和自身使用网络的体会，制定出一份网络沟通行为准则。在课堂上分组进行交流，师生共同评价。

知识链接

20 世纪 90 年代以来，随着互联网的快速发展，世界开始进入网络时代。科学技术的迅猛发展，正不断深入地影响着我们的生活方式和沟通方式。网络沟通方式就在科学技术的孕育下应运而生。正如威廉·布里奇斯所说："科学技术的发展，要求人们学会各种全新的做事和与人沟通的方式。"

14.1 网络沟通概述

14.1.1 网络沟通的概念

网络沟通是指通过基于信息技术（IT）的计算机网络来实现信息沟通活动。网络作为人类沟通的一种新工具，正逐步取代传统书信、电话、会议等沟通方式，成为人们日常生活、学习、工作的主要沟通方式。

小贴士
沟通方式的发展

对个人而言，网络为人们提供了各式各样沟通的新手段，如网上聊天、博客、电子邮件、网络电话、网络视频会议等。自此，人们可以不受时间和空间的限制尽情享受与外界沟通的便捷。

对企业而言，网络为人们提供了多种多样沟通的新服务，如以电子银行为代表的国际金融网络化，以电子商务为代表的全球商贸网络化已得到了相当广泛的应用。自此，人们可以利用网络的各种服务功能来拓展商务工作。

小贴士
互联网的"蛙跳"现象

网络拉近了人们之间的距离，缩短了彼此之间的距离感，真正实现了"天涯若比邻"的预言。在现实生活中，只要拥有一台计算机，就能足不出户，知晓天下事，使相互之间的沟通无所不在。

14.1.2　网络沟通的特征

微课
网络沟通
的特征

网络作为继报纸、广播、电视之后出现的第四种具有超强影响力的传播媒介，具有其他媒介无法替代的功能，在信息沟通方面发挥着越来越独特的作用。网络沟通与传统沟通方式相比较，具有以下特点：

（1）沟通形式多样，成本低。随着网络技术的发展，基于网络的沟通方式层出不穷，人们既可以在网上浏览信息、阅读电子图书、进行对话交流、观看电视和电影，也可以玩游戏、作画、健身；既可以一对一交流，也可以群体交流。

人们通过互发电子邮件代替传统信件；通过一些即时通信工具（如QQ、微信等）代替打电话；如果电脑配有摄像头和小话筒，还能达到面对面交流的效果。同时，在互联网上，信息可以实现双向传播。人们不再仅是被动接受信息的群体，通过网络人们可以以极低的成本向全世界发表自己的意见，大大节省了传统的面对面信息交流、沟通所需的时间、空间甚至是交通出行的成本。

（2）沟通迅速快捷，范围广。网络沟通的快速有目共睹，往往一个最新的消息通过网络这一平台瞬间就能传遍全球。"时间就是金钱"，而网络就是在无形之中为我们每个人创造财富。在激烈的市场竞争中，时间性很强，机会稍纵即逝，"时间就是成本"，有时短时间的延缓就有可能导致产品进入市场失败。

基于网络的沟通行为比传统的打电话或写信、发电报具有更加广阔的适用范围，鼠标一点击，可以连接到世界上任何一个拥有互联网的角落，让世界真正成为一个村落。在传统的沟通方式中，你很难想象在同一时刻与不同地域的数百人一起对话，一起欣赏一篇文章或一首歌，还能立即收到其他人的反馈，而这在网络上根本就不是问题。

（3）沟通资源丰富，容量大。由于网络信息技术的不断进步，加之人们对网络的日益依赖，各种信息通过大型门户网站和搜索引擎等被加入互联网之中，使得互联网成为一个信息和知识的宝库。人们可以轻松地通过搜索引擎查到自己所需要的文字、图像、视听资料。

在以往传统的沟通方式中，无论是人际沟通还是大众沟通都会不同程度地受到时间、空间等各种因素的干扰和影响，而网络沟通空间巨大、容量无限，它不仅可以跨越地域、文化和时空进行沟通，而且可以通过"超链接"功能把信息接到其他相关信息上，使互动式信息容量远远超过现实世界中的静态信息。

（4）沟通相对平等，便利化。网络空间面向每一个人，人人都可以利用网络发表自己的观点与见解，既可以利用网络展示自己的技能，也可以利用网络发表自己的"作品"（如博文）等。空间的开放性、虚拟性，决定了沟通的平等性。人们可以实名或匿名地运用网络进行相对自由的沟通。在网上，人与人之间的地位是平等的，信息和资源是共享的财富。对那些受工作地域、工作时间限制的员工来讲，网络系统的发达给他们的沟通工作带来了便捷。他们不需要去办公室就可以工作，网络促使了SOHO（small office，home office）工作方式的诞生。同样，电话会议、网络会议的召开，可以避免不必要的舟车劳顿，为沟通工作带来便利。

14.1.3 网络沟通的主要方式

小贴士
你知道电子邮件的由来吗？

（1）电子邮件。电子邮件（electronic mail，E-mail）是互联网上的重要信息服务方式。通过网络的电子邮件系统，用户可以用极其低廉的价格或是免费把信息发送到世界上任何指定的、同样拥有邮件地址的另一个或多个用户的电子邮箱中。电子邮件内容可以是文字、图表、视听材料等。电子邮件具有使用简易、投递迅速、收费低廉、易于保存、全球畅通无阻等特点，已经成为利用率最高的沟通形式和沟通工具。

①电子邮件的书写技巧。电子邮件通常应以纸质信函的格式进行书写。书写电子邮件时，还应当注意以下四个方面：

一是主题明确。添加邮件主题是电子邮件与纸质信函的主要不同之处。商务人员在撰写电子邮件时，一定要在"Subject（主题）"栏设定一个邮件主题。该主题应明确、具体、提纲挈领，但不宜过长（如"关于洽谈会的准备事宜"等），以便收件人通过主题快速判断邮件内容的轻重缓急，减轻查找或阅读邮件的负担。

二是内容规范。与纸质商务信函一样，电子邮件也应当用语规范、内容完整。与此同时，电子邮件的书写还应注意以下两个方面：一是尽量避免使用晦涩难懂的缩略语，且不要使用网络用语和符号表情，以免影响商务信函的专业性和严肃性；二是在英文电子邮件中，切勿使用大写字母书写正文，以免被误解为态度恶劣或强硬。

三是签名恰当。商务人员可在电子邮件的签名档中列入写信人的姓名、公司、电话、传真、地址等信息，还可列入个人的座右铭或公司的宣传口号等信息，但信息行数不宜过多，一般不超过4行。

四是附件合理。商务人员可以通过电子邮件的附件发送整理成文档形式的文件，还可以发送照片、音频、视频等文件。在使用邮件的附件功能时，应在邮件的正文中对附件进行简要说明，并提示收件人查看附件。

若附件为特殊格式的文件，则应在正文中说明其打开方式，以免影响收件人查看。

应为附件设定有意义的文件名。当附件的数目较多（多于2个）时，应将其打包成一个压缩文件。

若附件容量较大（超过25 MB），则应事先确认收件人所使用的邮件服务系统有足够的容量收取，否则，应将附件分割成多个小文件分别发送。

②电子邮件的收发细节。在发送和接收电子邮件时，应当注意以下三个细节：

一是及时确认发送状态。发送电子邮件后，一定要及时确认邮件是否已经发送成功。确认邮件发送状态的方法通常有如下两种：①检查被发送的邮件是否已显示在"已发送"列表中，若该列表中有显示，则表明发送成功；②邮件发送几分钟后，检查邮箱中有无系统退信，若无系统退信则表明发送成功。

二是通知收件人。在发完电子邮件后，一定要打电话通知收件人查收并阅读邮件，以免耽误重要事宜。

三是及时回复。收到重要或紧急的电子邮件后，通常应当在2小时内回复对方，以示尊重。对于一些不紧急的电子邮件，则可暂缓处理，但一般不可超过24小时。

回复邮件时，最好将原件中相关的问题抄到回件上，然后附上结构完整的答复内容。若只回复"已知道""对""谢谢""是的"等,则是非常不礼貌的。

(2)微信。微信是一个为智能手机提供即时通信服务的免费应用程序,支持跨通信运营商、跨操作系统平台通过网络快速发送免费(需消耗少量网络流量)语音短信、视频、图片和文字,同时,也可以使用通过共享媒体内容的资料和基于位置的"摇一摇""朋友圈""公众平台""语音记事本"等服务插件。微信的功能服务具体有如下四个方面:

小贴士
令人反感的行为

一是聊天:支持发送语音短信、视频、图片(包括表情)和文字,是一种聊天软件,支持多人群聊。

二是添加好友:微信支持查找微信号、查看手机通讯录和分享微信号添加好友、扫描二维码添加好友等方式。

三是实时对讲机功能:用户可以通过语音聊天室和一群人语音对讲,但与在群里不同的是,这个聊天室的消息几乎是实时的,并且不会留下任何记录,在手机屏幕关闭的情况下也仍可进行实时聊天。

四是其他功能:朋友圈、语音提醒、通讯录安全助手、QQ邮箱提醒、私信助手、微信摇一摇、语音记事本、游戏中心等。

微信以其信息发布便捷、传播速度快、影响面广、互动性强等特点,在极短的时间里迅速发展成为目前国内社交用户群体最多的软件。为了正确使用微信,提高人际沟通效果,树立良好的个人形象,需要我们了解和掌握微信礼仪。

①微信设置。微信设置包括微信头像设置、微信命名和微信签名三个方面。

• 微信头像设置。在网络时代,微信不仅是和他人联络感情、获取消息的窗口,也是很多商务人士与同事、领导和客户沟通的桥梁。微信头像是一个人工作、生活、性格、心态、审美和爱好的缩影。因此,选择一个得体、适合自己的微信头像至关重要。如果想要向别人表达比较职业化的形象,选择的头像应该专业化,一方面展现自己的职业特点,另一方面向别人传达自己的专业性和可信赖性。微信头像的色彩不要太多,图片的背景图案最好为纯色,以突出重点。在选择了专业化的头像以后,不可频繁更换头像,以免给客户留下不严谨、情绪变化无常的印象。

• 微信命名。微信名虽说是网名,但使用时首先应本着利于交往、利于记忆的目的起一个规范、高雅的微信名,而不能随波逐流、标新立异、哗众取宠。有人认为,微信用户名就是网名,起名可以随心所欲。如有些微信用户用党和国家机关名称来命名,很不严肃;有些用外国政要人名来命名,如"特朗普""普京"等,更有甚者采用恐怖分子的名字如"本拉登";有些把丑当美,视低俗为高尚,如叫什么"非洲小白脸""坐在墙头等红杏""你大爷";有些名称则让人难记难懂,如用一长串英文字母和数字起名,用看不懂的似汉字非汉字的字当名字,等等。当人们看到这些名字时,虽然没见过本人,但内心会做出怪异、另类的判断,难以留下好的印象。

• 微信签名。你想告诉对方的有关信息在微信签名里体现,因此要备注一些有价值的信息。

②发微信的注意事项。在与人沟通中,发微信要注意以下方面:

• 注意发送时间。发消息时要注意:非工作时间不要发、休息时间不要发(提示消息会打扰别人休息)。如果对方在国外,还要注意时差问题。

小贴士
加微信的礼仪

- 注意直接说事。不用问"在吗"。如果要问"在吗"。在说了"在吗"之后，要把事情顺便说出来，这样可以让对方决定回答在不在。
- 注意慎打语音或视频电话。不熟悉的人，不要打语音电话或视频通话，如果确实有必要打，打之前要先问问对方是不是方便。
- 注意慎用截图。如果是发送需要编辑的文件信息给别人，最好以文字的方式发给对方，不要发截图或发语音。
- 注意不要不作说明。直接转发帖子给别人或转到微信群里，需要说一下你转发的目的。如果要发文件给对方，先问一下对方想通过微信还是电子邮件接收。因为文件有可能占用对方的手机内存，对方之后再把文件从手机转存到电脑，会增添麻烦。
- 注意优先选择文字，慎发语音。无论是给领导、下属，还是给同事发微信，优先选择文字，因为在职场活动中，很多场合都不适合发出声音，如开会时，大家都选择手机振动或静音，发语音就非常不合时宜，有时甚至会因为发音不标准或不清晰而让人产生歧义或误解。因此原则上不发语音，特别是工作微信和60秒长语音。
- 注意对等地沟通。对方发来的微信采用文字形式，不能为图省事而进行语音回复，这本身就是沟通上的不平等，会使人感觉缺乏修养。
- 注意用表情符号。表情符号作为一种"非语言的表达方式"，在一定情境下比文字更简练、更形象、更传神、更富有表达力，但因为表情符号并未设定明确含义，每个人的用法都可能不同，在不同情境下含义也可能不同，由于文化环境的差异，同一个表情符号会有不同的理解，因此作为下级，在回复上级时仅仅使用表情符号是不妥的。
- 未及时回复微信，注意表明歉意。在沟通过程的对等上。微信和短信不同，发短信只要对方手机开机就能正常收到信息，微信则需要在手机上网的前提下才能正常发挥功能，所以要事先检查微信是否正常运行，以确保及时回复他人信息，因故未及时回复的要表明歉意。
- 工作微信注意排版和说明意图。工作微信内容要有条理，有思路，要编辑好，字数较多时，需要分段并加标点符号。通常一条信息表达一件事情，多件事情就发多条信息。工作微信还要注意说明意图。如果发通知，可以加上"收到请回复"；如果是向领导请示工作，最后可以说"请领导批示"；如果发的只是一个提醒，可以告诉对方"FYI"（即 for your information 的首字母缩写，意思是让他了解一下，并不需要回复）。

③收微信的注意事项。在与人沟通中，收微信要注意以下方面：

- 注意及时回复。如果在收到对方微信后不能马上给出答案，可以告诉别人："我要再想想"或者"有时间再看。"
- 注意重要的人物置顶。通过置顶可以把最重要的群和人永远放在最上面，这样不容易遗漏重要信息。
- 注意语音类微信的处理。如果接收到语音类的工作微信，即使你不方便接听，你可以回复："现在不方便接听语音，如有急事，可以发送文字。"或者你可以选用微信的"语音转文字"功能，先大体了解信息内容。
- 注意工作信息及时回应。如果收到工作信息，但暂时没有时间处理的话，建议可以先回复："已收到，现在手头有其他工作。"或"在外出或者开会中，晚点回复你。"让对方知道你已经收到信息，不用一直焦急等待。

小贴士
微信朋友圈礼仪

- 注意"提醒"功能的使用。在工作时收到消息,不想立刻处理,又怕以后忘了,或者收到文件只保存却忘了看,都可以用"提醒"功能。

④使用微信群的注意事项。在微信沟通中,要注意使用微信群的以下事项:

- 注意"拉群"的礼仪。"拉群"之前一定要征求被拉对象的意见。同时,如果想邀请某人进群,应事先征得对方同意。群主应向群成员介绍群功能,如果是人数不多的工作群,最好介绍一下群成员。介绍顺序是将晚辈介绍给长辈,将下级介绍给上级,将男士介绍给女士。

- 注意微信群昵称和微信群名称的命名。针对群的主题来修改自己的群昵称。命名一个清晰明了的群名称,以此明确建群目的及沟通内容。

- 注意掌握微信群常用礼仪。这包括:群红包不要只抢不发,不要强行要求别人发红包;不是所有群的红包都可以抢,抢之前先看清楚是不是群发红包;能私聊的不群聊,群交流如果是两个人对话较多,不要在群里持续交流,可以加好友私聊,避免扰众;不要乱发表情包。群聊切忌连续发送不雅表情包,注意微信群是交流信息的地方,不是个人情绪的发泄地;公司项目群最好一群一主题,讨论结束后下载文件、备份聊天记录便可解散群。

小贴士
微信群
"七不发"

14.2　网络沟通的策略

在信息化背景下,网络沟通的应用早已普及化,可是如何在日新月异的数字化时代之下真正提高沟通的效率呢?我们应该在网络沟通方面注重以下常用策略。

微课
网络沟通
的策略

14.2.1　保留传统沟通方式

有时候我们只是相隔一堵墙,推开门就可以畅快地聊天,然而我们的谈话却更多地通过微信并配合着各类表情符号来进行;有时候我们住在同一城市,提起电话就可以畅快地聊天,然而我们更倾向于关注他人的博客、朋友圈,心情好的时候给他们留言,工作空闲的时候跟他们在微信上调侃。久而久之,我们发现彼此的距离已经在无形之中越来越远。网络沟通似乎耗费与面对面沟通相同的时间成本,却难以起到真实人际沟通中的卓越成效。

传统的沟通方式——面对面的沟通仍然是最重要的沟通方式,因为网络沟通并不能替代人与人之间的直接交流。在直接交流中,可以观察别人的表情、神态、语气、肢体语言等非语言信息,并确保沟通的有效性与反馈的及时性,同时能够节约大量的时间。因此,在信息技术普及的今天,人们在越来越依赖这些新技术传递信息的同时,仍然应重视面对面的传统交流方式,把传统沟通方式与网络沟通方式相结合,以确保沟通的有效性与反馈的及时性。

14.2.2　发送信息须三思

人们经常会收到各种并不适用的甚至错误的信息。在日常的网络沟通过程中,信息发送者应对其信息进行认真的考虑和筛选,并且有针对性地选择接收者进行发送。在信息传递前,应深思熟虑,切勿盲目地群发,既造成了接收者个人信息的外泄,又造成了信息发送的无效性后果。

14.2.3　分辨信息的真伪

在使用网络沟通时,人们无法根据表情、神态、语气等来判断信息的准确含义,文字可以掩盖人们的真实情感,人们无法仅凭文字来判断信息的隐性含义,造成真假难辨的情况出现。所以网络沟通双方要把意思尽量表达清楚，使用正确的网络表情辅助交流，实在不行还是要借助传统的面对面交流。

14.2.4 注重信息的保护

我们在体验网络带来便捷沟通的同时，也给我们的信息安全造成了很大的威胁。网络犯罪率日趋上升，将给人们的生活带来极大的负面影响。人们的隐私在互联网上将一览无余，因此对于银行存款账号、社会保险账号等信息的安全防范应该特别重视。

在进行网络沟通时，不要随便发布内部文件和信息，以免造成泄密。要加强安全自保意识，公用账户、私人密码不要在公众场合使用。还要防范黑客、病毒，不要使用盗版软件，要谨慎对待不明电子邮件。对于有关部门发布的预警信息，要及时采取措施防范。

14.2.5 充分尊重他人

一是要充分尊重他人的隐私。不要随意公开他人私人邮件、聊天记录和视频等内容；尊重他人的知识产权，尊重他人的劳动成果，不要剽窃、随意修改和张贴他人的劳动成果，除非他人主观愿意。

二是要充分尊重他人的言论权。网络沟通首要注意的一条就是"记住人的存在"。虽然网络是虚拟的，甚至有种说法叫作"在网上谁也不知道你是一条狗"，但是既然你参与了网络，就应该以在乎自己一样的态度来在乎对方，尊重对方就等于尊重自己。聊天也好、发E-mail也好、跟帖也好，必须以不侵犯他人的言论权为基础，必须言谈举止都恰当才能树立你在网络中的实际形象，这样你在网络中的待遇当然是备受别人尊重。

14.2.6 讲究网络礼仪

在网络沟通中，为了表示尊重对方，展现自己使用网络的负责态度，同时避免带给对方使用网络的不便及无意间产生的误解，网络礼仪就显得非常重要。网络礼仪，英文名称为"Netiquette"（来自networketiquette），我们从字面上就可以了解到，网络礼仪是一般所谓的礼仪迁移到网络情境下所产生的新名词。网络礼仪使网络使用者能够遵守网络公约，做一个有礼貌、有规矩，懂得保护自己，避免伤害别人的"网络公民"。

苏怡如总结了各种关于网络礼仪的提法，认为网络礼仪主要包括正确、简洁、清楚、安全与隐私以及友善与尊重五大内容，见表14-1。我们在网络沟通时一定要遵守这些基本的礼仪规范。

表14-1 网络礼仪的具体内容

五大精神	具体内容
正确	（1）留意写作格式，检查文法。 （2）使用合宜的格式、用语和称谓。 （3）检查文法，注意用词、标点符号
简洁	（1）别做重复的询问。 （2）用字宜简单明了，谨慎思考后再发送，要有效率地回复信息。 （3）熟悉网络术语的简写。 （4）少用斜体字等花招。 （5）先停下来浏览先前的文章，看看是否已有相同的回应内容

续表

五大精神	具体内容
清楚	(1) 写电子邮件时尽量写出清楚、完整的句子，应使用结语和署名。 (2) 在公开信息中要加入个人邮件地址以方便别人联络。 (3) 使用电子邮件时，要写信件主题，主题中可以简述邮件内容，让人容易辨识
安全与隐私	(1) 不继续使用即时信息软件时，记得退出自己的账号。 (2) 时时提醒自己：这里是公开场合。 (3) 意识到网络上有其他观众并应注意保护隐私。 (4) 别把自己或者别人的密码、住址、电话、身份证号码给网络上的陌生人
友善与尊重	(1) 进入聊天室，跟大家打招呼是礼貌的，离开时最好也跟大家道别。 (2) 版主、主持人或者管理人应该尊重所有成员，不能滥用权力。 (3) 注意大写英文字母带有吼叫之意。 (4) 时时保持礼貌，别煽风点火。 (5) 表情符号等标记可以缓和气氛

14.2.7 传统方式，不可或缺

随着网络沟通工具的普及，人们越来越依赖这些新技术传递信息。然而面对面的沟通仍然是最重要的沟通方式，因为网络沟通并不能替代人与人之间的直接交流，在直接交流中，可以观察到别人的表情等肢体语言，并确保沟通的有效性与反馈的及时性，同时能够节约大量的时间。所以尽管有着快捷、发达、高效的电子沟通介质，组织或个人都不应该放弃传统的沟通方式。

小贴士
无法替代的面对面交流

延伸阅读

请扫描二维码阅读以下内容。

一、网络语言的表现形式

二、网络道德规范

思考练习

1. 结合自身感受谈谈网络沟通的特点。
2. 请谈谈讲究网络礼仪的现实意义有哪些。
3. 使用电子邮件发送信息。在收件人一栏打上自己的电子信箱地址，给自己发一封公务信件。然后作为信件接收方，感受一下信件格式、所用文字、语气是否恰当。
4. 与同学讨论使用微信应注意的礼仪。
5. 俗话说："人心隔肚皮"，更何况是在虚拟世界。你可能是一位网络常客，你认为应该重视网络礼仪吗？
6. 或许你在网上对人有不礼貌的行为，或许别人对你有不礼貌的行为。请试举一例，并根据所学的知识和技术，提出解决问题的方案。

7. 案例分析：

老师的提醒

一名学生发了一封电子邮件给他的老师，信件开头就是"Hi"然后直呼老师的名字。老师说，从信件用词看，这名学生的英文水平不低，怎么就不懂基本的通信礼仪呢？

为了证实自己的猜测，他回信要求这名学生打印或手写一封信给他。对比两封信，老师感慨不已：这名懂得通信礼仪的学生为什么在虚拟世界里不遵守通信礼仪呢？

他再次回信提醒这名学生，传统的通信礼仪完全适用于现代的网络世界。

思考讨论题：

（1）请结合案例谈谈你对电子邮件礼仪规范的认识。

（2）本案例对你有何启示？

学习情境15

工作沟通

> 假如人际沟通的能力也是同糖或咖啡一样的商品，我愿意付出比天底下任何东西都昂贵的价格来购买这种能力。
>
> ——〔美〕洛克菲勒

情境导入

唐骏的职场沟通

1. 与上司的沟通

唐骏在一次演讲中安排了一个细节，在舞台上画好了一排脚印，比尔·盖茨上台时只要沿着脚印就可以准确无误地走到台前离观众更近、显得更亲切的位置。发布会结束后比尔·盖茨问这是谁的想法，唐骏说这是他的主意，因为之前他曾多次在加利福尼亚州看过老布什参加总统竞选的演讲，他的随行都是按照这种方式对演讲进行非常细致的安排。比尔·盖茨听后说："这种方式的确很好，定好位置可以达到最佳效果。你这件事做得很专业。"这次发布会，唐骏给比尔·盖茨留下了极深的印象。

1995年，在作出Windows操作系统的开发模式方案，并获得实验模块的测试成功之后，唐骏非常兴奋，他带着一鸣惊人的念头，给比尔·盖茨写了一封电子邮件。

比尔·盖茨给唐骏回了一封短信。他说："我没有时间看你的具体的东西，我建议你和你的直接领导沟通一下。如果能证明这是一个很好的想法，我相信你的主管会很感兴趣。"这是唐骏第一次用邮件和比尔·盖茨沟通。唐骏后来回忆说："坦白地说，当时我很有点心高气傲的感觉，以至于想得到比尔·盖茨直接的认可。但我这样越级报告的行为本身，从管理的角度来看是非常错误的。这种动不动就找最高老板，并认为这是职场制胜法宝的心理，在中国不少企业的员工里并不罕见。"

比尔·盖茨当时的回信其实是很有技巧的。他没有表扬唐骏，也没有批评唐骏，也没有把信转发给唐骏的顶头上司。比尔·盖茨通过这种方式教育了唐骏正确和规范地与上级沟通的方法。

2. 与同事的沟通

劳丽·罗娜特是总部的一位部门经理，唐骏和她级别相同，不过她的团队有100多人，唐骏的团队只有20人。有一段时间，唐骏和劳丽·罗娜特两人的团队在工作上有很多合作，劳丽·罗娜特给予唐骏的部门相当大的人力支持。唐骏发现劳丽·罗娜特女士工作十分努力，也十分能干，于是唐骏向公司上级提交了一封表扬信，使劳丽·罗娜特女士得到了应有的提升。而且，每过一段时间，唐骏都会给劳丽·罗娜特女士发邮件问候："我的部门之所以会有今天的成就，要感谢你对我们的帮助……"

3. 与下属的沟通

上司和下属之间的距离本身就是一种艺术。任何过于亲近或疏远的关心，在中国这样的社会环境中都有可能造成误会，甚至对管理产生严重的负面影响。唐骏把这种距离的艺术总结为一套"圆心理论"："如果公司是一个圆，CEO是圆心，那么所有下属都必须站在圆心周围。唯其如此，CEO方能和所有下属保持等距。"

唐骏认为，CEO要成为公司这个家的家长。家长在圆的中心，用关爱温暖下属，用智慧领导下属，用激情感染下属，用榜样的力量成为下属的模范，下属才能充分感受到"圆心"的引力。唐骏非常注意和下属的沟通。在微软公司，任何人都可以随时给唐骏发邮件，他的承诺是对每封邮件20分钟内必回复，除非他在飞机上。当上海微软处于初创期，公司还没有发展到后来的规模时，每个下属都有15分钟的机会定期和唐骏作一对一的交流。随着公司规模加大，唐骏便把这种交流方式改成了"总经理圆桌会议"。

任务分析

人人都希望自己有一个愉快的工作环境，愉快的工作环境会有助于事业的成功。美国著名成功学大师卡耐基曾说过："一个人事业上的成功＝15%专业技术+85%人际关系和处世技巧。"可见，人们在工作中掌握良好的交往艺术是多么重要。

人在职场，必然要与领导、同事、下属等进行交往，交往的效果将直接影响个人的职业生涯乃至发展前途。因为，人们每天至少有三分之一的时间是在职场度过的，能否从工作中获得快乐与满足，能否敬业、乐业并最终成就一番事业，领导、同事和下属均扮演着很重要的角色。讲究职场沟通艺术，不仅可以减少矛盾与冲突，还能使职场人际关系更加和谐融洽，大大提高工作效率。所以，有专家认为，一个职场人士必须具备三项基本技能，即"沟通技巧+管理才能+团队合作意识"。世界上很多著名的大公司也都以此来要求员工。

工作沟通的对象主要包括领导（上司）、同事和下属等。对象不同，沟通的技巧也有所不同。唐骏的职业生涯几乎是一个神话，从微软一个名不见经传的普通程序员一跃成为微软中国区的总裁，这样的成功似乎只属于唐骏一个人。几年之后，从微软"空降"到著名网络游戏公司盛大，和陈天桥并肩作战帮盛大走出困境。4年后，唐骏又以10亿元身价加盟新华都担任总裁，唐骏出色地完成了职业生涯的华丽"转型"。这样的成功似乎也只属于唐骏一个人。

于是，"中国第一职业经理人""打工皇帝"这些满载盛誉的光环让唐骏更加引人注目……唐骏凭什么成功？对这个问题的回答可能包括很多方面，但是其中一个十分重要的因素是唐骏很善于工作沟通。

🏠 **实训项目**

项目名称：模拟职场沟通训练。

实训目标：培养学生了解沟通的过程和基本技能；培养语言表达能力和沟通能力；通过活动，锻炼提高学生的团队协作意识等其他综合能力。

实训学时：2学时。

实训地点：教室或实训室。实训准备：

（1）分组，每组4~6人，设1人为组长；

（2）以小组为单位，自主选择一种工作沟通形式；

（3）根据要求各组分配人员角色，讨论设计故事情节，并进行认真准备。

实训方法：

（1）按小组顺序进行模拟演练。演练之前，每组派1人说明本组模拟的职场沟通形式及所要表达的主题。

（2）在模拟过程中，各组成员要认真严肃，尽力扮演好自己的角色，言谈举止要符合角色要求。

（3）每组演练后，指导教师与学生共同点评。

📖 **知识链接**

15.1 与领导的沟通

小贴士
职场沟通的基本原则

与领导的沟通，指的是团队成员通过一定的渠道和方式，与管理者或决策层所进行的信息交流。

上下级之间的有效沟通，无论对于组织还是个人，都具有十分重要的意义。仅就下级而言，通过与上级主动有效的沟通，既能准确了解信息，提高工作效能，又能及时表达自己的意愿，形成积极的双向互动。

15.1.1 与领导沟通的基本原则

与职场其他交际对象相比，"上级领导"这个群体往往具有以下基本特征，如图15-1所示，在沟通过程中尤须注意遵循一些基本原则。

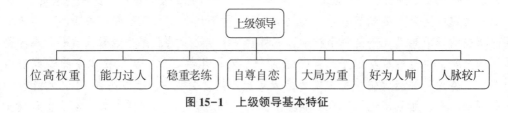

图15-1 上级领导基本特征

（1）不卑不亢。与领导沟通，要采取不卑不亢的态度，既不能唯唯诺诺，一味附和，也不能恃才而傲，盛气凌人。因为沟通只有在公平的原则下进行，才可能坦诚相见，求得共识。

在社交过程中，每个人都有一种心理期待，希望得到别人的尊重、帮助，希望自己应有的地位和荣誉得到肯定和巩固，没有人愿意在一个群体中被孤立和冷落。如果这种愿望得不到满足，就会对周围的人产生隔膜，进而拒绝合作。因此，尊重别人，是每个职场人士必备的一种修养。在工作中，尊重领导的意见，维护领导的威信，理解领导的难处和苦衷，即使提出不同的意见，也会讲究适当的时机，选择易于对方接受的方式，无论是对工作，还是对沟通双方的感情、建立融洽的心理关系，都是很有益处的。

尊重与讨好、奉承有着质的区别。前者是基于理解他人、满足他人正常心理和感情需要的前提下，而后者则往往是为了满足一己私欲。现实生活中，确有一些人为了达到自己不可告人的目的，不惜降低人格，曲意迎合、奉承、讨好领导，不仅屏蔽了领导的耳目，降低了领导的威信，也造成了同事之间心理上的不和谐。绝大多数有主见的上司，对于那种一味奉承、随声附和的人都是比较反感的。

（2）工作为重。上下级之间的关系主要是工作关系，因此，下属在与领导沟通时，应从工作出发，以做好工作为沟通协调之要义。既要摒弃个人的恩怨和私利，又要摆脱人身依附关系，在任何时候、任何问题上都是为了工作，为了整个团队的利益；都要作风正派，光明磊落。切忌对领导一味地讨好献媚，阿谀奉承，百依百顺，丧失理性和原则，甚至违法乱纪。

（3）服从至上。上级居于领导地位，掌握全盘情况，一般来说考虑问题比较周全，处理问题能从大局出发。在与上级沟通时坚持服从原则，是一切组织通行的原则，是组织获得巩固和发展的基本条件。事实证明，如果下属拒不服从上级，那么这样的组织就无法形成统一的意志和严密的整体，组织就会像一盘散沙，不可能顺利发展。当然，服从不是盲从，下属一旦发现领导某些错误，就应抱着对工作高度负责的态度，及时向领导反映，并请求领导予以改正。

小案例
尊重领导
的决定

（4）非理想化。在与领导沟通中，下属不能用自己头脑中形成的理想化模式去要求现实中的领导，从而造成对领导的苛求。坚持非理想化原则，就必须全面地看待领导，既要看到其优点和长处，又要看到其缺点和短处，同时还要能够容纳领导的一般性错误和缺点，克服求全责备的思想。

15.1.2　与领导沟通的方法

（1）主动沟通。有人说："要当好管理者，要先当好被管理者"。作为下属要时刻保持主动与领导沟通的意识，因为领导工作比较繁忙，不可能经常深入员工中去寻求沟通。但在实际工作中，很多下属都害怕直面自己的上司，不敢积极主动地与上司沟通交流，这是一种职场通病。你应该消除对上司的恐惧感，上司也是人，也有情感，而人与人之间如果没有了交流和沟通，那么情感也会因此而疏离。

微课
与领导
沟通的
方法

有这样一个例子：小丽在一家化妆品公司做财务，一直以来，她踏实肯干，工作能力也很强。但一直没有得到提升，原因是她不善于主动与老总沟通，许多事都等着老总亲自来找她。后来由于工作上的竞争，她被同事踩到了脚底下。小丽吸取失败的教训，辞职后以全新的面貌到另一家公司上班。一个月后她接到一份传真，说她花了两个星期争取到的一笔业务出了问题，她马上去找老总。老总正准备用电话同这位客户谈生意，她就将情况作了汇报，并提出具体的建议和意见。老总掌握这些材料后，与客户交谈时顺利地解决了这一问题。此后，小丽经常主动向老总汇报工作，及时进行良好的沟通，并在销售和管理方面提出了一些不错的意见和建议,不断得到老总的认可。不久,她被提升为业务主管。可见,作为下属主动与领导沟通是十分必要的。那么,怎样消除对上司的恐惧感呢?

①要抛弃"不宜与上司过多接触"的观念。合理的沟通观念应该是:和上司沟通是一个职场人士的基本职责之一,因为领导是决策者和管理者,而下属则是执行者和完成者。在决策执行和目标实现过程中,必须借助沟通了解上司意图,争取上司支持,获得上司认可。

②不要害怕在上司那里"碰钉子"。当上司反馈意见不理想时,要从沟通态度、方式等方面进行自我反省;同时,要仔细揣摩领导的态度和意见,并通过换位思考去寻求对领导处理方法的理解。

③要用改进沟通技能的方法增强自信。在沟通内容上,尽量做到观点清晰,有理有据,层次清楚。在沟通方式上,采用易被对方接受的沟通频率、语言风格和态度情绪;刚开始时最好采取面对面这种直接交流的方式,相互熟悉之后可借助电话、短信、电子邮件等方式。

(2) 适度沟通。梁玉萍,丰存斌在其编著的《沟通与协调的技巧和艺术》中有这样一个例子:甲和乙是两位新上任的车间主任,业务水平都很高。不过,在与上级沟通时采取的却是截然不同的态度。甲主任认为,一定要和上级搞好关系,于是,有事没事就往厂领导那儿跑,弄得车间员工议论纷纷,都说甲主任只会拍马屁,不关心员工的实际工作。后来这话传到了厂领导耳朵里,领导感到很难堪。与此相反,乙主任则认为"打铁还需自身硬",一天到晚只知埋头苦干,为了业务生产甚至连车间主任会都不参加。可是车间员工也不买账,他们认为这样的主任不会为员工着想;而厂领导也因为他常常不来开会,心生不满,乙主任由此弄得里外不好做人。由此可见甲主任和乙主任与领导的沟通都出现了问题,关键是没有做到适度沟通。

所谓适度,是说下属与领导的关系要保持在一个有利于工作、事业及二者正常关系的适当范围内,形成和谐的工作环境,沟通既不能"不及",也不可"过分"。

目前,下对上的沟通存在两大弊端:一是沟通频率过高。有些下属为了博得领导的赏识和信任,有事没事经常往领导办公室跑,既给领导的正常工作造成了干扰,又会让领导认为你缺乏独立工作能力,遇事没有主见。二是沟通频率过低。有些下属以为干好本职就行了,至于是否向领导汇报思想和工作情况则无所谓,因而该请示不请示,该汇报不汇报,目无组织和领导。久而久之,既不利于开展工作,一定程度上也会影响个人和团队的发展前途。

(3) 适时沟通。上司一天到晚要考虑的事情很多,因此应根据问题的重要与否,选择恰当的沟通时机。

①要选择上司相对轻松的时候。与上司沟通之前,可以通过打电话、发短信等方式主动预约,或者请对方预定沟通的时间、地点,自己按时赴约。假如是个人私事,则不宜在上司埋头处理大事时去打扰,否则就会忙中添乱,适得其反。

②要选择上司心情良好的时候。沟通之前,与其秘书或助理取得联系,以了解对方的情绪状态。当上司情绪欠佳时,最好不要去打搅对方,特别是准备向对方提要求、摆困难或者发表不同意见的时候。

③要寻找适合单独交谈的机会。特别是试图改变上司的决定或意向的时候,要多利用非正式场合和没有第三者在场时。这样既能给自己留下回旋余地,又有利于维护上司的尊严。

④不要选择上司准备去度假、度假刚回来或吃饭、休息的时间沟通。因为,这时对方容易分散精力,心不在焉,或者匆忙作出决定。

（4）灵活沟通。由于个人的素质和经历不同，不同的领导就有不同的处事风格。揣摩领导的不同风格，在交往过程中区别对待，往往会获得更好的沟通效果，见表15-1。

表15-1 领导风格类型、性格特点及沟通技巧

风格类型	性格特点	沟通技巧
控制型 （权力欲强）	实际，果决，求胜心切	简明扼要，直截了当
	态度强硬，要求服从	尊重权威，执行命令
	关注结果，而非过程	称赞成就而非个性或人品
互动型 （重人际关系）	亲切友善，善于交际	公开、真诚地赞美
	愿意聆听困难和要求	开诚布公地发表意见
	喜欢参与，主动营造融洽氛围	忌背后宣泄不满情绪
务实型 （干事创业）	为人处世，自有标准	开门见山，就事论事
	理性思考，不感情用事	据实陈述
	注重细节，探究来龙去脉	不忽略关键细节

（5）定位沟通。正确认识自己的角色、地位，真正做到出力而不"越位"，是处理好上下级关系的一项重要艺术。越位是下级在处理与上级关系过程中常发生的一种错误。主要表现如下：①决策越位。决策是领导活动的基本内容，不同层次的领导决策权限也不同。如果本该上级作出的决策却由下级作出了，就是超越权限的行为。②表态越位。一个人对某件事的基本态度，往往与其特定的身份相联系，超越身份胡乱表态，是不负责任的表现，是无效的。③工作越位。本该由上级出面才合适的工作，下级却越俎代庖、抢先去做，从而造成工作越位。④场合越位。有些场合，如应酬客人、参加宴会等，应适当突出上级，下级却张罗过欢，风头出尽，也会造成越位。

15.1.3 请示与汇报工作的技巧

请示，是下级向上级请求决断、指示或批示的行为；汇报，是下级向上级报告情况，提出建议的行为。二者都是职场人士日常的工作。

小案例
杨瑞该怎么办？

（1）明确程序。请示与汇报工作主要有四个步骤。①明确指令。一项工作在明确了方向和目标后，上级通常会指定专人负责此项工作。如果上级明确指示自己去完成这项工作，就一定要迅速准确地把握领导的意图和工作的重点，包括谁传达的指令（who）、做什么（what）、什么时间（when）、什么地点（where）、为什么（why），以及怎么做（how）、工作量（how much）。其中任何一点不明白，都要主动询问，并及时记录下来。最后，还要简明扼要复述一遍，以确认是否有遗漏之处或领会有误的地方。当对领导的指令理解模糊时，绝不能"想当然"；在执行任务的过程中，遇到困难或疑惑之处，也要及时跟上司沟通，以避免多走弯路，贻误工作。②拟订计划。在明确工作目标之后，应尽快拟订工作计划，交与领导审批。在拟订工作计划时，应详细阐述自己的行动方案和步骤，尤其是工作进度要有明确的时间表，以便领导进行监控。以制定月销售计划为例：a）要明确下个月要达成的业绩目标；

小案例
哪种请示汇报方式好？

b）要说明这些目标有多少源于老客户、多少源于新客户；c）要说明打算通过哪些渠道、采用什么促销方案来实现这一目标，等等。这样的月销售计划交上去，既具体可行，也方便领导及时纠正。③适时请教。在工作进行过程中，要及时向领导汇报和请教，让领导了解工作进程和取得的阶段性成绩，并及时听取领导的意见和建议。切不可等工作全部结束后，才将工作情况和盘托出。④总结汇报。工作任务完成以后，应及时向领导总结汇报，总结成功的经验和不足之处，以便在今后的工作中改进提高。与上司沟通自己的工作总结，既显示出对上司的尊重，也有利于展示自己的才干，为赢得上司的赏识和器重奠定了基础。例如，一个小伙子名叫小波，是一家酒店的销售员，颇得上司的赏识。他之所以能够得到上司的青睐，一方面是因为业绩突出，另一方面就是小波每做完一笔单子，都会以书面的形式总结出这项业务成功与失败的原因。上司对此非常满意，尽管有些单子完成得不是很出色，但上司从来没有责备过小波，相反，还经常给他提出一些合理化建议。

（2）充分准备。凡事预则立，不预则废。无论是请示还是汇报，要想达到预期目的，事先都必须认真做好准备。①要做好思想准备。向领导汇报，既要消除紧张心理，又要克服无所谓的态度，调整情绪，树立信心，认真对待。②要做好资料准备。"巧妇难为无米之炊"，充分占有资料是汇报成功的基础。如果情况不熟悉，或某方面的情况还不明了，就不能凭主观臆断、道听途说去汇报，搞所谓"领导要，我就报，准不准，不知道"那一套。只有通过调查了解，准确掌握情况，才能进行请示汇报。③要搞好"战术想定"。如果是就某个特殊问题请求上司批示，自己心中至少要有两套解决方案，并对其利弊了然于胸，必要时向领导阐述明白，并提出自己的主张，争取领导的理解和支持。如果是就某项工作加以汇报，要在明确领导意图的基础上，确定汇报主题，把握汇报重点，组织汇报材料，合理安排内容的顺序与层次；对汇报中可能出现的情况，领导可能提出的问题，要做到心中有数，绝不能仓促上阵。

（3）选择时机。除了紧急事件需及时请示、汇报外，还应注意选择以下时机：当本人分管或领导交办的工作告一段落时；工作中遇到较大困难，想求得领导帮助支持时；领导决策需要某方面的信息时；领导主动询问有关情况时；领导有空余时间时，等等。汇报不仅要注意时机，还要区别场合，可以通过会议形式正式汇报的，尽量不要不分场合地临时汇报；当领导公务繁忙或工作中出现困难心情烦躁时，一般不宜贸然开口汇报。应选择领导乐意听取汇报的时机进行汇报，以取得预期的效果。

（4）因人而异。在请示和汇报时下属应采取不同的方式，以适应不同领导者的风格特点。例如，对于严谨细致的领导者，要解释得详细一点，最好列举必要的事例和数据；对于干练果断的领导者，要注意言简意赅，提纲挈领；对于务实沉稳的领导者，注意语言朴实，少加修饰；对于活泼开朗的领导者，语言可以轻松幽默一些。总之，要针对领导的个性特点，有针对性地搞好请示和汇报。

（5）斟酌语言。向领导汇报工作，一定要抓住重点，简短明快，而不能东拉西扯，词不达意，这样的汇报既浪费领导宝贵的时间，又令人生厌。因此，下级向领导作汇报，一定要有提纲或打好腹稿，使用精辟的语言归纳整理所要汇报的内容，做到思路清晰，观点精练，语言流畅，逻辑性强，遣词用语朴实、准确。关键语句要认真推敲；评价工作要把握好分寸，切忌说过头话；列举数字一定要准确无误，尽量避免"大概""估计""可能"之类

小案例
善于汇报的销售员

小案例
冯涛的汇报技巧

的模糊词语。如果语言啰嗦，拖泥带水，再好的内容也汇报不出应有的效果。

（6）遵守礼仪。①准时赴约。要按照事先约定的时间到达。过早到达或迟迟不到，都是严重失礼的行为。②举止得体。做到站有站相，坐有坐相，文雅大方，彬彬有礼。③控制好时间。一般情况下，领导总是想先了解事情的结果，所以在汇报工作时要先说结果，再谈过程和程序。这样，汇报工作时就能简明扼要，有效节省时间。④注意场合。切忌在路上、饭桌、家里汇报工作，更不能在公开场合与领导耳语汇报工作。

此外，请示与汇报还应注意：要按照下级服从上级的原则，坚持逐级请示、报告；要避免多头请示、报告，坚持谁交办向谁请示、报告，以减少不必要的矛盾，提高办事质量和工作效率；要尊重而不依赖，主动而不擅权。请示、汇报要根据工作需要，不能仰仗、依附于领导，时时、事事都去请教或求助。要在深刻领会领导工作思路的前提下，积极主动、大胆负责地开展工作。

15.1.4　说服领导的技巧

所谓说服，是指用充分的理由开导对方，使对方的态度、行为朝特定方向改变的一种影响意图的沟通。人非圣贤，孰能无过？因此，上司也有考虑问题不周全、处理事情欠周到的时候，如果时时处处顺着上司，按照上司的指示开展工作，结果就不堪设想。事实上，在一项措施尚未实施之前发表意见，在决策执行过程中及时指出问题，在上司出现明显错误时提出善意批评，在合理要求遭到上司拒绝时能够据理力争，既是下属的权利和义务，又是证明自己才干、博得上司赏识的有效途径。不过，由于彼此地位、身份、职务有别，下属说服领导与说服同事、竞争对手大不相同。因此要注意说服上司的技巧。例如：

春秋战国时期，齐景公喜欢狩猎，特别爱喂养能捉野兔的鹰。一次，烛邹不小心让一只猎鹰飞脱了，齐景公大发雷霆，命令左右将烛邹拉出去斩首。贤臣晏子站出来阻止，他说："烛邹有三大罪状，怎么能这样轻易杀头呢，待臣公布完其罪状再行刑吧。"齐景公点头同意，晏子便在众人面前数落道："烛邹，你为大王养鹰，却让鹰跑了，这是第一条罪状；你使大王因为一只猎鹰而杀人，这是第二条罪状；把你杀了，让天下诸侯都知道大王重鸟轻士，这是第三条罪状。"齐景公听了晏子的劝谏，脸红了，继而惭愧地说："我明白你的意思了，不用杀头了。"

说服领导不是为了证明自己比领导更优秀、更有主见，而是要在不断沟通的过程中发现和学习领导的长处，避免和弥补领导的短处，形成一种相互依赖、彼此信任、配合与协助的关系。在说服中，可以使信息顺畅、对称，通过双方均能接受的方式来处理和明确工作上的问题，关注互补的优势，让差异产生的冲突转化为观点的全面性。如此，借力和使力将比独自解决问题能够更有效地完成任务。所以，说服领导是一种高级沟通的过程，其最终目的是更加有效地推动工作，更加顺利地实现目标。

实际工作中下属对上司说而不服的主要原因有以下几点。一是态度强硬。说服过程一开始，就充分陈述自己的立场观点，并且态度强势，不容置疑，语气肯定，咄咄逼人。然而，效果往往适得其反。正确的做法应该是采取建议性的态度，运用假设或商量性的语气，给上司和自己均留下一定的回旋余地。二是求成心切。说服不是单一事件，很难一次达成共识，需要持续沟通。在说服上司之前必须从各个角度全面审视，做好充分准备。此外，要给上司充裕的考虑时间。三是缺乏技巧。一般人认为，就事论事、条理分明的陈述就能让领导接受自己的看法。其实不然，影响沟通效果的真正原因大多是非理性的，比如是否考虑领导的立场，领导的情绪反应是否适宜继续讨论下去，等等。说服领导应注意以下事项。

（1）充分尊重。在说服上司的过程中，一定要尊敬领导，维护领导的尊严，不能采取过于强势的态度和语气，逼迫对方接受自己的观点。心理学家认为："在沟通交流中，如果你的态度来势凶猛、大吵大闹，也会惹得对方勃然大怒。所以，在说服上司的时候，一定要心平气和，使用的语言也要尽量婉转平和。"

（2）掌握分寸。说服要适可而止，不要反复申说，更不要发生争辩。因为一旦说服陷入僵局，就很可能会前功尽弃。正确的做法应该是：在简明扼要阐述完自己的意见后，礼貌告辞，感谢领导倾听自己的意见和建议，给领导一定的思考和决策时间；即使领导最终没有采纳自己的意见，也要予以充分理解。毕竟，决策者所面临的利益冲突和复杂的人际关系是下属无法切身体会的。

（3）理由充足。在说服上司的过程中，自己对双方探讨的问题一定要有专门研究和独到见解，并能恰当运用相关资讯或数据增强自己的说服力。下面的实例可供参考。

A主管：关于在通州地区设立灌装分厂的方案，我们已经详细论证了它的可行性，大概3~5年就可以收回成本，然后就可以盈利了。请董事长一定要考虑我们的方案。

B主管：关于在通州地区设立灌装分场的方案，我们已经会同财务、销售、后勤部门详细论证了它的可行性。根据财务评价报告显示，该方案在投资后的第28个月财务净现金流由负值转为正值，这预示着该项投资将从第三年开始盈利。经测算，该方案的投资回收期是4~6年。从社会经济评价报告上显示，该方案还可以拉动与我们相关的下游产业的发展。这有可能为我们将来的企业前向、后向一体化方案提供有益的借鉴。与该方案有关的可行性分析报告我已经带来了，请董事长审阅。

上述两位主管的报告，显然B主管的报告更具说服力。

（4）换位思考。即站在对方的角度思考问题，了解对方工作上的难处与苦衷，设身处地地为对方着想。一位商学院教授曾经说过这样的事情：一位程序设计员和他的上司发生争执，为了一个团体的价值问题双方僵持不下。教授建议他们互相变换一下角色考虑，再以对方的立场来解释。几分钟之后他们就发现自己的行为是多么可笑，两个人开始哈哈大笑起来，很快就找到了解决的方法。

（5）选好时机。心理学研究表明，人们处在不同的心理环境下，对于否定意见的接受程度也大不相同。因此，每天刚上班和快下班时，节假日、双休日，以及吃饭、休息时都不是说服上司的好时机。一般来说，上午10点左右和午休结束后的半个小时里，是领导精力充沛、时间比较充裕的时候，容易听取别人意见或建议。

（6）含蓄幽默。用轻松幽默的话语来阐述观点，既不伤及上司尊严，又不致把气氛搞僵，往往能够收到事半功倍之效。例如，郭台鸿在其所著的《高效沟通24法则》中有这样一个事例颇能说明问题。

某公司老板承诺给自己的员工增加薪水，但是很长时间都没有兑现。一个下属对老板说："我们部门的张三，这两天神思恍惚，我问他是什么原因，他说自己的手头上只有4 000元钱，而工资要过半个月才能发，但是现在有三件要紧的事情必须去做：一是给孩子的学费1 000元，二是还房屋贷款2 000元，三是老婆看中一款价值2 000元的项链。按理说孩子学费和还房屋贷款是首先要解决的问题，可是张三曾经许诺：结婚十周年时给老婆买她最想要的礼物。养家的男人真是不容易啊！"这番既意味深长又不失幽默风趣的话引起了老板的深思，不久，他践行了自己的诺言。

（7）充满自信。在与人交谈的时候，一个人的口头语言和肢体语言所传达的信息各占50%。一个人若是对自己的计划和建议充满信心，那么他无论面对的是谁，都会表情自然；反之，如果他对自己的提议缺乏必要的信心，也会在言谈举止上有所流露。因此，在面对自己的领导时，要学会用自信的微笑去感染领导、征服领导。

15.1.5 妥善处理领导的误解

在实际工作中，由于某些特殊的原因，下级可能会无意得罪上司，遭到上司误解，尤其是在多个上司属下工作、单位人际关系复杂微妙的环境中。遇到这种情形，就必须设法消除误解，否则，就会影响工作甚至个人的发展前途。

黄琳在其编著的《有效沟通：王牌沟通大师的制胜秘诀》（中国华侨出版社，2008）中有这样一个实例：

李杰是三年前从基层调到宣传部的，因为宣传部的方部长是一个求贤若渴的人，见李杰在报纸上发表的文章文笔不错，就多方跑动，终于将这个人才网罗到自己的麾下。几年后，由于李杰精明能干，厂里调他到办公室工作，厂办主任也很喜欢他。

过了不久，李杰忽然觉得方部长似乎对自己有点看法，关系好像渐渐疏远了。经了解才知道，原来方部长和厂办主任之间有隔阂。方部长认为，李杰已经是厂办主任的人了，有点忘恩负义。误解的形成很简单：一次下雨，中层干部开会，李杰拿着雨伞去接上司，只发现雨中的厂办主任，却没有看见站在门口躲雨的方部长，这样雨中送伞就送出麻烦了。

盛怒之下，方部长对信得过的人说，都怪他当初看错人了，没想到李杰是个见利忘义的人。时间不长，此话便传到李杰的耳朵里，他这才意识到自己已经被误解，问题严重了。怎么办呢？李杰真的有些为难了，他经过反复思考是这样处理的。

每当有人当面说起自己与方部长的关系时，他总是矢口否认两个人之间有矛盾。这样做一方面可以向方部长表明自己的人品；另一方面可以制止误解继续扩大，便于缓和与方部长的关系。

李杰和方部长在工作中经常打交道。他总是先向方部长问好，不管对方理与不理，脸上总是笑呵呵的。逢到工作上一起宴请客人时，李杰总是斟满酒杯，当着客人的面向方部长敬酒，并公开说明正是由于方部长的培养和提拔，自己才有了今天的长进。李杰的感激和态度，不仅是对客人的介绍，更重要的还是一种心灵道白，表示自己并非忘恩负义的小人，最后，方部长终于和李杰和好如初。

宇宙万物，无时无刻不处于矛盾之中。在与领导共事的过程中，磕磕碰碰是在所难免的。其实，矛盾并不可怕，最重要的是我们能够像上述例子中的李杰那样勇敢地正视它，并运用自己的智慧和技巧化解它。上下级之间最常见的矛盾就是彼此之间存在着误解与隔阂。如果处理不当或掉以轻心，误解就会变成成见，隔阂就会扩展成鸿沟，这无疑对下属是极为不利的。

误解缘何而生？这是一个非常复杂的问题，它涉及人心理活动的复杂性。嫉妒、多疑、防范、自负甚至偏爱，都可能诱发领导心中对别人的不信任感，导致各种误解。这里，我们想要探讨的是产生误解的一般性原因或者说客观性原因，这就是：上下级之间存在着信息不完全或沟通不充分。由于缺乏足够的交流，彼此对对方的情况没有清晰的认识，在判断事情上难免加入更多的主观色彩和心理因素，导致对对方的不客观认识和推测。

对待领导的误解，下属最明智的态度就是及时、主动地去消除它，不要让它变成成见与隔阂。怎样消除领导的误解？要从以下几方面着手。

（1）掩盖矛盾。在其他同事或上司面前，极力掩盖彼此之间的矛盾，以防事态进一步扩大。

（2）尊重对方。即使上司误解了自己，仍要尊重对方，见面主动打招呼，不管对方反应如何，都面带微笑；当误解自己的上司遇到困难的时候，要挺身而出，及时"救驾"，用实际行动去感动对方。

（3）背后褒扬。一方面可以通过他人之口替自己表白心迹；另一方面能够很好地取悦对方，毕竟，第三者的话总是比较真实、可信的。

（4）主动沟通。经过以上多种努力，彼此之间的矛盾会有所缓和，在此基础上，下级要寻找合适机会，以请教的口吻让上司说出产生误会的原因。此时可以做必要的解释，但一定要注意措辞，适可而止，否则就会显得缺乏诚意，引起对方逆反心理。

（5）加强交流。误解消除后，要经常与上司进行思想交流和情感沟通，不断增进彼此之间的了解和友谊，以免误解再次发生。

15.2 与同事的沟通

首先让我们看一个小故事：

三国时的荀攸智慧超群，谋略过人。他辅佐曹操征张绣、擒吕布、战袁绍、定乌桓，为曹操统一北方建功立业，作出了自己的贡献。在朝二十余年，他能够从容自如地处理政治漩涡中上下左右的复杂关系，在极其残酷的同僚斗争中，始终地位稳定，立于不败之地，原因就在于他能谨以安身，以忍为安，很好地处理同僚关系。他平时特别注意周围的环境，对同僚从不刻意去争高下，总是表现得十分谦卑、文弱、愚钝和怯懦。他对于自己的功勋讳莫如深。这样，他就和其他的同僚和平共处，并且深受曹操宠信，也从来没有人到曹操处进谗言加害于他，朝中朝外口碑极佳。

可见，处理好与同事的关系是十分重要的，对职场中人更是如此。

所谓同事关系，是指同一组织内部处于同一层次的员工之间存在的一种横向人际关系。同事之间既是合作者，又是潜在的竞争者，如图15-2所示，这是一种微妙的人际关系，必然会产生既渴望"合作"，又警觉"竞争"的复杂心理。因此，职场人士在与同事相处时，应特别注意沟通艺术。

图15-2 同事关系

15.2.1 与同事沟通的基本要求

小案例
小陈为何不受欢迎？

（1）互相尊重。尊重是人的需要，也是沟通的前提。职场人士的尊重需要包括团队成员给予的重视、威望、承认、名誉、地位和赏识，等等。每个成员都希望获得其他成员的承认，要求给予较高的评价，希望自己受到礼遇，获得较高的名誉和地位。因此，高明的领导者都十分重视尊重员工。尊重是相互的。古人语：敬人者人恒敬之。因此，工作中要想得到同事的尊重，就必须首先尊重同事的人格，尊重同事的工作和劳动，尊重同事在整个团队中的地位和作用。

小案例
互相帮助

（2）真诚待人。常言道："精诚所至，金石为开。"同事之间要互相沟通，就必须消除不必要的戒备心理，摒弃"逢人只说三句话，不可全抛一片心"的处事原则，襟怀坦白，以诚相见。唯有真诚，才能打开同事心灵的窗口，才能激起思想和情感上的共鸣。反之，如果当面一套，背后一套，或者说的一套，做的一套，就会失信于人，引起人们的反感。

（3）互谅互让。职场人士都希望有一个平和的、令人心情舒畅的工作环境。但是，同事之间由于思想认识、性格修养、观点立场等方面的差异，看问题的角度会有所不同，处理问题的思路与方法也不尽一致。面对这种差异和分歧，首先，不要过度争论，以免激化矛盾，影响彼此之间的关系；其次，要通过换位思考充分理解对方，并本着从工作出发、为全局着想的原则，求同存异，互相谦让。

（4）大局为重。同事之间由于工作关系而走在一起，就形成了一个利益共同体。其中的每一分子，都要有集体意识和大局意识。因此，在与上司、同事交往时，要尽量保持同等距离，即使和某些同事情趣相投、关系密切，也不要在工作场合显现出来，以免让别的同事产生猜疑心理；在与本单位以外的人员接触时，更要形成荣辱与共的"团队形象"观念，多补台少拆台，不要为自身小利而害集体大利；不可外扬"家丑"，对自己的同事品头论足甚至恶意攻击，影响同事的外在形象。

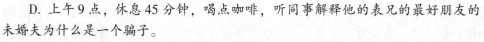

有同事经常找你闲聊，而且很久都不愿离开。你不喜欢和他聊天，但他就像生了根似的坐在你的办公桌旁不肯离开，不是唠叨他的约会，就是抱怨一些和工作无关的事。这时你该怎么办呢？

A. 一旦听到他走近，你就假装打电话，同时向他歉意地打手势，告诉他你现在没有时间聊天。

B. 告诉他能否改天再聊，或者午餐时再聊，因为你必须在下班前把工作做完。

C. 停下手头上的工作，专心听他聊天，和他争论谁是最好的网球手，气氛十分热烈。

课堂互动
答案

D. 上午9点，休息45分钟，喝点咖啡，听同事解释他的表兄的最好朋友的未婚夫为什么是一个骗子。

15.2.2 与同事沟通的方法

（1）重视团队合作。荀子说过："人力不若牛，走不若马，而牛马为之用，何也？曰：

人能群，彼不能群也。"这段话道出了团队合作的重要性。随着社会分工的越来越细，现代企业越来越强调员工之间的沟通协调。作为企业个体，无论自己处于什么职位，在保持自己个性特点的同时，都必须很好地融入集体。比尔·盖茨认为："大成功靠团队，小成功靠个人。"因此，在工作中同事要同心协力、互相支持、共同合作；需要大家共同完成的，要预先商定，配合中要守时、守信、守约；自己分内的事要认真完成，出现问题或差错时要主动承担责任，不拖延、不推诿；确须他人协助完成的，要使用请求的态度和商量性语气，不能居高临下、颐指气使。

（2）懂得相互欣赏。人是具有能动思维的主体。人所具有的这种特性，表现在工作中就是有一定的价值目标，即追求理想和信念的成功，也就是成就感。人的成就感包括职业感和事业感两方面。职业感体现为个人对本职工作的态度，事业感则体现为个人追求被群体和社会承认的较高层次的成就。因此，职场人士都有得到赞许的欲望，都希望自己的职业和工作受到别人的重视，得到恰如其分的评价和鼓励。懂得这些，你就会在长期共事的过程中，善于发现同事的优点、长处及工作中取得的成绩和进步，并加以及时的肯定和赞美。欣赏是人际关系的润滑剂。一句由衷的赞美，既可以表达对同事的尊重，又会赢得对方的好感，进而融洽彼此之间的关系。

（3）主动交流沟通。人际关系是在"互动"中发生联系和变化的。人际关系要密切，注重彼此的交往是前提。因此，在紧张的工作之余不妨主动找同事谈谈心、聊聊天或请教一些问题等，以便加深印象、增进了解。在主动沟通中应把握以下几点：一是选择合适的时间、场合及易引起对方兴趣的话题；二是保持诚恳、谦虚的态度；三是善于体察对方的心理变化，因势利导，随机应变；四是讲究语言艺术，选择"商量式""安慰式""互酬式"等语言并注意分寸。

（4）保持适当距离。"过密则狎，过疏则间。"同事之间保持适当距离，对人处事才可能客观、公正。每个人都有私人空间，搞好职场人际关系并不等于无话不谈、亲密无间。有时同事之间摩擦不断、矛盾重重，恰恰是由于交往太过密切、随意，侵犯了别人的隐私而造成的。所以，当自己的个人生活出现危机时，不要在办公室随意倾诉；要尊重同事的权利和隐私，不打探同事的秘密，不私自翻阅同事的文件、信件，不查看对方的电脑；对同事不过多地品头论足，更不要做搬弄是非的饶舌者。

小案例
焦先生的后悔

15.2.3 同事日常沟通要把握分寸

同在一个单位，甚至同处一个办公室，每天都要见面谈话，谈话的内容可能无所不包，涉及工作内外的方方面面。因此，在日常沟通中如何把握分寸，就成了不可忽视的一个环节。

（1）不谈论私事。办公室不是互诉心事的场所，虽然这样的交谈富有人情味，能使彼此之间变得亲切、友善。据调查，只有不到1%的人能够严守别人的秘密。因此，当自己的生活出现危机，如失恋、婚变等，不宜在办公室里倾诉；当自己的工作出现危机，如工作不顺利，对老板、同事有意见，更不应该在办公室里向人袒露。不能把同事的"友善"和朋友的"友谊"混为一谈，以免影响正常的工作秩序和自身的形象。

（2）不好争，喜辩。同事之间在某些问题上发生分歧很正常，尤其是在座谈、讨论等场合。当别人提出不同意见时，要尊重对方，认真倾听，不随意打断，不急于反驳，在清楚了解对方观点及其理由的前提下，语气平和地陈述自己的观点，并提供支持的理由。切不可抱着"胜过对方"或"证明自己是对的，对方是错的"心态一味地争执下去，否则就会影响彼此关系，伤害别人自尊。

（3）不传播"耳语"。所谓"耳语"，即小道消息，是指非经正式途径传播的消息，往往传闻失实，并不可靠。在一个单位里，各方面的"耳语"都可能有，事关上司的"耳语"可能更多。这些耳语如同噪声一般，影响着人们的工作情绪。对此，应该做到"三不"：不打听，不评论，不传播。

（4）不当众炫耀。在人际交往中，任何人都希望得到别人的肯定评价，都在不自觉地维护着自己的形象和尊严。如果当众炫耀自己的才能、长相、财富、地位等，处处显出高人一等的优越感，那么无形之中就是对他人自尊与自信的挑战和轻视，会引起别人的排斥心理乃至敌对情绪。因此，在与同事相处过程中，应该谨小慎微，认真做事，低调做人，即使自己的专业技术很过硬，深得老板赏识和器重，也不能过于张扬。

小案例
爱吹嘘的
胡小姐

（5）不直来直去。人们常常认为心直口快是一种难得的品质，有话就说，直来直去，给人以光明磊落、酣畅淋漓之感。其实，不分场合、不看对象的直率，往往也会成为沟通的障碍，特别是当你有求于对方或者发表不同见解的时候，更不能颐指气使，直截了当。

（6）不随意纠正或补充同事的说法。日常交流过程中，可以对某个问题发表自己的见解，但不要随意纠正或补充同事的说法，除非工作需要或对方主动请教。否则，会有自以为是、故作聪明之嫌，也会无意损伤对方自尊心。

15.2.4 职场"新人"怎样与同事沟通

这里所说的"新人"是指刚刚参加工作或者新进一个单位的人。良好的沟通是一切工作得以顺利开展的基础。现代企业在招聘员工时，几乎无一例外地将"善于沟通"作为必不可少的条件之一。大多数老板宁愿招一个专业技术平平、但沟通能力出色的员工，也不愿要一个整日独来独往、我行我素的所谓英才。能否与同事、上司及客户顺畅地沟通，越来越成为企业招聘时注重的核心技能。因此，来到一个新的工作环境，能否尽快融入团队、争取同事认可，对于每一个新入职人员，特别是刚刚走上工作岗位的年轻人来说，就显得极为重要。

据调查，在初涉职场三年左右的都市白领中，很多人都反映与单位的"前辈"相处存在问题，从工作思路到生活细节，分歧无处不在。其实，职场新人、老人之间的矛盾，最根本的问题还是沟通不畅。

（1）职场新人沟通的原则。这些原则包括以下内容。①摆正心态。职场新人要充分意识到自己是团队中的后来者，也是资历最浅的新手，所有的领导和同事都是自己在职场上的前辈。在这种情况下，新人在表达自己的想法时，应该尽量采用低调、迂回的方式。特别是当自己的观点与其他同事有冲突时，要充分考虑对方的权威性，充分尊重他人的意见。同时，表达自己的观点时也不要过于强调自我，应该更多地站在对方的立场考虑问题。②顺应风格。不同的企业文化，不同的管理制度，不同的业务部门，沟通风格都会有所不同。一家欧美的IT公司，跟生产重型机械的日本企业员工的沟通风格肯定大相径庭；人力资源部门的沟通方式与工程现场的沟通方式也会不同。新人要注意观察团队中同事间的沟通风格,注意留心大家表达观点的方式。假如大家都是开诚布公,自己也不妨有话直说;倘若大家都喜欢含蓄委婉,自己也要注意一下说话的方式。总之,要尽量采取大家习惯和认可的方式,避免特立独行,招来非议。③及时沟通。不管性格内向还是外向,是否喜欢与他人分享,在工作中,时常注意沟通总比不沟通要好得多。虽然不同文化的公司在沟通上的风格可能有所不同,但性格外向、善于与他人交流的员工总是更受欢迎。新人要利用一切机会与领导、同事交流,在合适的时机说出自己的观点和想法。

(2)职场新人沟通误区。沟通是把"双刃剑",对象选择欠妥,表达方式有误,时机场合失当,都会影响一个人的沟通效果。新人在沟通中常见的误区有:①把"不会"当成拒绝的理由。当领导安排工作时,某些新人会面带愁容,以"不会"或者"不了解情况"作为推辞。也许确实是不会或不了解工作所需的背景情况,但这不能成为拒绝的理由。不会或者不了解情况,就应该主动向领导和同事们请教。②仅凭个人"想当然"来处理问题。有些新人因为性格比较内向,与同事不熟,或是碍于面子,在工作中遇到难以解决的问题或是不明白领导下达的指令时,不是去找领导或同事商量,而是仅凭自己个人的主观意愿来处理,最后出现问题时往往以"我以为……""我觉得……"为自己开脱责任。③迫不及待地表现自己。刚刚参加工作的新人,总是迫不及待地想把自己的创新想法说出来,希望得到大家的认可,正所谓"初生牛犊不怕虎"。实际上,一个人的想法可能存在疏漏或不切实际之处,应主动征求并虚心接受同事的意见或建议。

(3)职场新人沟通应注意的事项。首先,多听少说。初来乍到,一切都是陌生的,只有多观察、多思考、少说话,才是尽快了解和适应新的工作环境的明智之举。其次,礼貌周全。对待身份、职位清楚的同事,可用"姓+职务"的方式称呼,如"张经理""王主任"等;对待暂时还不甚熟悉的同事,可一律尊称为"老师",因为一个人只有学会了谦虚,在需要帮助的时候才会容易得到别人的支持。再次,中道而行。在新的工作环境中,必须学会与同事保持一定距离,凡事采取中道而行、适可而止的办法,公平地对待每一个同事。对于喜欢"拉帮结派"、搞小团体的人,要敬而远之,远离是非。

最后,尊重老员工。老员工由于资格老、贡献大、经验丰富、忠诚度高,在职工中常常拥有较高的声望,因而是新进人员不得不重视的一个群体。在与老员工沟通过程中,其一,要有积极主动的态度,遇事多虚心请教;其二,要以礼相待,尽量使用"您"或"您老"等敬辞,以及"请""麻烦""谢谢"等礼貌用语;其三,要充分尊重对方的意见或建议,即使双方存在分歧,也要把敬意和肯定放在前面,用谦虚、委婉的方式表明自己的观点。

15.2.5 劝慰同事的技巧

俗话说:患难见真情。当同事在工作中遇到了麻烦,本人或者家中遭遇了不幸,我们理应伸出援助之手,努力为对方排忧解难,给同事以安慰和鼓励,这是人之常情,也是一种为人处世的美德。但是,要使劝慰真正收到实效,必须掌握劝慰的艺术。

微课
劝慰同事
的技巧

(1)劝慰同事的基本要求。这些基本要求如下。①同情而非怜悯。当一个人遭到挫折和不幸的时候,十分需要别人的同情。真正的同情,是站在完全平等的地位上交流思想感情，给对方以精神和道义上的支持，并分担对方的感情痛苦，使不幸者痛苦、懊丧的消极情绪得以宣泄，并逐渐消除心理上的孤独感，不断增强战胜困难的信心。怜悯则是对不幸者的感情施舍，其结果，要么是刺伤不幸者的自尊心，使其从心理上拒绝接受；要么是不幸者更加心灰意冷，无法振作精神重新站起来。②鼓励而非埋怨。遭遇挫折和不幸的人，由于一时无法摆脱感情上的羁绊，往往会垂头丧气，消极悲观。此时，最重要的是通过积极鼓励，给予其信心和勇气，让他在困难的时候看到前途和希望。一味埋怨只会使不幸者更加悲观，个别情感脆弱的甚至会走上极端。③安抚而非教训。当一个人遭到挫折，精神处于迷惘状态时，特别需要有人给他以及时安抚和真诚开导，针对他此时此刻的心理，循循善诱，积极开导，帮助对方解除忧愁，驱散烦恼。如果以教训人的口吻讲大而空的道理，只能使对方更加不安，甚至产生破罐子破摔的情绪。④选择恰当时机。劝慰效果的好坏，很大程度上取决于能否选择恰当的时机。对生老病死等突发事件要注意及时安慰；当一个人情绪处于失控的状态下，任何劝慰都听不进去，要等他冷静下来后再去交谈。

（2）劝慰同事的技巧。包括以下内容。①劝慰事业受挫者。对于胸怀大志而又在事业上屡遭挫折和失败的同事，最重要的是对其事业的充分理解和支持。在劝慰过程中，应注意理解多于抚慰，鼓励多于同情。最好的安慰是帮助其总结经验教训，分析面临的诸多有利和不利条件，克服灰心丧气的情绪，树立必胜的信心。②劝慰患病者。一般来说，生病的人都会感到心情烦躁，有些病人还会顾虑重重，因病住院者更常常感到寂寞、孤单和愁闷。在探望生病同事时，要视其具体情况思考谈话内容。对于身患重症、绝症的同事，即便友情再深，也不能在其面前流露哀伤情绪，以免给病人造成精神上的压力和负担，而应选择较为愉快的事情进行交谈，并多讲些安慰、鼓励的话。③劝慰丧亲者。亲人去世，同事的悲伤心情可想而知。安慰这些同事，专注地倾听尤其重要，要倾听对方的回忆和哭诉，让其悲痛的心情得以宣泄和释放，这样有利于对方恢复心理平衡。此外，还应与同事多谈死者生前的优点、贡献及后人对他的敬仰和怀念，因为，对死者的评价越高，其亲属就越感到宽慰，进而也能尽快解脱丧亲的沉重与悲痛。④劝慰受轻视者。在现实生活中，那些因能力平平或其他原因而被上司和同事轻视的人，往往都存在一个共同的心理缺陷——自卑。因此，劝慰时应多讲些成功人士的典型事例，鼓励对方不要向现实屈服；同时，要善于挖掘对方身上不易觉察的优点和长处，从而唤醒他的自尊心和自信心，使其坚信只要充分发挥自己的主观能动性，就一定能够取得成功，赢得别人的尊重与信赖。

此外，劝慰时应注意：避开对方的痛处和能够引起对方伤感的相关讯息；认同对方的感受，以示理解和同情；引导对方把注意力集中到如何解决问题上；控制好自己的情绪；真诚地关心对方，经常关怀对方的生活与工作。

课堂互动

小陈在一家医药公司从事销售工作，最近在工作和人事方面遇到了一些不愉快。小陈是个性格比较急躁的人，平时在和同事讲话时语气总是很急，有时难免让同事不满。另外，小陈平时比较粗心，所以很多时候容易落下话柄。其实小陈并没有任何的坏心眼，他也很着急自己的脾气。

作为同事，你将如何帮助小陈？请与同学展开讨论。

15.3 与下属的沟通

15.3.1 与下属沟通的意义

在现实生活中,上下级出现沟通问题屡见不鲜。管理者在处理人与人之间的各种矛盾时,谴责、贬斥、误解,或是以一种"我是领导我怕谁"的态度对待别人,都会把事情搞糟。即使在世界上著名的大公司,类似的事件也屡见不鲜。

小案例
与下属
沟通不当

身为领导,不管工作多么繁忙,都要留出与下属沟通的时间。美国前总统里根被称为"伟大的沟通者",在漫长的政治生涯中,他深切体会到与自己的服务对象沟通的重要性。即使在总统任内,他也保持着阅读来信的习惯。他请白宫秘书每天下午交给他一些信件,再利用晚上时间在家里亲自回复。克林顿总统也常常利用传媒与人们面对面交流,借此了解他们的想法,表达对他们的关切。即使无法解决所有人提出的问题,但总统亲自到场聆听人们的意见,表达自己的想法,这本身就具有沟通的意义。

真正有效的沟通并不妨碍工作,比如开会、讨论、走廊里的短暂同行、共进午餐的时机,等等,都是进行沟通的机会。要成功地与下属沟通,关键点有三:①怀有真诚的态度,不走形式;②保持开放的心态,不搞"一言堂";③主动创造沟通的良好氛围,不咄咄逼人。

小贴士
上司喜欢
下属的品质

15.3.2 增强说话的权威感

要作为领导,要使你的命令得到贯彻执行,你的说话就得有权威。要想有权威你就要增加说话的分量,每一个字都要仔细斟酌,以达到上行下效的目的。

同是讲话,有的人讲话分量重,有的人讲话分量轻。之所以有这种差异,除了讲话者本人的身份以外,讲话的方式也十分重要。如果你是这方面的权威,你完全可以通过自己的讲话方式告诉他你的身份。

(1)要"言简意赅""长话短说"。某君写了很多封应征信,填了很多张申请表,一一寄出,均如石沉大海。所幸得到了一张回邮的明信片,但仅有"某时面谈"简简单单几个字,他定终生忘不了这张短短的回复。

(2)要最后出场讲话。说话时愈将重点放在后面,愈能显示出所说话语的重要性了。"重点置之于后"的心理因素,中国人最具有代表性。开会时,官级越高的人越后到;舞台上的角儿露脸,最后出场的角儿,必定是最最重要、最最顶尖儿的了。

(3)要使用口头禅。口头禅是人们常挂在嘴边的口头语,人们往往以某一句话来介绍自己,来强调自己,使别人听来亲切自然,也为自己树立了一个独特的商标。

(4)采用幽默的讲话风格。幽默的话,易于记忆,又能给人以深刻印象,正是自我标榜的商标。这样,你便能给他人留下深刻的印象。

(5)句子短些。短句子说起来轻松,听起来省力,吸引力也强。最好一句话一个意思;一句话的含义过于复杂,听者费力,交流就多了一层障碍。

(6)要有顺序,选择什么样的线索来整理说话内容,可视需要而定。说话要注意通俗易懂,忌讳使用古词语、专业用语;至少要吐字清晰,语速适当。

(7)你在说话时要坚定而自信,力度要适中,眼睛正视对方,这样才能显示出你是充满自信和颇有能力的。若讲话时眼睛不敢正视对方,握手软弱无力,会使人觉得你意志薄弱，容易被支配。要学会注意对方的眼睛。研究显示，一个人如果紧张，目光会游离不定，而且眨眼次数增加。要学会注意对方的小动作。一个人可以做到喜怒哀乐不形于色，但他的小动作会透露他的心情。例如，你在谈话时发现对方的腿在轻轻晃动，这表示他对你的话不以为意。

（8）讲话时要站起来，并且要站直。开口前先等几秒钟，你要等大家都看着你时再说。与别人谈话时，身体稍往前倾，会让别人更容易接受你的意见。

（9）作强调时要运用手势，但不可指着别人的脸晃动手指。讲话慢而清晰，语言简短，等于告诉对方："我有能力控制一切。"

（10）努力扩大知识面。知识面越广，越能令你在各种场合充满自信地加入别人的谈话。

除此之外，你还要注意行动轻捷，笨手笨脚对你的形象损害最大；穿着上要整洁，避免刺眼的色彩和繁复的配饰，保持干净。此外，你还要注意身姿，含胸显得畏缩；昂首挺胸可以创造出你居于领导地位的形象。

15.3.3 与下属谈心的技巧

在实际管理工作中，领导者往往重视自身的带头示范作用，却忽视了跟员工的沟通，尤其是上、下级之间的真诚谈心。领导与下属谈心应把握以下技巧。

（1）贴近下属，寻求沟通。奥田是丰田公司第一位非丰田家族成员的总裁，在长期的职业生涯中，奥田赢得了公司内部许多人士的深深爱戴。他有1/3的时间在丰田城里度过，常常和公司里的多名工程师聊天，聊最近的工作，聊生活上的困难。另有1/3的时间用来走访5 000名经销商，和他们聊业务，听取他们的意见。奥田贴近下属的沟通之道值得借鉴。

下级对上级，往往存在各种各样的心态：试探、戒备、恐惧、对立、轻视、佩服、无所谓，等等。有的员工在上级面前唯唯诺诺，不敢妄言，在同事面前则落落大方，侃侃而谈。因此，身为领导应该避免使用命令、训斥的口吻讲话，要放下架子，以平易近人、亲切和蔼的姿态去寻求沟通，如经常深入基层和员工之中，通过召开座谈会、个别访谈、即时聊天等形式，了解员工关心的焦点问题，征求员工的意见和建议，关心员工的工作和生活。只有这样，下级才会敞开心扉，畅所欲言。

（2）仔细倾听，适时提问。沟通艺术的核心在于仔细倾听和适时提问。一个优秀的领导人应该具备"作为一个听者所拥有的非凡技能"和一针见血地提出问题的能力。通过聆听，充分体味下属的心境，了解信息的全部内容；通过提问，促进沟通的深化，探究信息的深层内涵。二者均可为准确分析反馈信息、调整管理方式提供客观依据。因此，在谈心过程中，领导者要尽量少说多听，不随意插话，不轻易反驳；提问要言语简洁，等对方说完或者说话告一段落时再提问。

（3）设身处地，换位思考。站在他人立场上分析问题，能给人以善解人意、体察入微的印象。这种投其所好的技巧常常具有极强的说服力。要做到这一点，知己知彼十分重要，唯有知彼，方能从对方立场上考虑问题。这就需要领导者经常深入基层开展调研，及时了解和掌握职工的思想动态和关心的利益所在。在谈心时，要善于联系对方的身份、职位和目前的工作、生活境况去揣摩对方心理，做到想对方之所想，急对方之所急，以真正理解对方的思想观点。

(4) 拉近距离，平等交流。谈心伊始，要特别重视开场白的作用。可以先扯几句家常，开一些善意的玩笑，以消除对方的拘束感，拉近双方心理上的距离，然后再慢慢引出正题。在阐述自己观点时，要有平等的姿态，晓之以理，动之以情，不以势压人，不训斥命令；音量适中，语气平和，语调自然，态度和蔼；手势或动作幅度不宜过大；多采用商量性的口吻，如："你觉得我的话有道理吗？""你同意我的意见吗？"

15.3.4 表扬下属的技巧

表扬下属，即对下属的行为、举止及工作给予正面评价。其目的是传达肯定的讯息，激励下属更加自信和努力地工作。

表扬能够满足人的心理需要，是促使员工乐于合作的驱动力。心理学研究表明：爱听赞美是人们出于自尊的需要，是渴求上进，寻求理解、支持与鼓励的表现，是一种正常的心理需求。当一个人具有某些长处或取得某些成就时，他还需要得到社会的承认。如果人们能以诚挚的敬意和赞美的语言满足其心理需求，他就会变得更加令人愉快、通情达理和乐于合作。

表扬是对他人的肯定和赏识，能够有效激发下属的工作积极性和主动性。美国一位著名社会活动家曾推出一条原则："给人一个好名声，让他们去达到它。"事实上，被表扬的人为了不负众望，往往会作出惊人的努力，取得显著的成绩。因此，表扬是现代社会管理者用得最多又最易得到对方认同的一种激励措施。

赞美有助于获取他人好感，能够有效地融洽上下级之间的关系。精通赞美的艺术，可以"予人玫瑰，手有余香"。这符合人际交往中的酬赏原则，即"我给你好话，你给我好感"。也正因为如此，有人才把它称为"人生的润滑剂"。

因此，身为领导者，在重视物质和金钱奖励的同时，应该努力发现下属的优点、进步及成绩，并及时送上自己真诚的赞美。心理学家杰斯莱尔说："表扬就像温暖人们心灵的阳光，我们的成长离不开它。但是绝大多数人都太轻易地对别人吹去寒风似的批评意见，而不情愿给同伴一点阳光般温暖的表扬。"

作为一种沟通技巧，表扬部下不是随意说几句好听的话就可以奏效的。事实上表扬部下也要掌握一些技巧。

(1) 态度真诚。赞美之词应发自内心，真心实意，且以事实为依据。当你毫无根据、虚情假意、夸大其词地去赞美一个人时，不仅会使对方感到莫名其妙，还会给人留下油腔滑调、言不由衷的印象，甚至令对方误解为讽刺挖苦。所以在赞美下属时，必须确认对方有此优点或长处，并且要有充分的理由去赞美他。

(2) 内容具体。表扬下属最好就事论事，有明确的指代和理由，避免使用空洞的、公式化的夸奖语，如"你干得不错！""你很棒！""你表现很好！"等等。只有依据具体事实予以正面评价，才能引起对方感情上的共鸣。例如，"你的调查报告中关于技术服务人员提升服务品质的建议，是一个能解决目前问题的好方法，谢谢你提出对公司这么有用的办法。""你今天在会议上提出的维护宾馆声誉的意见很有见地。"

(3) 注意场合。当众表扬部下要特别慎重，因为"枪打出头鸟"，在众人面前特别赞美个别下属，容易打破其他下属心理上的平衡，引发不满情绪，激起不必要的矛盾。因此，要慎选公开表扬的对象和时机。确需进行公开褒奖的，最好是有被大家一致认同的突出事迹。

例如：在业务竞赛中名列前茅者、对公司作出重大贡献者、在公司服务 25 年以上的资深员工，等等。这些行为都是在公平公开的竞争下产生的，早已得到公司员工认同，一般不会产生异议。

（4）雪中送炭。一个集体里最需要表扬的员工，往往不只是那些能力与业绩均十分突出的人，还有那些从不引人注目甚至略有自卑感的人。他们平时难得听到表扬，一旦由于某些特殊原因被当众赞美，就能唤起强烈的自尊心和自信心，从而精神焕发，更加努力地工作和生活。因而，身为上司，一定要善于发现蕴藏在下属身上的、暂时还鲜为人知的优点，并及时进行赞美，以满足对方的心理需求，使赞美达到独特的效果。

（5）间接表扬。间接表扬有两种方式，一种是借用第三者的话来表扬对方。这样往往比直接表扬对方的效果要好，因为第三者的话总是比较客观可信的。比如，"前两天我和刘总经理谈起你，他很欣赏你接待客户的方法，你对客户的热心与细致值得大家学习。好好努力，别辜负他对你的期望。"另一种是在当事人不在场的时候表扬。这种方式更能让被赞美者感到你的诚意，因而更能加强赞美的效果。

总之，表扬是人们的一种心理需要，是敬重他人的一种表现。身为单位领导或部门主管，绝不能吝惜对部下的表扬，无论是在人前或者人后，无论是在上级领导或其他同事面前，都要不失时机、恰如其分地夸奖自己的部下。

15.3.5 批评下属的技巧

在管理学中有个木桶原理，说的是一个由很多块木板组成的木桶，决定其容积大小的不是最长的那块木板，而是最短的那块木板。单位或部门也是如此，员工就是那些组成木桶的木板，团队竞争力就是木桶的容积。从这个角度看，在灵活运用激励制度的同时，管理者更应站在客观的立场，认真把握批评的尺度和方式，才能提携后进，保证团队的整体竞争力。

通常，人们总是用"忠言逆耳""良药苦口"告诫被批评者要虚心接受批评意见，不应计较批评的方法。作为批评者，要使自己的批评被对方顺利接受，做到忠言不逆耳，是需要讲究批评艺术的。

（1）欲抑先扬。卡耐基说过："纠正对方错误的第一个方法——批评前先赞美对方。"的确，在批评之前先就对方的长处给予真诚的赞美，就能化解被批评者的对立情绪，使批评在和谐的氛围中进行，从而达到预想效果。这种方法尤其适用于脾气倔犟或敏感自尊的下属。例如，19 世纪 20 年代的美国总统柯立芝批评女秘书时，是这样说的："你今天穿的这件衣服真漂亮，你是一位迷人的年轻小姐。"然后接着说："你很高兴，是吗？我说的是真话。不过，另外，我希望你以后对标点符号稍加注意，让你打的文件跟你的衣服一样漂亮。"结果女秘书非常愉快地接受了他的批评。

（2）选择时机。时机的选择和把握，是批评能否收到良好效果的重要一环。一般来说，双方情绪比较平静，交谈气氛较为融洽，或者没有第三者在场的时候，都是开展批评的恰当时机。要尽量避免在大庭广众之下指名道姓地批评下属，必要时可采用模糊词语，如："最近一段时间，有些员工纪律松懈，上班有迟到、早退现象。个别员工还在上班时间聊天、上网、煲电话粥等，这些都是公司明令禁止的，希望各位严格自律。"

（3）就事论事。批评他人通常是件比较严肃的事情，所以一定要客观具体，就事论事。要始终围绕对方所做的错事，不转移话题，不随意联想。批评的话要简洁明了，适可而止。

如果多次批评都不见效，就必须变换批评的思路和方式了。

（4）不作比较。俗话说，尺有所短，寸有所长。每个人身上都有自己的优缺点，不能拿一个人的短处与他人的长处相比，也不能将一个人做错的事与别人做对的事相比，否则就会有失公允，得出的结论也无法让人信服。在批评下属的时候，尤其不能拿其他"优秀员工"作横向比较，以免挫伤被批评者的自尊心。

（5）因人而异。由于经历、知识、性格等的不同，不同的人接受批评的能力和方式也会有很大区别，在沟通中我们应根据不同的对象采取不同的批评方式。对涉世不深的年轻人，最好是语重心长直接批评，不转弯抹角、含含糊糊，以免对方产生误解；对于自觉性较高的中老年人，要变批评为提醒，且不多言多语；对承受能力较强的男性下属，语言可以直白、明了些；对敏感自尊的女性下属，则需含蓄温和，点到为止。

（6）友好结束。正面的批评，或多或少都会给对方造成一定压力。如果一次批评不欢而散，对方可能会增加精神负担，产生消极情绪，甚至对抗情绪，会为以后的沟通带来障碍。所以，每次批评都应尽量在友好的气氛中结束。在批评结束时，不以"今后不许再犯"这样的话作为警告，而应以鼓励性的语言提出希望，比如"我想你会做得更好"或"我相信你"，并报以微笑，让下属把这次沟通当成是鼓励而不是一次意外的打击。这样有助于对方打消顾虑，增强改正错误、做好工作的信心。

此外，应该注意批评"八忌"：一忌无凭无据，捕风捉影；二忌大发雷霆，恶语伤人；三忌吹毛求疵，过于挑剔；四忌清算总账，揭人老底；五忌当面不说，背后乱说；六忌夸大事实，无限升级；七忌威胁逼迫，以势压人；八忌一批了之，弃之不管。

15.3.6 调解下属矛盾的技巧

首先来看一个实例：

张某、刘某二人同是某单位一科室的副科长。起初，二人关系融洽，工作上配合得十分默契。但在一次中层领导干部竞聘中，张某经过竞聘被提拔为科长后，张、刘二人的关系却急剧恶化，身为副职的刘某非但不配合张某的工作，反而经常拆台搞内讧。不仅如此，他还不时背后诋毁张科长，说"张某任科长一职是花钱买来的"之类的话。张科长知道后也暗恨刘某，后来发展到见面不打招呼、二人无话可说的地步。

局领导对此十分重视，局长亲自召集全局领导班子开会研究调停冲突方案。会上，决定先由分管该科的林副局长出面作调停工作。林副局长接到任务后，便分别找张、刘二人单独谈话。谈话内容各有侧重，对刘某主要是让他说说对组织提拔张某有什么看法，如果组织上真有违反干部任用条例之处也希望他提出来，如果属实，组织坚决公正决断。但不能无根据地瞎编乱谈。此外，还向他指出班子闹不团结的危害性，不但影响工作，而且影响个人前途。通过谈话使之认识到自己的错误。对于张科长则要求他作为一科之长要以大局为重，要有宽大的胸怀，善于求同存异，虚心听取各种不同的意见和建议，以宽容对待冲突，以礼貌谦让对待冷嘲热讽，不要总是对一些细枝末节斤斤计较，更不能对一些陈年旧账念念不忘。在大是大非面前要冷静头脑，要善于团结下属，共同把工作搞好。

经过第一次谈话后，局领导又按计划安排对张、刘的第二次谈话。这次谈话由局主要领导出面，以邀请张、刘二位科长共进晚餐的方式进行，谈话地点选在原先二位科长合好时常去的某饭店进行。大家都按时到位后，先由局长谈话。局长说：二位科长能不计前嫌，迈过门槛,走在一起共进晚餐不容易,局领导感到很高兴,这是科长们以大局为重的一种表现,并对他们的诚意表示感谢。然后,由二位科长先后发言,谈话间,各表衷心、互赔不是,以求得对方谅解,场面甚是感人。最后便是大家端起团结的酒杯,握手言欢,共祝工作如意!

由此可见:只要有人的地方,就必然会有矛盾与冲突发生,而矛盾与冲突的结果,不仅会破坏人与人之间的和谐关系,而且会削弱一个集体的凝聚力和战斗力,降低整个团队的声誉和绩效。因此,领导者的日常管理活动之一就是处理下属之间的矛盾冲突。

那么,怎样正确处理上下级之间的矛盾,营造和谐、积极的工作氛围呢?

(1) 事前有预案。识别冲突,调解争执,是管理者最重要的能力之一。当发现下属间发生冲突时,如果盲目调和,往往收效甚微,搞不好还会火上浇油,弄巧成拙。因此,要对冲突的原因、过程及程度等作详尽的了解后,研究制订出可行的调解方案,并按方案进行调解。

(2) 大局为重。现代社会的一个重要特点就是分工严密,这样可以提高工作效率,但同时也带来了一个不可避免的缺陷,这就是彼此之间缺乏相互了解。在诸多的矛盾冲突中,虽然双方在各自的利益上产生纷争,但共同的目标还是一致的,因此管理者应让冲突双方清醒地意识到,单纯地指责对方是无济于事的,只有相互配合、密切协助才能解决纷争,才能实现团队的共同目标。事实上,当双方均以单位的整体利益为重时,心中的怒气就会化为乌有。

(3) 换位思考。在局部利益冲突中,双方所犯的错误多半是只考虑自己,以自己为中心,而不能体谅对方。要让他们互相了解、体谅对方的最好办法,莫过于各自站在对方的立场上去考虑问题。当双方确实做到这一点后,可能就会握手言和、心平气和地协商一种积极地解决冲突的方法。孔子说:"己所不欲,勿施于人",正是设身处地、从对方角度看问题而得出的结论。

(4) 折中调和。领导是下属之间矛盾的最终仲裁者。仲裁者要保持权威,就必须坚持公平、公正的原则。如果偏袒一方,就会使另一方产生不满和对立情绪,进而加剧矛盾,甚至将矛盾转化为上下级之间的矛盾,使矛盾性质发生变化。所以,冷静公允,不偏不倚,是处理下属矛盾时最起码的原则,尤其是在调节利益冲突时。此外,很多情况下冲突双方均各有道理,但又各执一词,很难判断谁是谁非。这时候,折中协调、息事宁人是最好的解决办法。

(5) 创造轻松气氛。发生冲突双方均抱有成见和敌意,所以在进行调解时缓和气氛很重要。调解不一定在会议上、办公室里进行,有时在餐桌上、咖啡厅、领导家里效果反而会更好。

总之,下属之间的矛盾冲突是多样的,调和的办法不能千篇一律,要在实际工作中根据不同的冲突对象、起因及程度采用灵活的技巧来加以调解。

小贴士
"一团火"精神光耀神州

15.4 与异性的沟通

15.4.1 异性交往中女性的礼仪修养

女性在工作中首先要注意自己的个人形象。职业女性发型应以保守为佳,妆容以淡妆为好。办公室女性着装应该庄重、大方,能够体现职业女性的专业素质。同时职业女性还要注意自己的举止应该是端庄、自然、优雅，不要风风火火、慌慌张张，也不要忸怩作态、装腔作势。

女职员在工作中要注意时间效率。尤其在打电话时，最好少打5分钟以上时间的电话，如果表述事件不够概括，交代事宜时重复啰嗦，这会使人怀疑其工作能力。

女性要公私分明。在工作时间内应专心致志地办理公务，不要在工作时间处理私事，要不断提高自身的素质，培养事业心和责任感。

女性在与异性同事交往时得到男性的照顾是很自然的事情，但是要保持清醒的头脑，弄清楚男性是出于礼貌还是另有其他目的，再根据情况恰当处理。

15.4.2　异性交往中男性的礼仪修养

男性在工作交往中，不必过分追求外表的光鲜，给人以稳重干净的感觉就可以。男性要讲信誉，说话算数，一言九鼎，俗话说"大丈夫一言既出，驷马难追"。男性只有言出必果，工作认真，办事负责，对女性谦虚和气、有礼貌，才能取得女性的信任。

在与异性交往中，男性要有度量，从大处着眼，目光远大，胸怀大志，不计较是非小事，宽厚待人，这样才能获得女性的赞赏。

15.4.3　异性交往的基本原则

首先要坦然交往。工作中男女同事完全可以堂堂正正地交往。有些人在与异性交往时表现得过分矜持、紧张或扭扭捏捏，这是一种不自信的表现，更是对别人的一种伤害，因为这会让对方觉得受冷落。现代社会，尤其是女性应摒弃封建社会的陈规陋习，坦然、大方、开朗地与男性同事交往。因为生理原因，男性在工作的有些方面会比女性有优势，与男性同事关系相处好，可以在工作中获得一些帮助。

其次要注意分寸。"男女授受不亲"的时代虽然已成历史，但是在办公室中，异性之间的交往无论国内国外，还是有一定的度的，这就是说要注意一定的分寸。异性在工作交往中要保持一定的距离。彼此说话要注意分寸场合，不能含有挑逗性的语言，以免引起误会。女性在男性面前的动作也要有所注意，不能在男性面前梳理头发、抚摸自己的皮肤，不能过度地扭动自己的臀部和腰肢，以免发出错误的信号。异性同事之间最好不要过多倾诉婚姻上的不如意。女性与异性上司的交往中也应注意分寸。要保持适当的距离，这既是对上司的尊重，也是异性交往中必须做到的。女性在工作之余，不能参与上司的私生活中，以免陷入工作之外的纷争。保持适当的距离，出色完成本职工作，才是打动上司的最佳途径，也是保住自己工作岗位最得体的方法。

小贴士
从《杜拉拉升职记》学职场沟通

延伸阅读

请扫描二维码阅读以下内容。

一、职场沟通必备八个黄金句型

二、职场必知的十五条人际沟通技巧

思考练习

1. 作为一名高职生你为了将来更好地适应社会，胜任未来的工作，一定要有一些兼职经历，请你把自己兼职经历中体会到的一些工作中与上级、下级和同事之间沟通的经验总结出来，在课堂上与同学们分享一下。

2. 从老师与学生、同事、领导的沟通中体会：（1）领导如何与下属沟通；（2）同事之间如何沟通；（3）下属如何与上级沟通。

3. 设想自己实习或大学毕业来到一个新的工作环境，面对初次见面的领导和同事，应该说的话和说话的技巧。

4. 案例分析：

小王的被动局面

小王是一个大学毕业参加工作不久的"新人"。她做事认真细致，和同事、下属关系都很融洽，可是她不愿意和上司主动交流。她说其实挺欣赏自己上司的，认为他敬业、有才华、对下属负责，但她不知为什么一见上司就底气不足，对于和上司沟通的事能躲就躲。有一次，因为没有听清楚上司的意思，导致上司交给她的工作被耽搁了，上司事后问她："为什么你不过来再问我一声？"她说："怕您太忙。"上司很生气地说："我忙我的，你怕什么？"时间长了，小王一和上司沟通就紧张，出现脸红、心跳、说话不利索的状态。大家都认为王小姐怕上司，她自己也这么认为。上司看见她这样，也就很少和她单独沟通。一次，晋升的机会来临了，小王很想把握住这个机会，但她又犹豫了，因为升职后的工作会面临比较复杂的关系，需要经常和上司保持沟通。她觉得自己天生怕领导，因此就坐失了良机。

思考讨论题：

（1）假定你是小王，会采取怎样的措施挽回这种被动的局面？

（2）初入职场的新人与上司沟通应该注意什么？

电子活页： 跨文化沟通

随着世界经济的日益全球化，我们必然会面对跨文化沟通的问题。无论是在进入国内市场的外资企业，还是在为寻求市场多元化、开拓国际市场的跨国企业，相关人员都必须掌握跨文化沟通的技能。虽然我们所处的地球已经变成一个"村落"，而且由于现代通信技术和交通的发展，"村民"之间的彼此交往也变得很容易，但是沟通障碍和冲突却时有发生。其中的原因很简单：全球范围内，信息和技术可以共享，但是文化却彼此不同。各民族的文化迥异，家庭、习俗、思维、价值观等也互有差异，沟通时便会产生困难和误解。因此，学习跨文化沟通技巧对不断走向国际化的每个中国人都显得异常重要和迫切。

一、文化与跨文化沟通

文化的含义及其构成

跨文化与跨文化沟通

二、跨文化沟通障碍及其克服

影响跨文化沟通的障碍分析

跨文化沟通障碍的克服

三、与不同国家人的沟通

1. 与法国人的沟通

2. 与英国人的沟通

3. 与德国人的沟通

4. 与美国人的沟通

5. 与日本人的沟通

学生工作页

形体训练

任务一	简述文化的含义和构成
任务二	以某国为例,谈谈其风俗习惯及其对跨文化沟通的影响
任务三	简述跨文化沟通障碍及克服方法
任务四	在课余时间观看中国电影《喜宴》、法国电影《天使爱美丽》和美国电影《辛普森一家》等,体会不同国家的典型文化
任务五	以某国为例,谈谈其风俗习惯及其对跨文化沟通的影响
任务六	请以"我看跨文化沟通"为题写一篇文章,谈谈你对跨文化沟通的看法
班 级		学 号		姓 名	

学生自评

我的心得:

建议或提出问题:

教师评价

参考文献

[1] 刘晓燕. 人际沟通实训教程 [M]. 3版. 大连：东北财经大学出版社，2024.
[2] 李冰，刘春玲. 情境式应用文写作 [M]. 北京：机械工业出版社，2022.
[3] 陈倩. 新时代爱国主义教育中仪式礼仪的运用 [J]. 品位·经典. 2022（11）：61-63.
[4] 高琳. 人际沟通与礼仪：附微课 [M]. 2版. 北京：人民邮电出版社，2021.
[5] 梁冰，叶秋玲，高慧霞，等. 美容礼仪 [M]. 上海：复旦大学出版社，2021.
[6] 王常红，孟文燕，秦承敏. 商务礼仪与职场处世 [M]. 大连：东北财经大学出版社，2021.
[7] 赵蓉. 商务礼仪 [M]. 北京：人民邮电出版社，2021.
[8] 朱向军. 沟通与礼仪 [M]. 北京：人民邮电出版社，2021.
[9] 贾伟玮. 网络道德规范的历史与新时代转化 [J]. 安阳师范学院学报，2021（6）：45-51.
[10] 钟艳. 中华传统礼仪的三重意蕴及对现代家庭教育的启示 [J]. 陕西社会主义学院学报，2021（10）：33-53.
[11] 戴雯，张鹏利. 大学生礼仪指导与实践 [M]. 北京：首都经济贸易大学出版社，2020.
[12] 余荣宝，武雪慧. 大学语文 [M]. 3版. 北京：高等教育出版社，2020.
[13] 褚倍. 商务礼仪 [M]. 北京：清华大学出版社，2020.
[14] 段秋月. 大学实用语文 [M]. 北京：高等教育出版社，2020.
[15] 赵英，罗元浩. 公共关系与现代礼仪 [M]. 5版. 北京：清华大学出版社，2020.
[16] 徐默凡. 小议朋友圈评论策略 [J]. 咬文嚼字，2020（4）：44-46.
[17] 李博，王晓娟. 商务礼仪 [M]. 北京：清华大学出版社，2019.
[18] 杜明汉，刘巧兰. 商务礼仪 [M]. 北京：高等教育出版社，2019.
[19] 王淑华，孙岚. 服务礼仪 [M]. 北京：首都经济贸易大学出版社，2019.
[20] 张鹏. 商务礼仪与职业形象 [M]. 北京：清华大学出版社，2019.
[21] 赵晓利. 现代商务礼仪 [M]. 长春：东北师范大学出版社，2019.
[22] 李银兰. 现代礼仪 [M]. 大连：东北财经大学出版社，2019.
[23] 段玲. 礼仪与修养 [M]. 北京：人民邮电出版社，2019.
[24] 王玉苓. 商务礼仪案例与实践 [M]. 北京：人民邮电出版社，2018.
[25] 周彬琳. 大学语文 [M]. 2版. 北京：清华大学出版社，2018.
[26] 张永红. 商务礼仪实践 [M]. 北京：北京理工大学出版社，2017.
[27] 张铭. 现代实用社交礼仪 [M]. 北京：人民邮电出版社，2017.
[28] 孙淑艳，兰福. 商务礼仪 [M]. 北京：北京理工大学出版社，2017.
[29] 刘桂华，王琳. 大学生实用口才训练教程 [M]. 北京：人民邮电出版社，2017.

[30] 徐飚．沟通技巧［M］．北京：电子工业出版社，2017.

[31] 张岩松．知书达礼：现代交际礼仪畅讲［M］．北京：清华大学出版社，2016.

[32] 王聿轩．倾听的艺术［J］．现代班组，2016（8）：34-35.

[33] 杨再春，陈方丽．商务礼仪实训教程［M］．2版．北京：清华大学出版社，2016.

[34] 陈玉慧，唐玉藏．商务礼仪实训［M］．北京：机械工业出版社，2016.

[35] 李慧茹，王瑞春．商务礼仪［M］．北京：清华大学出版社，2016.

[36] 杨贺，杨娟，马静静．商务礼仪［M］．北京：北京理工大学出版社，2016.

[37] 黄琳．商务礼仪［M］．3版．北京：机械工业出版社，2016.

[38] 秦保红．职场礼仪教程［M］．北京：中国人民大学出版社，2016.

[39] 龙璇．人际关系与沟通技巧［M］．北京：人民邮电出版社，2016.

[40] 张晓婧，乔凯．中国传统书院仪式活动的特点、价值及其当代启示［J］．西南民族大学学报（人文社会科学版），2016（7）：207-211.

[41] 蒋红梅，张晶，罗纯．演讲与口才实用教程［M］．2版．北京：人民邮电出版社，2015.

[42] 周璇璇，张彦．人际沟通［M］．厦门：厦门大学出版社，2015.

[43] 蒋雪艳．大学语文［M］．北京：高等教育出版社，2015.

[44] 徐汉文，张云河．商务礼仪［M］．北京：高等教育出版社，2015.

[45] 陶莉．职场口才技能实训［M］．北京：中国人民大学出版社，2015.

[46] 谢红霞．沟通技巧［M］．2版．北京：中国人民大学出版社，2015.

[47] 赵玉柱．写出好的求职信需"三思"［J］．应用写作，2015（4）：30-31.

[48] 李元授．人际沟通训练［M］．武汉：华中科技大学出版社，2014.

[49] 刘凤芹．沟通能力训练［M］．北京：科学出版社，2014.

[50] 刘恋．沟通技巧［M］．西安：西安电子科技大学出版社，2014.

[51] 高燕．护理礼仪与人际沟通［M］．3版．北京：高等教育出版社，2014.

[52] 徐静，陶莉．有效沟通技能实训［M］．北京：中国人民大学出版社，2014.

[53] （美）弗里德曼．别让不懂礼仪害了你：一毕业就该懂的8大职场社交术［M］．刘小群，译．南京：江苏凤凰文艺出版社，2014.

[54] 杜慕群．管理沟通案例［M］．北京：清华大学出版社，2013.

[55] 许宝良．商务礼仪［M］．北京：高等教育出版社，2013.

[56] 杨汉东．紧扣"求""职""信"，写好求职信［J］．吉林省教育学院学报，2013（1）：141-142.

[57] 毛锦华，周晓．商务沟通与礼仪实务教程［M］．北京：电子工业出版社，2013.

[58] 吴尚忠．说故事 学礼仪：常用公务商务礼仪趣谈［M］．南京：东南大学出版社，2013.

[59] 付桂萍．做派：在商务活动中合乎情境地展示自己［M］．长沙：湖南人民出版社，2013.

[60] 金常德．大学生社交口才实践教程［M］．北京：北京大学出版社，2013.

[61] 刘福成，徐红．管理沟通［M］．大连：东北财经大学出版社，2013.

[62] 刘勇．人际沟通［M］．西安：第四军医大学出版社，2012.

[63] 金常德. 现代交际礼仪 [M]. 大连：大连出版社，2012.
[64] 万文斌，郝素岭，陈明华. 商务礼仪 [M]. 北京：航空工业出版社，2012.
[65] 崔玉环，祝永志. 商务礼仪 [M]. 北京：高等教育出版社，2012.
[66] 卢新华，康娜. 社交礼仪 [M]. 北京：北京大学出版社，2012.
[67] 董乃社，刘庆军. 社交礼仪实训教程 [M]. 北京：北京交通大学出版社，2012.
[68] 卢如华，韩开绯. 社交礼仪 [M]. 大连：大连理工大学出版社，2012.
[69] 顾筱君. 21世纪形象设计教程 [M]. 北京：机械工业出版社，2012.
[70] 杨丽彬. 沟通技巧 [M]. 北京：机械工业出版社，2012.
[71] 黄亚兰. 礼仪在商务拜访中的重要作用和技巧探析 [J]. 中国商贸，2012 (1)：240-241.
[72] 完颜亮. 张秉贵："一团火"精神光耀神州 [J]. 党史博采，2012 (10)：4-8.
[73] 张建宏. 社交礼仪与沟通技巧 [M]. 北京：国防工业出版社，2011.
[74] 关洁. 个人形象设计 [M]. 北京：中国戏剧出版社，2011.
[75] 张建宏. 现代商务礼仪教程 [M]. 北京：国防工业出版社，2011.
[76] 晓蒂. 你会打"职场招呼"吗？[J]. 秘书之友，2011 (4)：43-44.
[77] 张建宏. 礼仪楷模：周恩来 [J]. 兰台世界，2011 (5)：12-13.
[78] 张秋筠. 商务沟通技巧 [M]. 北京：对外经济贸易大学出版社，2010.
[79] 钟立群，王炎. 现代商务礼仪 [M]. 北京：北京大学出版社，2010.
[80] 王彤彤. 职场礼仪 [M]. 大连：大连理工大学出版社，2010.
[81] 徐汉文. 商务礼仪实训 [M]. 大连：东北财经大学出版社，2010.
[82] 吴新红. 实用礼仪教程 [M]. 北京：化学工业出版社，2010.
[83] 陈乾文. 别说你懂职场礼仪 [M]. 北京：龙门书局，2010.
[84] 关彤. 社交礼仪 [M]. 海口：海南出版公司，2010.
[85] 杜明汉. 商务礼仪：理论、实务、案例、实训 [M]. 北京：高等教育出版社，2010.
[86] 张华莹. 浅谈形体训练的内容及常见的形体运动 [J]. 运动，2010 (9)：35-36.
[87] 杨再春，陈方丽. 商务礼仪实训教程 [M]. 北京：清华大学出版社，2010.
[88] 梁辉. 有效沟通实务 [M]. 北京：中国人民大学出版社，2010.
[89] 刘克芹. 社交礼仪 [M]. 北京：经济科学出版社，2010.
[90] 廖春红. 中国式商务应酬细节全攻略 [M]. 广州：广东人民出版社，2010.
[91] 谢玉华. 管理沟通 [M]. 大连：东北财经大学出版社，2010.
[92] 胡红霞. 浅谈会议中的个人礼仪 [J]. 秘书之友，2010 (1)：42.
[93] 刘晓琴，陈晓鹏. 职场沟通中常见的沟通障碍及其应对策略 [J]. 科技创业月刊，2010 (6)：123-125.
[94] 张睫，周延欣. 网络礼仪的构建原则 [J]. 新闻爱好者，2010 (13)：3-33.
[95] 未来之舟. 新员工入职礼仪培训手册 [M]. 北京：中国经济出版社，2009.
[96] 胡详鸿. 礼仪：销售人员的第一课 [J]. 现代营销（经营版），2010 (1)：42-43.
[97] 梁玉萍，丰存斌. 沟通与协调的技巧和艺术 [M]. 北京：中国人事出版社，2009.
[98] 王芬. 秘书礼仪实务 [M]. 北京：电子工业出版社，2009.
[99] 未来之舟. 销售礼仪 [M]. 北京：中国经济出版社，2009.
[100] 崔佳颖. 360度高效沟通技巧 [M]. 北京：机械工业出版社，2009.

[101] 陈光谊. 现代实用社交礼仪 [M]. 北京：清华大学出版社，2009.

[102] 张亚红. 中西方饮食文化差异以及餐桌礼仪的对比 [J]. 边疆经济与文化，2009（4）：74-75.

[103] 张喜春，刘康声，盛署寒. 人际交流艺术 [M]. 北京：北京交通大学出版社，2009.

[104] 张永生. 唐骏凭什么成功 [M]. 北京：五洲传播出版社，2009.

[105] 史振洪，朱贵喜. 秘书人际沟通实训 [M]. 北京：中国人民大学出版社，2008.

[106] 饶世权. 谈谈职业形象 [J]. 中国职业技术教育，2008（3）：38，44.

[107] 吴蕴慧，徐静. 现代礼仪实务 [M]. 上海，上海交通大学出版社，2008.

[108] 王晓玲，李月. 社交礼仪 [M]. 大连：大连理工大学出版社，2008.

[109] 徐丽君，明卫华. 秘书沟通技能训练 [M]. 北京：科学出版社，2008.

[110] 惠亚爱. 沟通技巧 [M]. 北京：人民邮电出版社，2008.

[111] 陈宝珠. 形体训练与形象塑造 [M]. 北京：清华大学出版社，2008.

[112] 未来之舟. 职场礼仪 [M]. 北京：中国经济出版社，2008.

[113] 莫临虎. 商务交流 [M]. 北京：中国人民大学出版社，2008.

[114] 吕书梅. 管理沟通技能 [M]. 大连：东北财经大学出版社，2008.

[115] （美）佩吉·波斯特. 礼仪圣经 [M]. 李明媚，译. 北京：群言出版社，2008.

[116] 祝兴平. 工作总结的写作方法与要领 [J]. 新闻与写作，2008（12）：61.

[117] 许静涛. 调查报告的写作技巧 [J]. 新闻与写作，2008（5）：58.

[118] 宁静. 管理者倾听的艺术 [J]. 进出口经理人，2008（2）：76-77.

[119] 张佳丽. 网络交流语言的特色分析 [J]. 内蒙古民族大学学报，2008（5）：141-143.

[120] 王飞. 商务礼仪：谈判篇 [J]. 金融管理与研究 [J]. 2007（6）：77-78.

[121] 窦卫霖. 跨文化商务交流案例分析 [M]. 北京：对外经济贸易大学出版社，2007.

[122] 陈秀泉. 实用情景口才：口才与演讲训练 [M]. 北京：科学出版社，2007.

[123] 李晓. 沟通技巧 [M]. 北京：航空工业出版社，2006.

[124] 马志强. 语言交际艺术 [M]. 北京：中国社会科学出版社，2006.

[125] 杨海清. 现代商务礼仪 [M]. 北京：科学出版社，2006.

[126] 冯玉珠. 商务宴请攻略 [M]. 北京：中国轻工业出版社，2006.

[127] 李兴国. 社交礼仪 [M]. 北京：高等教育出版社，2006.

[128] 陈瀚武. 语言沟通艺术 [M]. 武汉：武汉大学出版社，2006.

[129] 姜淑芹，张纹祯. 跨国商务谈判中的跨文化交际 [J]. 集美大学学报，2005（4）：62-66.

[130] 彭品志. 创造百货商场的沟通价值 [J]. 山东商业职业技术学院学报，2006（8）：1-3，16.

[131] 张先勇. 当场打动主考官：求职面试的128个成功法则 [M]. 北京：石油工业出版社，2005.

[132] 王建民. 管理沟通理论与实务 [M]. 北京：中国人民大学出版社，2005.

[133] 鲍日新. 社交礼仪 [M]. 上海：上海教育出版社，2005.

[134] 国英. 现代礼仪 [M]. 北京：机械工业出版社，2005.

[135] 张红君. 希尔顿用微笑感动世界 [J]. 企业改革与管理，2005（6）：62-63.

[136] 国英. 公共关系与现代交际礼仪案例 [M]. 北京：机械工业出版社，2004.
[137] 雪火. 面试得来的经验 [J]. 公关世界，2004（11）：40.
[138] 李杰群. 非语言交际概论 [M]. 北京：北京大学出版社，2003.
[139] 夏瑛，倪青山. 团队沟通艺术之一：倾听 [J]. 人才瞭望，2003（10）：39.
[140] 时代光华图书编辑部编. 有效沟通技巧 [M]. 北京：中国社会科学出版社，2003.
[141] 要力勇、李华秀. 实用公关技巧大全500例 [M]. 北京：北京师范大学出版社，1992.